21 世纪全国高等院校财经管理系列实用规划教材

管理会计

主 编 韩 鹏 程慧芳 王千红

北京大学出版社
PEKING UNIVERSITY PRESS

内 容 简 介

本书较全面、系统地介绍了管理会计的基本理论与实务，分四篇共九章：第一篇为基本理论，包括管理会计概论、变动成本法；第二篇为决策会计，包括经营决策、资本决策；第三篇为控制会计，包括预算管理与责任会计、成本控制、业绩考核与评价；第四篇为管理会计前沿，包括战略管理会计、环境管理会计。本书体系严谨、结构合理、内容言简意赅，适合教学，同时通过案例、典型习题与部分实验引导，增强学生学习的趣味性与实用性。

本书可供会计、财务管理专业及其他经济、管理类专业的本科学生使用，也可作为企业和社会培训的参考书籍，还可作为自学人员的阅读课本。

图书在版编目(CIP)数据

管理会计/韩鹏，程慧芳，王千红主编. —北京：北京大学出版社，2015.8

（21 世纪全国高等院校财经管理系列实用规划教材）

ISBN 978-7-301-26180-4

Ⅰ. ①管…　Ⅱ. ①韩…②程…③王…　Ⅲ. ①管理会计—高等学校—教材　Ⅳ. ①F234.3

中国版本图书馆 CIP 数据核字（2015）第 185152 号

书　　名	管理会计
著作责任者	韩　鹏　程慧芳　王千红　主编
责任编辑	王显超
标准书号	ISBN 978-7-301-26180-4
出版发行	北京大学出版社
地　　址	北京市海淀区成府路 205 号　100871
网　　址	http://www.pup.cn　新浪微博：@北京大学出版社
电子信箱	pup_6@163.com
电　　话	邮购部 62752015　发行部 62750672　编辑部 62750667
印 刷 者	北京富生印刷厂
经 销 者	新华书店
	787 毫米×1092 毫米　16 开本　12.75 印张　294 千字
	2015 年 8 月第 1 版　2015 年 8 月第 1 次印刷
定　　价	32.00 元

丛 书 序

我国越来越多的高等院校设置了经济管理类学科专业，这是一个包括理论经济学、应用经济学、管理科学与工程、工商管理、公共管理、农林经济管理、图书馆、情报与档案管理 7 个一级学科门类和 31 个专业的庞大学科体系。2006 年教育部的数据表明，在全国普通高校中，经济类专业布点 1518 个，管理类专业布点 4328 个。其中除少量院校设置的经济管理专业偏重理论教学外，绝大部分属于应用型专业。经济管理类应用型专业主要着眼于培养社会主义国民经济发展所需要的德智体全面发展的高素质专门人才，要求既具有比较扎实的理论功底和良好的发展后劲，又具有较强的职业技能，并且又要求具有较好的创新精神和实践能力。

在当前开拓新型工业化道路，推进全面小康社会建设的新时期，进一步加强经济管理人才的培养，注重经济理论的系统化学习，特别是现代财经管理理论的学习，提高学生的专业理论素质和应用实践能力，培养出一大批高水平、高素质的经济管理人才，越来越成为提升我国经济竞争力、保证国民经济持续健康发展的重要前提。这就要求高等财经教育要更加注重依据国内外社会经济条件的变化，适时变革和调整教育目标和教学内容；要求经济管理学科专业更加注重应用、注重实践、注重规范、注重国际交流；要求经济管理学科专业与其他学科专业相互交融与协调发展；要求高等财经教育培养的人才具有更加丰富的社会知识和较强的人文素质及创新精神。要完成上述任务，各所高等院校需要进行深入的教学改革和创新，特别是要搞好有较高质量的教材的编写和创新工作。

出版社的领导和编辑通过对国内大学经济管理学科教材实际情况的调研，在与众多专家学者讨论的基础上，决定编写和出版一套面向经济管理学科专业的应用型系列教材，这是一项有利于促进高校教学改革发展的重要措施。

本系列教材是按照高等学校经济类和管理类学科本科专业规范、培养方案，以及课程教学大纲的要求，合理定位，由长期在教学第一线从事教学工作的教师编写，立足于 21 世纪经济管理类学科发展的需要，深入分析经济管理类专业本科学生现状及存在的问题，探索经济管理类专业本科学生综合素质培养的途径，以科学性、先进性、系统性和实用性为目标，其编写的特色主要体现在以下几个方面：

（1）关注经济管理学科发展的大背景，拓宽理论基础和专业知识，着眼于增强教学内容与实际的联系和应用性，突出创造能力和创新意识。

（2）体系完整、严密。系列涵盖经济类、管理类相关专业以及与经管相关的部分法律类课程，并把握相关课程之间的关系，整个系列丛书形成一套完整、严密的知识结构体系。

（3）内容新颖。借鉴国外最新的教材，融会当前有关经济管理学科的最新理论和实践经验，用最新知识充实教材内容。

（4）合作交流的成果。本系列教材是由全国上百所高校教师共同编写而成，在相互进行学术交流、经验借鉴、取长补短、集思广益的基础上，形成编写大纲。最终融合了各地特点，具有较强的适应性。

（5）案例教学。教材融入了大量案例研究分析内容，让学生在学习过程中理论联系实际，特别列举了我国经济管理工作中的大量实际案例，这可大大增强学生的实际操作能力。

（6）注重能力培养。力求做到不断强化自我学习能力、思维能力、创造性解决问题的能力以及不断自我更新知识的能力，促进学生向着富有鲜明个性的方向发展。

作为高要求，经济管理类教材应在基本理论上做到以马克思主义为指导，结合我国财经工作的新实践，充分汲取中华民族优秀文化和西方科学管理思想，形成具有中国特色的创新教材。这一目标不可能一蹴而就，需要作者通过长期艰苦的学术劳动和不断地进行教材内容的更新才能达成。我希望这一系列教材的编写，将是我国拥有较高质量的高校财经管理学科应用型教材建设工程的新尝试和新起点。

我要感谢参加本系列教材编写和审稿的各位老师所付出的大量卓有成效的辛勤劳动。由于编写时间紧、相互协调难度大等原因，本系列教材肯定还存在一些不足和错漏。我相信，在各位老师的关心和帮助下，本系列教材一定能不断地改进和完善，并在我国大学经济管理类学科专业的教学改革和课程体系建设中起到应有的促进作用。

劉詩白

刘诗白　现任西南财经大学名誉校长、教授，博士生导师，四川省社会科学联合会主席，《经济学家》杂志主编，全国高等财经院校《资本论》研究会会长，学术团体“新知研究院”院长。

前　言

CMA(Certified Management Accountant，注册管理会计师)引入我国，财政部于2014年颁布了《全面推进管理会计体系建设的指导意见》，这是否意味着管理会计的春天已经到来？从市场需求看，目前我国会计人才中，95%是财务会计，管理会计人才缺口非常大。随着大数据时代的到来与会计共享中心的出现，会计工作面临着更大挑战，管理会计是为企业的经营发展提供决策信息和方案实施的关键角色，是CEO的军师。但目前困扰管理会计教学的是理论体系不够成熟，实践发展滞后，内容上与财务管理、成本会计交叉大，比如，存货决策、长期投资决策、财务预算、绩效评价等内容，管理会计与财务管理内容重复；标准成本法、作业成本法等，管理会计与成本会计重复。而标准成本计算制度诞生，在理论界被认为是管理会计产生的标志，因此，有观点认为，成本会计学中严格执行《企业会计准则》的内容归入财务会计学，而将那些延伸出来的成本会计内容并入管理会计学中。

本书三位编者虽长期从事管理会计教学，但作为本科教材不能像专著那样做一些理论探索。遵循本科教学重基础、重思维培养的基本理念，在管理会计的基本理论模块中强化了变动成本法原理的基础性知识讲解；在管理会计的决策会计模块中，预测内容虽是短期经营决策与全面预算的基础，但许多内容与财务管理重复，且财务管理课时多，因此，压缩了本部分内容；本量利分析、短期经营决策是变动成本法原理的重要应用，且都是针对企业短期经营活动的，把它们编在一章中，这与一些教材的内容体系有所不同；预算管理、作业成本、标准成本、责任会计也是变动成本法原理的重要应用，它们属于规划与控制会计，与有些教材不同，增加了质量成本管理内容，预算中增加了执行、分析与考核等；战略管理会计与环境管理会计属于管理会计前沿，本书作了基础性讲解。

本书的第一、二、三章由韩鹏编写；第五章由程慧芳、韩鹏编写；第六、七章由程慧芳编写；第四、八、九章由王千红编写。韩鹏负责设计总体框架、拟订写作提纲，并承担全书的总纂、修改、统编和定稿事宜。

本书是为满足我国高等院校财经管理类专业本科生的专业学习、企业财务管理人员的业余学习及企业和社会培训而编写出版的。鉴于编者水平有限，前瞻性的管理会计理论和实务编写不够，书中难免有纰漏和不妥之处，敬请各位读者批评指正，也敬请各位专家不吝赐教。

编　者

2015年5月

目　录

第四篇 管理会计前沿

第一篇 基本理论

第一章 管理会计概论

学习导航

本章通过对管理会计基本概念、基本假设、基本内容体系等基本问题的诠释，为管理会计实务应用奠定基础。

学习目标

通过本章的学习，学生应明确管理会计产生的背景、发展的原因及在经济新常态下的地位；了解管理会计的基本内涵；熟悉管理会计假设、对象、信息质量特征；掌握管理会计与财务会计的关系。

导入案例

江西铜材有限公司的董事长吕佩菲，拟高薪聘请一批管理会计人才，但让她失望的是，很多应聘者财会业务拔尖，但是对公司业务不熟悉，很少有能够真正胜任管理会计工作的。

“目前我国会计人才中，95%是财务会计，管理会计人才缺口达300多万人。”让人不解的是，管理会计本该是为企业的经营发展提供决策信息和实施方案的关键角色，是CEO的军师，但为何管理会计人才奇缺？

问题：CMA(注册管理会计师)是否在我们身边？

提示：

管理会计是美国人发明的，美国人引领着管理会计发展的潮流。因为世界经济强国总是以世界一流的企业群为依托，而世界一流企业又是以管理会计创新为特征。随着中国经济增长方式由要素推动、投资推动向创新驱动转型，管理会计的春天似乎悄悄地来到了我们身边。

第一节　管理会计概述

会计的产生源于人们对企业经济信息的需求，而这一需求又是随着社会经济环境的发展而变化的。财务会计是对外报告会计；出于内部管理需求把会计信息用于企业的决策、规划、控制和业绩考核，使得“管理”和“会计”两者结合起来，形成一门新兴的综合性学科，即管理会计。所以，人们习惯把管理会计称为内部会计。

一、管理会计的形成与发展

(一) 西方管理会计的形成与发展

1. 20世纪初：管理会计的萌芽期

19世纪的英国工业革命，合伙经营、股份公司等新型企业组织相继出现，所有权与经营权开始分离，为满足所有者、经营者及债权人的需要，产生了公认会计原则，形成了从填制和审核凭证、登记账簿到编制会计报表的近代会计。

20世纪初，企业组织日趋庞大和复杂，企业管理所涉及的领域及层次增加，企业组织不仅面临所有权和经营权的分离，还面临内部组织之间的权力分解。为了防止管理者做出不利于企业利益的决策方案，亟须研究如何确定内部组织层次之间的权责范围、合理计量和评价管理者业绩、确定内部转移价格，以及如何衡量分部业绩以有助于投资决策等问题。相应地需要会计更多地关注企业内部交易，提供有助于正确评价业绩和加强内部控制的信息与技术，这是对外提供财务报表的财务会计无法胜任的，由此推动了会计的发展。以泰勒为首的工程师们所倡导的科学管理运动使成本的核算和控制有了更为重要的意义，并且产生了“标准成本”“差异分析”“预算控制”等与科学管理学说直接相联系的技术方法。

因此，标准成本计算制度的诞生成为了管理会计萌芽的标志。

2. 20世纪初至50年代：管理会计的形成期

1929年爆发的经济大危机使人们认识到市场这只“看不见的手”不是万能的，需要政府这只“看得见的手”加以干预。以著名的“罗斯福新政”颁布为代表，新政提出的要求一方面规范了市场和企业的行为，但也从另一方面限制了企业组织的发展空间。与上一阶段不同，管理会计的发展不再是由实践推动的，而更多的是源于理论界对其展开的探索。例如，20世纪30年代以芝加哥大学教授为代表的关于成本按习性分类的研究；三四十年代伦敦商学院的经济学家们关于机会成本、增量成本等决策相关成本的研究；1921年，美国《预算与会计法案》的颁布推动了“预算控制”实务发展并将基本方法引入了管理会计中。这些研究成果发展了19世纪的成本管理思想，使管理会计在提供各个管理层次所需要的决策相关信息和帮助管理者有效决策方面发挥了重要作用。

1922年，奎因坦斯在其《管理会计：财务管理入门》一书中首次提出管理会计的名称；1952年，国际会计师联合会年会正式采用管理会计来统称企业内部会计体系，标志着管理会计正式形成。自此，现代会计分为财务会计和管理会计两大分支。管理会计也从以成本决策与财务控制为中心转向以管理控制与决策为中心，逐步形成了包括规划、决策、控制、评价等在内的管理会计体系。

3. 20纪50年代至70年代中期：管理会计的发展期

20世纪五六十年代是世界经济发展的黄金时期，经济高速增长、技术革命和管理革命兴起、国际贸易与国际投资大幅增长。经济的繁荣使人们有动力与保障去进行科学研究，第三次科技革命与管理革命便是最好的代表。所有权和经营权的进一步分离使职业经理和各种专业管理人才有更好的机会发展管理理论和实践。

20世纪40年代至60年代，出现了以“行为科学”和“管理科学”为主要流派的现代管理理论。行为科学是从社会学、心理学的角度来研究管理，重视社会环境和人际关系对工效提高的影响；管理科学从操作方法、作业水平等科学组织方面的研究出发，吸收现代自然科学和技术科学的一些新成果(如运筹学、系统工程、电子计算机等)，发展成为一门现代综合性的组织管理科学。管理科学的发展，促使企业管理发生重大的变化，如重视生产计划的编制与全面质量的管理。

与此相应，管理会计的发展进入了繁荣期。这是由于电子计算机的广泛应用在对产品的生产工艺和程序产生积极影响的同时，也对企业内部的信息处理产生了重要影响，大量的会计软件得以开发和应用，使信息处理变得容易和快捷。于是，在西方国家的管理会计研究和应用中，各种数学模型得以发展和深化，并且还广泛涉及了在不确定情况下的复杂数学模型的开发，企业决策分析中也开始应用一些较为复杂的技术。例如，美国一些大的石油公司开始在长期投资决策中考虑货币时间价值、采用较为复杂的折现方法。另一方面，西方管理会计学者开始将信息经济性、组织行为学、代理人理论等相关学科和理论引入管理会计的研究，使管理会计的研究领域进一步拓宽，并且对管理会计在企业管理中的应用也产生了深远的影响。因此，可以说20世纪的六七十年代是西方管理会计发展的全盛期。这种繁荣一方面表现为大量的有关管理会计的研究论文在学术刊物上出现，当今中西方管理会计的教科书的内容大多取材于这一时期的研究成果；另一方面表现为管理会计职业组织的建立和管理会计师职业的产生。英、美国家都相应在 20 世纪 70 年代前后建立了专门的管理会计专业机构和主办管理会计师的职业考试。这种职业化和专业化既是管理会计发展的结果，反过来也极大地推动了管理会计的进一步发展。

4. 20 世纪 80 年代后：管理会计的反思及突破期

随着经济全球化的进程加速，美国企业主认识到单纯依靠贸易壁垒克服海外企业的低成本优势无助于企业的发展，于是他们转而投向视野更为广阔的战略管理。战略管理要求企业不仅关注内部作业流程，还要关注外部市场环境；不仅需要了解竞争者的成本信息，还必须搜集上游供应商、下游购买者乃至产业潜在进入者的各种信息。这种多元化信息的需求导致了战略管理会计的出现，战略管理会计是对传统管理会计的发展与完善，它并不否认传统管理会计的技术手段(如本量利分析等)，而是在此基础上强调内、外多元信息对企业管理同样重要。在战略管理会计的概念提出之后，涌现出一大批有关其方法体系的文章，其中较为显著的研究成果有作业成本会计的实地研究、战略成本分析、目标成本法、生命周期成本法、平衡计分卡等。

随着经济环境的变化，管理会计的研究不断演进并将永远持续下去。目前管理会计的研究领域已经纵深到诸多领域，一些前沿问题包括关于代理人理论的研究及其在内部控制与考评体系中的应用；关于组织行为、管理决策与管理会计信息之间的关系的研究，关于人力资源管理会计、环境管理会计以及国际管理会计的研究等。

(二) 我国管理会计的发展

20 世纪 70 年代末期，我国才开始系统地引进西方管理会计的理论和方法。但作为管理会计实践的内容，我国并非一纸空白，早在 20 世纪 50 年代的班组经济核算、20 世纪 60 年代的资金归口管理以及 20 世纪 80 年代的厂内经济核算都属于管理会计实践中的责任会计范畴。此外，工程项目、投资项目中有关问题的预测、决策和可行性分析，以及经过几十年实践检验的具有中国特色的成本管理、财务管理经验也都从不同侧面丰富了管理会计实践的内容。2014 年《财政部关于全面推进管理会计体系建设的指导意见(征求意见稿)》的发布，标志着我国管理会计地位进一步提升。

二、管理会计定义

究竟何谓管理会计，目前尚无统一定论。

1958 年，美国会计学会为了加深研究管理会计的意义和内容，专门成立了管理会计委员会。该会的定义是“管理会计是运用适当的技术和概念，处理和分析企业历史的或预测的经济资料，以帮助经营管理人员制定经营目标，编制计划，做出一系列决策，以达到企业的经营目标”。并且还指出“管理会计包括一些必要的方法和概念以编制有效的计划，从多种方案中作最优选择，并通过对业绩的评价与分析来进行控制，对于专项问题的会计资料进行汇总、分析和报告”。

1982 年，英国成本与管理会计师协会(ICMA)对管理会计提出了一个新的广义的定义，认为除内部审计以外，会计的其他各个组成部分(如财务会计等)均属于管理会计。此看法已得到了国际会计师联合会的赞同。国际会计师联合会认为，财务会计属于管理会计的理由是充分的，因为财务会计的一切工作都是为企业经济管理的需要而服务的。从广义上来说，企业经营管理上的一切问题，只要能够利用会计所提供的数据资料，从而获得最佳经济效果的，都属于管理会计的范畴，这是大会计观。但从本科知识结构培养来看，财务会计是对外报告会计，管理会计是对内报告会计，更利于学生理解这门课。

综上所述，将管理会计定义概述如下：管理会计是以财务会计信息为基础，通过一系列的专门方法，对企业经营活动进行规划、决策、控制与评价的内部会计信息系统。

第二节　管理会计与财务会计区别和联系

一、两者联系

管理会计与财务会计同属于会计家族，因而，基本联系有以下两个方面。

(1) 信息同源。管理会计所使用的信息尽管广泛多样，但基本信息来源于财务会计。

(2) 目标一致。尽管管理会计、财务会计分别对企业内部和外部提供信息，但最终目标都是为了提升企业价值。

二、两者区别

以内部报告会计与对外报告会计为思考基点，两者主要的区别见表 1-1。

表 1-1　管理会计与财务会计区别

会计分类 项目	管 理 会 计	财 务 会 计
报告使用者	侧重内部	侧重外部
报告内容	反映现在、预测未来	反映过去
报告对象	局部或全过程	企业经营活动全过程
报告要求	尽量可靠、相关	可靠、相关
核算程序	不固定	固定
核算方法	会计方法、数学方法、统计方法等	会计方法
计量单位	货币与非货币	货币
编报时间	不定期	定期
报告责任	不具有法律效力或弱法律效力	有法律效力

第三节　管理会计基本理论

基本理论大致要回答这门学科的研究对象、目标、职能、内容体系。管理会计纳入会计大范畴，还会涉及管理会计基本假设与信息质量特征。

一、管理会计基本假设

管理会计作为反映现在预测未来的内部报告会计，会用到一些简单的数学模型进行预决策与规划控制，数学模型离不开条件假设。另外，管理会计以财务会计信息为基础，其基本假设要具备四大会计假设的大框架，但它没有财务会计四大假设那么清晰，有其特殊性。

(一) 会计主体假设

管理会计的主体假设是对管理会计对象运行空间范围的限定。由于管理会计主要是向内部管理者提供有用决策信息的内部会计，无须遵循公认的会计准则，因而，管理会计的主体具有层次性，可以是整个企业，也可以是企业内部具体的责任单位。

(二) 会计分期假设

会计分期假设是对管理会计对象运行时间范围的规定。虽然管理会计主要利用财务会计在分期假设前提下提供的资料，但管理会计分期假设不仅是为了适应财务会计的分期假设，而且也是为管理会计本身的运行设立一个基本前提，即把企业持续不断的生产经营活动和筹资、投资活动划分为一定期间，以便及时提供有用的管理信息。管理会计的分期假设具有很大的弹性，可以根据企业内部经营管理的实际需要灵活进行分期，可以短到一天、一周或一季，也可以长到几年，而不必局限于财务会计的按自然月、季、年来分期。因而，管理会计分期假设具有很大的灵活性。

(三) 持续经营假设

管理会计中持续经营假设与财务会计的持续经营假设的含义一样，即假定管理会计的主体将无限期地经营下去。管理会计实现决策、控制、评价所确认、分析、传递的财务信息都是以持续经营为基础的；管理会计中资产、权益的分类是以财务会计的分类为依据，建立在持续经营假设基础上的；管理会计中的长期投资决策分析是建立在未来预期现金净流量可实现的基础上进行的，这也基于企业的持续经营假设；本量利分析、经济批量的确定、预算的编制和实施等都是建立在持续经营的基础上才有意义。由此可见，只有在持续经营的假设前提下，管理会计的决策对象及其方法体系才能保持稳定和有效。

(四) 货币时间价值假设

货币时间价值假设是指等量的货币在不同时间点上具有不同的价值。管理会计的许多决策就是在此假设基础上做出的。货币时间价值是指货币随着时间的推延而形成的增值，考虑货币的时间价值将更有利于管理会计规划未来的工作，使决策的结论更加科学、合理。

(五) 理性行为假设

管理会计进行规划、决策、控制、考核评价等方法体系都是建立在理性行为假设基础上的。理性行为假设即假设管理者和被管理者都是“理性人”或“经济人”，他们总是受到“最优化”行为准则的支配，从而能够选取最优方案。当然，现代管理理论认为，人首先是“社会的人”，他们客观存在思想意识、知识能力、信息情报、经济实力等诸多方面的差异和局限，从而很难坚持要求最优化的标准。而且，管理者和被管理者作为具有丰富个性和复杂性的活生生的社会人，他们会表现出不同的能动性和创造性，从而使管理决策和管理活动纷繁复杂、变化多端。因此，现代管理会计需要应用心理学、行为学、社会学等方面的研究成果，来研究人的思维特征和行为规律，尽可能有效地消除管理控制中的主观随意性。因此，现代管理会计是假设在消除了主观随意性的基础上进行的理性抉择。正是在这种假设下，管理会计可以对未来进行充分有效的预期，能够充分考虑各种可能的机会损益，从而产生机会成本、货币的时间价值等观念，并能据以进行最优化的决策；而且，管理会计可在此基础上规划理想的最优目标，并能由此对整个组织的所有成员产生良好的行为导向，据以实施有效的自我控制等。

此外，根据管理会计的内部报告特性，还可以派生出特有的假设，如成本性态假设、目标利润最大化假设等，在后面的章节中会具体论述。

二、管理会计对象

财务会计的对象是资金运动，既然管理会计与财务会计同属于会计大范畴，把管理会计对象的定义为资金运动，容易理解，只不过财务会计反映的是过去的资金运动，而管理会计既反映过去的资金运动(如业绩评价)，也反映现在与未来的资金运动。

此外，由于该理论尚不成熟，目前有现金流动论、价值差量论、资金运动论、价值管理论等，在此不赘述。

三、管理会计信息质量特征

由上述管理会计与财务会计的区别可以体会出管理会计信息质量特征。财务会计是对外报告会计，信息质量特征清晰；管理会计是为内部管理提供信息的，与财务会计信息质量特征有共性也有区别。其共性应包括相关性、可靠性、可比性、可理解性、重要性、及时性；根据内部报告属性，可控性、灵活性是管理会计信息的特殊性。

(一) 可控性

管理会计所提供的决策信息与决策后的控制信息，既涉及短期决策与控制，又涉及长期决策与控制，这些信息必须符合企业实际情况使得人力财力物力可触及。

(二) 灵活性

内部管理分层级，提高管理会计的应用性，就应使管理会计所提供的预决策与控制信息满足不同的管理需求。

四、管理会计内容体系

根据企业经营的核心是决策、决策后的核心是控制，传统管理会计的基本内容可概括为“决策会计”与“控制会计”。

(一) 决策会计

决策会计是利用企业的会计信息系统和其他管理信息系统所提供的信息，运用一定的预测方法与决策方法对企业经营活动进行的预测、决策，主要包括预测、本量利分析、短期经营决策、长期投资决策。

(二) 控制会计

如果把控制按时间划分，可分为事前、事中、事后控制，事前控制以规划控制为主，例如全面预算或财务预算，预测既是决策的基础，也是全面预算的基础；责任会计、成本控制、财务预警为事中控制的重要内容，但财务预警理论方法体系还有待完善，目前的教科书中涉及的比较少；绩效评价为事后控制的主要内容。

习　　题

一、选择题(1～4 为单项选择题，5～6 为多项选择题)

1. 能够作为管理会计萌芽标志的是(　　)。
   A. 标准成本计算制度诞生　　B. 决策会计
   C. 责任会计　　D. 全面预算
2. 管理会计又称对内报告会计，侧重服务于(　　)。
   A. 债权人　　B. 股东
   C. 企业外部利益者　　D. 企业内部的经营管理
3. 管理会计与财务会计的关系是(　　)
   A. 信息来源一致，目标不一致　　B. 信息来源一致，目标一致
   C. 起源相同　　D. 服务对象交叉
4. 以下关于现代管理会计采用的方法叙述正确的是(　　)。
   A. 应用多种方法　　B. 应用会计的方法
   C. 只能用统计的方法　　D. 只能用运筹学的方法
5. 管理会计与财务会计的主要差别体现在(　　)。
   A. 资料来源不一样
   B. 管理会计侧重于为企业内部的经营管理服务
   C. 管理会计必须提供定期的财务报告
   D. 管理会计无须遵循公认会计原则
   E. 管理会计必须面向未来
6. 管理会计的主要特点体现在(　　)。
   A. 服务于企业内部管理　　B. 信息不受会计准则要求
   C. 面向未来的时间特征　　D. 方法灵活多样性
   E. 注重历史描述

二、简答题

1. 管理会计的基本假设包括哪些内容？
2. 管理会计与财务会计有哪些主要区别和联系？
3. 你怎样看待 CMA?

三、讨论题

ABC 公司有一个新近从财务会计工作转入管理会计工作的会计员张某，对于管理会计知识不甚了解。以下是他对管理会计提出的个人观点：

(1) 管理会计与财务会计的职能一样，主要是核算和监督。

(2) 管理会计和财务会计是截然分开的，无任何联系。

(3) 管理会计报告要在会计期末以报表的形式上报。
(4) 管理会计吸收了经济学、管理学和数学等方面的研究成果，在方法上灵活多样。
(5) 管理会计服务于企业外部，受会计法规的约束。
(6) 管理会计的信息质量特征与财务会计的信息质量特征完全不同。
(7) 在提供管理会计信息时可以完全不用考虑成本效益原则。
(8) 一个管理会计师可以将手中掌握的信息资料随意提供给他人。
(9) 与财务会计相比，管理会计不能算是一个独立的职业，它的职业化发展受到限制。

要求：对以上观点做出分析。

四、案例分析题

魏文王问名医扁鹊说："你们家兄弟三人，都精于医术，到底哪一位最好呢？"

扁鹊答："长兄最好，中兄次之，我最差。"

文王再问："那么为什么你最出名呢？"

扁鹊答："长兄治病，是治病于病情发作之前。由于一般人不知道他事先能铲除病因，所以他的名气无法传出去；中兄治病，是治病于病情初起时。一般人以为他只能治轻微的小病，所以他的名气只及本乡里。而我是治病于病情严重之时。一般人都看到我在经脉上穿针管放血、在皮肤上敷药等大手术，所以认为我的医术高明，名气因此响遍全国。"

要求：基于全时空观下的控制职能视角，从扁鹊与魏文王对话中得到了什么启示？

第二章　变动成本法

学习导航

对外报告采用的完全成本法是一种核算方法，管理会计中的变动成本法是管理的方法，是吻合内部管理的一种方法，故本章是管理会计的理论基础之一。成本与费用是一个习性，都是对资产的耗费。大成本大费用概念内涵是等同的，但从核算角度来看，成本有具体的归集对象，即产品成本；费用没有具体的归集对象，一般称为期间费用或期间成本。在内部管理上，成本概念多样化，特别是决策会计中涉及成本概念最多，在控制会计中也涉及一些成本概念。变动成本法原理所涉及的成本概念主要是按成本性态或习性进行分类的。

学习目标

通过本章的学习，应理解掌握固定成本与变动成本基本内涵、混合成本分解、变动成本法原理及其应用。

导入案例

某洗衣机厂连续两年亏损，厂长召集有关部门的负责人开会研究扭亏为盈的办法。会议要点如下。

厂长：我厂去年亏损 250 万元，已连续亏损两年，如果今年再不扭亏为盈，银行将停止贷款，我厂也就面临被迫停产的危险。

销售处长：问题的关键是我们的洗衣机以每台 1 800 元的价格出售，而每台洗衣机的成本是 1 850 元。如果提高售价，面临竞争，洗衣机就卖不出去，出路只有降低成本；否则销售越多，亏损越大。

生产处长：我不同意销售处长的说法。我厂每台洗衣机的制造成本只有 1 650 元，设备和工艺技术均为国内一流，之所以出现亏损，原因在于生产能力的利用严重不足，去年只生产并销售 5 万台，而生产线原设计生产能力为 10 万台。

财务处长：我厂的产品成本构成中，每台洗衣机的变动成本为 1 350 元，全厂固定制造费用总额为 1 500 万元，推销及管理费用总额为 1 000 万元。我建议，生产部门满负荷生产，通过扩大产量来降低单位产品负担的固定制造费用。这样即使不提价，不扩大销售也能使企业扭亏为盈，渡过难关。另外，从企业长远生存发展的角度考虑，今年费用应计入固定制造费用，同时再追加 10 万元做广告宣传，追加 40 万元做销售奖励，扩大产品销售量。

问题：

(1) 分析去年亏损 250 万元是怎么算出来的？

(2) 如果采纳财务处长的意见，今年能够获得多少盈利？为什么？

(3) 你是否同意财务处长的意见？为什么？

(4) 你认为该厂应如何扭亏为盈？

提醒：

(1) 去年利润=(1 800−1 850)×5=−250(万元)。

(2) 今年利润=1800×5−(1 350+1 500/10)×5−1 000−40−10=450(万元)。

(3) 企业从财务报表上可以获得账面利润，但是这样生产企业造成存货积压，占用资金，不利于企业长远发展。

(4) 企业应该重视销售。

小看板

上述案例反映了变动成本法是一种管理方法，与完全成本法比较有许多优势。

第一节 成 本 性 态

成本按经济用途分为产品成本与期间成本，这是财务会计中最主要的成本分类方法；按成本性态将成本分为固定成本、变动成本与混合成本(半变动成本)，这是管理会计常用的基本分类方法。具体成本分类如图 2.1 所示。

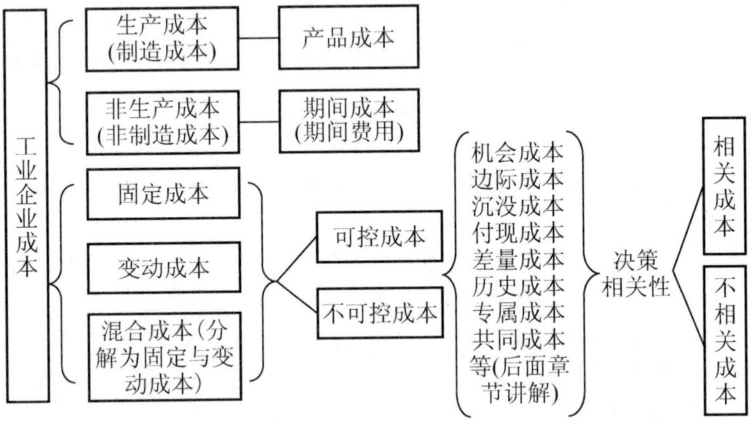

图 2.1 成本分类

成本性态亦称成本习性，是指成本总额与业务量(产量或销售量)的依存关系。销售收入增长是企业可持续增长的基础，从内部管理看，确认成本总额在一定条件下随业务量变还是不变、变动大小等问题是成本控制所必需的，也是利润预测的重要基础。

一、固定成本

(一) 概念理解

产品成本表示成本与业务量之间的依存关系，如果成本总额不随业务量(产量或销售量)变动而变动，则该成本是固定的。但不变是有条件的，固定成本必须限定在某个相关范围内，该范围包含两个方面即一定期间和一定业务量。超过了被限定的范围，固定成本总额必定变动，但固定之性质一般不会变。如企业行政管理人员工资涨了，但还是固定工资；如由于生产规模扩大，原直线折旧额上升，但固定性质没变。如果把固定成本看作因变量，业务量是自变量，则函数关系如图 2.2 所示。

图 2.2(a)直接表达出了固定成本的定义，固定成本是指其总额在一定期间和业务量范围内，不随业务量变动的成本。图 2.2(b)表达了单位固定成本情况，单位固定成本与业务量之间呈反比例函数关系。那么，规模经济含义为业务量增大，而固定成本一定，则单位固定成本变小，反映在产品成本上就是单位产品成本降低了(假定其他因素不变)。

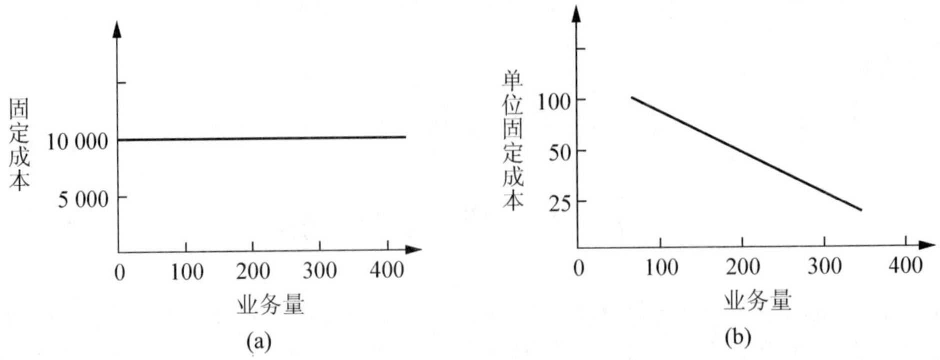

图 2.2 固定成本性态模型

(二) 固定成本分类

事情有刚性与弹性之分，固定成本之“固定性”也有刚性弹性之分。刚性为约束性固定成本，是企业生产经营能力一旦形成，短期内难以改变的成本，如按直线折旧法计提的折旧费、行政管理人员薪金等；弹性为酌量性固定成本，是管理者在年度预算内可以调节的成本，但没有违背固定成本总额与不随业务量变动的特征，如职工培训经费、财产保险费等。

二、变动成本

(一) 概念理解

由固定成本含义不难推出变动成本的含义，变动成本是指其总额在一定期间和业务量范围内，随业务量变动而变动的成本。变动也必须限定在一定业务范围内，如在产量上升到一定量后，随着材料利用的充分性增加，工人作业安排更合理后，单位产品材料成本和单位产品人工成本会降低。函数模型如图 2.3 所示。

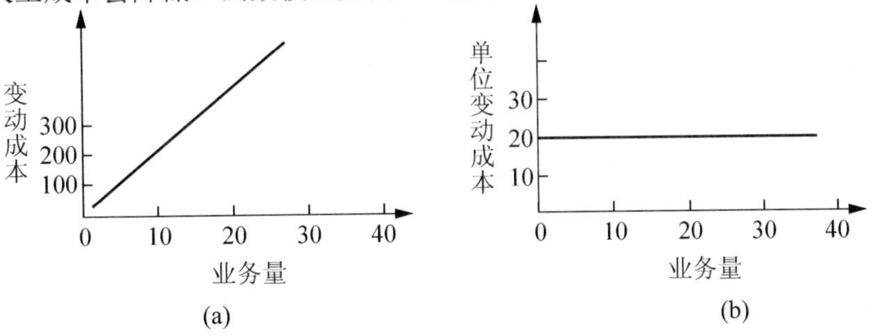

图 2.3　变动成本性态模型

(二) 变动成本分类

借鉴固定成本的思想，变动成本分为约束性变动成本和酌量性变动成本。成本节约深入人心，但达到产品性能技术要求的最低的材料消耗量是不能随意改变的，此为约束性变动成本；销售佣金的比例或标准是决策者制定的，可以改变，此为酌量性变动成本。

三、混合成本

取其“混合”之义，不难理解混合成本，如制造费用比较复杂，需按一定方法分配计入不同产品，其间接材料、间接人工和维修费、水费、电费等其他制造费用一般属于混合成本，即成本中既有变动的也有固定的。比较常见的混合成本如图 2.4、图 2.5、图 2.6、图 2.7、图 2.8 所示。

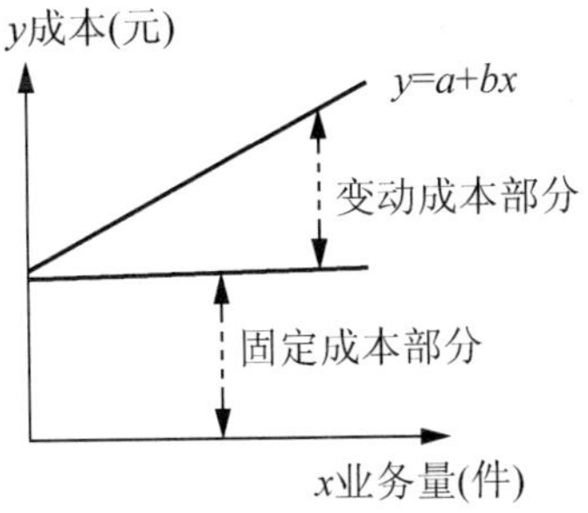

图 2.4　半变动成本模型

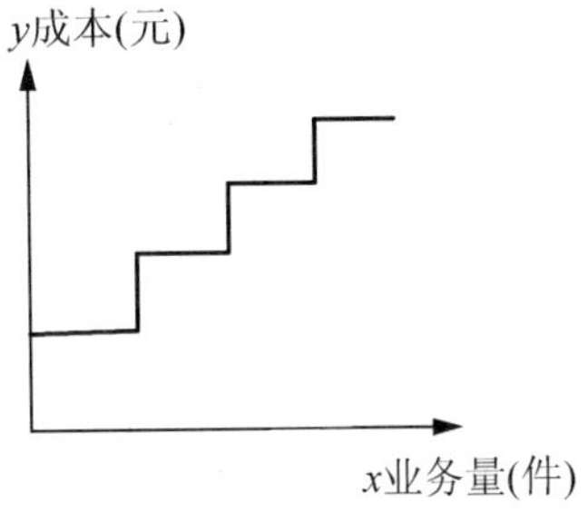

图 2.5　半固定成本模型(阶梯式固定成本)

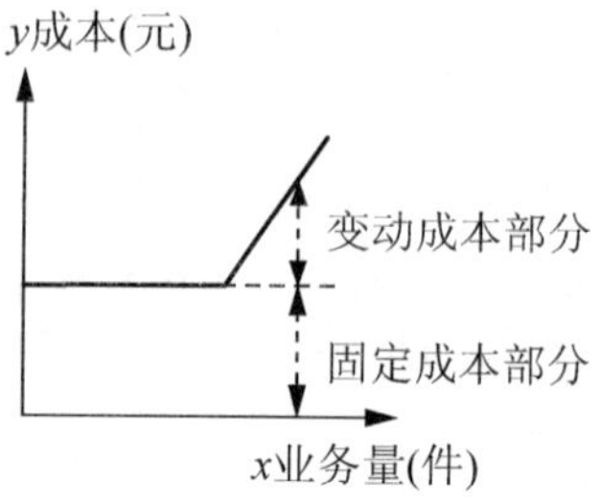

图 2.6 延期变动成本的性态模型

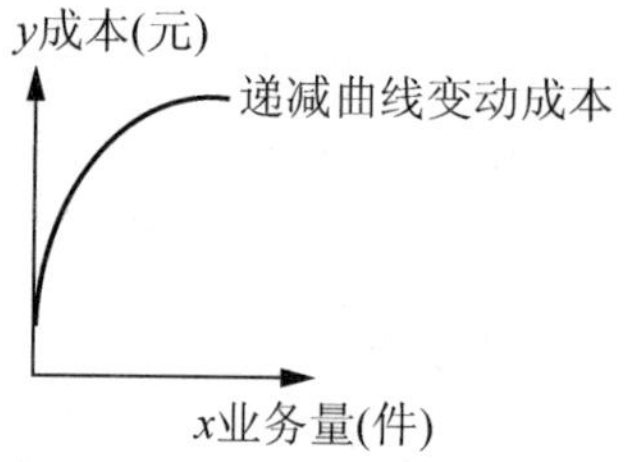

图 2.7 递减曲线成本性态模型

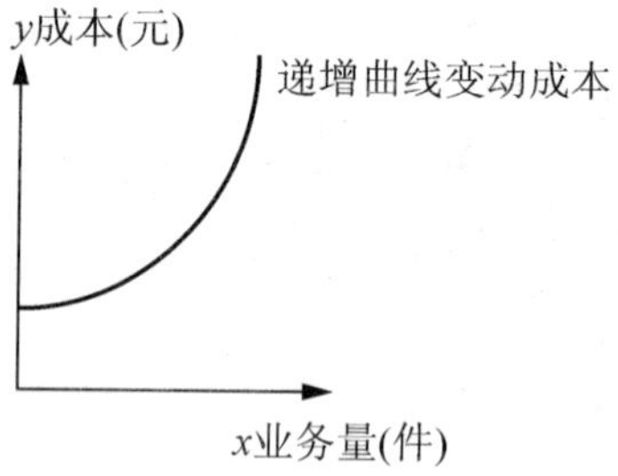

图 2.8 递增曲线成本性态模型

对于混合成本关键的是分解。分解常用方法有两大类：历史成本法，即利用过去数据借助简单的数理统计方法分解；非历史成本法，即利用现实数据进行测算分解。这两类方法的共同点是严格假定成本与业务量之间呈线性关系，即 $y=a+bx$，其中，a 为固定成本总额，b 为单位变动成本，x 为业务量。

(一) 历史成本法

1. 高低点法

解题思路：在历史数据中，找到业务量中一个最大的 x_1 和最小的 x_2，分别与对应的 y_1 和 y_2 形成了两个点(x_1,y_1)、(x_2,y_2)，将这个两个点代入 $y=a+bx$，解二元一次方程得到 a 与 b。先找业务量后对应因变量，遵循了由因到果的逻辑关系；在严格遵循线性关系的前提下，先找因变量的最高和最低点，然后对应找到自变量，其结果一样。

【例 2-1】已知某企业 2014 年每月都要发生一笔设备维修费，该维修费属于混合成本。为了对维修费进行分解，收集了一组维修费和业务量(机器工作小时)的数据资料，见表 2-1。

表 2-1 维修费与业务量的数据资料

月　份	机器工作小时(x)	维修成本(y)/元
1	1 200	900
2	1 300	910
3	1 150	840
4	1 050	850
5	900	820
6	800	730

续表

月　份	机器工作小时(x)	维修成本(y)/元
7	700	720
8	800	780
9	950	750
10	1 100	890
11	1 250	920
12	1 400	930

机器设备即使停工，也发生日常维护费用，同时，维修成本随着业务量的增加而相应增加，故维修成本是一项混合成本。本例中的高低点是(1 400，930)、(700，720)。列方程如下：

$$\begin{cases}930 = a + 1\,400b \\ 720 = a + 700b\end{cases}$$

解得 $a = 510, b = 0.3$

则 $y = 510 + 0.3x$

注意：高低点法解法简单，如果各期成本波动较大，仅以高低两点的成本代表所有成本的特性，会给计算结果带来较大的误差。

2. 散布图法

两种解法如下：

(1) 运用统计软件 Excel、SPSS 十分简便，以 Excel 为例，基本操作见附录二。

(2) 传统画图法步骤。

① 画出散布图。以业务量为横轴，成本为纵轴，建立坐标系，将过去一定时期的各组业务量及相应的成本数据在坐标系上一一标出，形成散布图，亦称布点图、散点图。

② 画出趋势直线。用目测法在散布图上各点之间画出一条反映成本变动趋势的直线，直线与纵轴相交。

③ 确定固定成本 a 和单位变动成本 b。趋势直线对纵轴的截距为固定成本 a，该直线的斜率为单位变动成本 b。

根据表 2-1 所给的数据，绘制的散布图如图 2.9 所示。

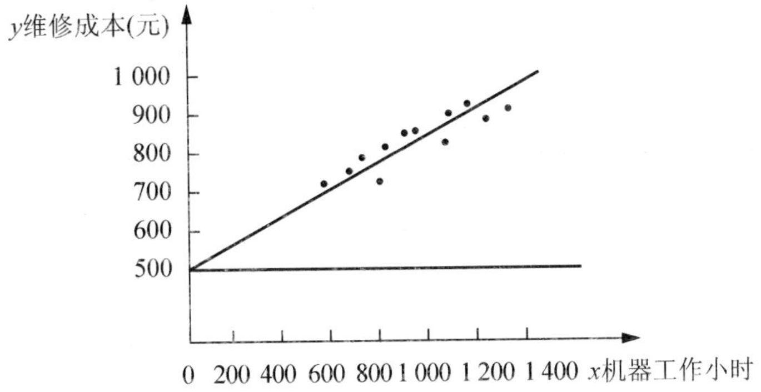

图 2.9　散布图

在图 2.9 中，画出的成本趋势直线同 y 轴的交点为 500，表示固定成本 a=500 元；成本趋势直线的斜率即为单位变动成本 b，其计算方法为

在直线上任取一点，如令 x=1 200，此时 y=900，则

$$b=\frac{900-500}{1\,200}=0.33$$

据此可得：$y=500+0.33x$

散布图法的主要优点在于全面考虑已知的所有历史成本数据，排除了高低两点成本带来的偶然性，因而计算结果较高低点法精确。提倡用统计软件画散布图。

3. 回归分析法

回归分析法亦称最小二乘法或最小平方法，它是运用数理统计中常用的最小平方法的原理，对所观测到的全部数据加以计算，从而勾画出最能代表平均成本水平的直线。其推导步骤参照数理统计学。

记公式太麻烦，用观测法列方程就方便得多。

第一，对 n 个直线方程式求和。

$$\sum y=na+b\sum x$$

第二，对上式两边同乘以业务量 x。

$$\sum xy=a\sum x+b\sum x^2$$

第三，联立上述两式，建立方程组。

$$\begin{cases}\sum y=na+b\sum x\\ \sum xy=a\sum x+b\sum x^2\end{cases}$$

第四，解联立方程组。

$$a=\frac{\sum y-b\sum x}{n}$$

$$b=\frac{n\sum xy-\sum x\sum y}{n\sum x^2-\left(\sum x\right)^2}$$

观测法不能给出相关系数的运算公式，其相关系数公式为

$$r=\frac{n\sum xy-\sum x\sum y}{\sqrt{n\sum x^2-\left(\sum x\right)^2}\cdot\sqrt{n\sum y^2-\left(\sum y\right)^2}}$$

【例 2-2】 某车间产品产量和混合成本支出的数据见表 2-2。

表 2-2　产品产量与混合成本支出的数据

月份 (n)	产量 (x)/件	混合成本 (y)/元	xy/元	x^2
1	60	520	31 200	3 600
2	80	600	48 000	6 400
3	50	450	22 500	2 500
4	90	670	60 300	8 100

续表

月份 (n)	产量 (x)/件	混合成本 (y)/元	xy/元	x^2
5	160	1 000	160 000	25 600
6	110	750	82 500	12 100
合计	$\sum x = 550$	$\sum y = 3\,990$	$\sum xy = 404\,500$	$\sum x^2 = 58\,300$

将表 2-2 中有关数据代入上述公式。

$$b = \frac{6 \times 404\,500 - 550 \times 3\,990}{6 \times 58\,300 - 550^2} \approx 4.915$$

$$a = \frac{3\,990 - 4.915 \times 550}{6} \approx 214.458$$

所以， $y = a + bx = 214.458 + 4.915x$

运用统计软件如 Excel、SPSS 都比较方便。以 Excel 为例，基本步骤见附录三。

运用回归分析法，历史数据越多越准确。与高低点法和散布图法比较，回归直线法更准确些。

(二) 非历史成本法

1. 账户分析法

该法基本思想：首先确定变动成本、固定成本和混合成本三种形态，然后将混合成本近似地归类为变动成本或固定成本。比如成本项目中的材料费直接划入变动成本，生产设备折旧费直接划入固定成本，设备修理费是混合成本，但比较接近于变动成本，因而将此项目划入变动成本。此方法在实际应用中，成本账户可以用总账或明细账。

【例 2-3】 某企业某车间的月成本见表 2-3。

表 2-3　某企业某车间的月成本

单位：元

产量为 5 000 件时的成本	
账　　户	总　成　本
原材料	10 000
直接人工	12 000
燃料、动力费	4 000
维修费	2 000
间接人工	2 000
折旧	8 000
行政管理费	2 000
合计	40 000

在表 2-3 中，原材料和直接人工通常为变动成本；燃料、动力费、维修费、间接人工等虽然都会随产量变动而不成比例地变动，但由于我们不了解其他产量水平下的实际成本，无法对其进行成本性态分析，而只能将其先视为变动成本；行政管理费又具体包括许多杂项支出，其中大部分与产量没有明显的关系，将其视为固定成本；折旧费属于固定成本。

通过以上分析，将总成本分解为固定成本和变动成本两个部分，并以直线方程 $y=a+bx$ 表示，其中 a=10 000，b=(30 000/5 000)=6。

即 $y=10\,000+6x$

此一简例说明账户分析法简单、方便，工作量较小，并且能获得关于成本和业务量依存关系的直观认识和理解，有利于成本性态分析方法的进一步利用。但由于使用这一方法，需要借助分析人员的主观判断，故不可避免地带有一些局限性，并且，该方法在确定成本性态时，仅仅依赖于某一产量水平下的一次观测值，无法反映成本随着产量变动的波动情况，因而据此进行的成本性态分析不一定能符合客观实际情况。在实践中往往将它和其他方法结合使用，即首先采用账户分析法确定各账户的自然形态即变动成本、固定成本和混合成本；然后对混合成本项目用后面述及的其他方法进行分解，确定其中隐含的变动成本部分和固定成本部分。从这个意义讲，账户分析法就成为其他分析方法的基础。

总体来看，虽然账户分析法在确定个别的成本项目上可能不是那么准确，但是，当企业绝大多数的成本项目都能肯定其属于固定成本和变动成本的情况下，可以用它来进行成本性态分析。当然在采用此法时，必须注意排除那些发生在会计期间的某些无效的以及不正常的支出，否则就会直接影响成本性态分析的准确性。

2. 工程分析法

工程分析法又称为技术测定法或者工程技术法，是利用各种材料、人工、费用的消耗与产量之间的直接联系，来合理区分哪些耗费是变动成本，哪些是固定成本，并在此基础上直接估算出固定成本和单位变动成本的一种成本分解方法。

在企业建设投产之前，必须进行项目的可行性研究，可行性研究报告中包括有关的工程设计说明书和成本费用估算表，规定了在一定生产量条件下应耗用的材料、燃料、动力、工时及机器小时等消耗标准，这些数据通常可较为准确地反映出在一定生产技术和管理水平条件下的投入产出规律。在企业投产初期，可以参照这种关系来进行成本性态分析。

【例 2-4】 假设某企业铸造车间的燃料用于铸造工段的熔炉，分别在点炉和熔化铁水这两项程序中使用。按照最佳的操作方法，每次点炉要用木柴 0.05 吨，焦炭 1 吨，熔化 1 吨铁水要使用焦炭 0.12 吨；每个工作日点炉一次，全月工作日 25 天。木柴每吨价格为 240 元，焦炭每吨价格为 400 元。

解题步骤：

在本例中，点炉燃料(木柴、焦炭)属于固定成本，熔化铁水所用燃料与产量相联系，属于变动成本。

设每月燃料总成本为 y，产量为 x 吨铸件，每月固定成本为 a，单位变动成本为 b，则

$$a=(0.05\times240+1\times400)\times25$$
$$=10\,300$$
$$b=0.12\times400=48$$

因此，y=10 300+48x

工程分析法的主要优点是确定了理想的投入产出关系，所以企业在建立标准成本和制定预算时，使用此法就具有较佳的科学性与先进性，同时，它也是在缺乏历史成本数据条件下可用的最有效的办法。采用工程分析法，必须注意两点：第一，技术测定法只有在能够测定出固定成本总额和单位变动成本的条件下才可行；第二，工程分析法的工作量大，

需对每一项耗费进行分析，一般只用于新建企业或新产品生产的成本性态分析，如果技术测定法所花代价较大，应根据成本—效益原则进行取舍。

第二节　变动成本法原理

一、变动成本法原理概述

变动成本法起源于20世纪30年代的美国大经济危机，第二次世界大战后，随着企业环境的改变，竞争日趋激烈，要求会计能够提供与决策有关的信息，这使人们逐渐认识到传统的完全成本法所提供的信息越来越不能适用于管理人员的内部决策，变动成本法开始受到重视。20世纪60年代以后，变动成本法风靡整个西方管理会计界，成为人们决策控制的重要工具。

对变动成本法原理掌握的关键是产品成本由什么构成？完全成本法下的产品成本由直接材料、直接人工和制造费用组成。变动成本法应用的前提是依据成本与业务量的依存关系，将成本分为固定成本与变动成本，直接材料、直接人工可以直接归为变动成本，但制造费用是混合成本，需要分解为固定制造费用和变动制造费用。那么，固定性制造费用与产品产量没有直接的依存关系，与管理费用、销售费用、财务费用一同被视作期间成本。故变动成本法下的产品成本=直接材料+直接人工+变动性制造费用，期间成本=管理费用+销售费用+财务费用+固定性制造费用。

掌握两种成本法的核心区别后，就容易理解变动成本法的概念了。所谓变动成本法，是指在计算产品成本时，只包括产品在生产过程中所消耗的直接材料、直接人工和变动制造费用，而把固定制造费用视作期间成本的方法。

二、变动成本法的计算与评价

计算的目的是出于管理需要，为了加深变动成本法适合内部管理的理解，常常将变动成本法与完全成本法进行比较。

(一) 应用前提与成本构成不同。

两种成本法应用前提与成本的构成区别见表2-4。

表2-4　两种成本法应用前提与成本的构成区别

<table>
<tr><th colspan="2">标　志</th><th>变动成本法</th><th>完全成本法</th></tr>
<tr><td colspan="2">应用的前提条件</td><td>以成本性态分析为前提，将全部成本(费用)区分为变动成本和固定成本两大类</td><td>以成本按经济用途分类为前提，将全部成本(费用)区分为生产成本和非生产成本</td></tr>
<tr><td rowspan="2">成本的构成内容</td><td>产品成本</td><td>变动生产成本{直接材料
直接人工
变动性制造费用</td><td>生产成本{直接材料
直接人工
制造费用</td></tr>
<tr><td>期间成本</td><td>销售费用
管理费用
财务费用
固定性制造费用</td><td>销售费用
管理费用
财务费用</td></tr>
</table>

(二) 存货成本的构成不同

两种成本法下产品构成内容不同，完全成本法下的存货成本比变动成本法下的存货成本多了固定性制造费用。显然，完全成本法下的存货计价必然高于变动成本计法下的期末存货计价。

(三) 分期损益不同

简化的完全成本法下的税前收益=销售收入 － 销售成本 － 期间成本；

变动成本法下的税前收益=销售收入 － 变动成本总额 － 固定成本总额。

上述变动成本法下管理费用、销售费用、财务费用均作为期间成本，这是由完全成本法的思维定式给出的一般说法。运用变动成本法时，现实情况基本是这样，但遇到销售费用等是混合成本时，同样要分解为固定的与变动的两部分，固定的作为期间成本。

显然，固定性制造费用在变动成本法下被作为期间费用全部减去，而在完全成本法下的单位产品成本包含着固定性制造费用。那么，存货积压(产量大于销量)，完全成本法下的税前利润必定大于变动成本法下的税前利润。因为被积压的这部分产品的固定制造费用在变动成本法下全部被减去，在完全成本法下，则留在了积压的存货中。不难推算，产销平衡，两种成本法计算的税前利润相等。

为了较全面地说明这个问题，下面列举两种不同情况下连续各期的损益计算。

1. 连续各期生产量相等而销售不等的情况下，两种计算方法对分期损益的影响

【例 2-5】 设某企业只生产一种产品，第一年、第二年、第三年各年的生产量(正常生产能力)都是 8 000 件；而销售量则分别为 8 000 件、7 000 件和 9 000 件。每单位产品的售价为 12 元。生产成本：每件变动成本(包括直接材料、直接人工和变动性制造费用)5 元，固定性制造费用基于正常生产能力 8 000 件，共计 24 000 元。销售与行政管理费假定全部都是固定成本，每年发生额为 25 000 元。

根据上述资料，分别采用两种成本计算方法据以确定的各年的税前利润见表 2-5。

表 2-5 两种成本计算方法确定各年的税前利润

单位：元

	第一年	第二年	第三年
变动成本法计算			
销售收入	96 000	84 000	108 000
销售成本	40 000	35 000	45 000
贡献毛益	56 000	49 000	63 000
固定成本			
固定性制造费用	24 000	24 000	24 000
固定性销售与行政管理费用	25 000	25 000	25 000
合　计	49 000	49 000	49 000
税前利润	7 000	0	14 000

续表

	第一年	第二年	第三年
完全成本法计算			
销售收入	96 000	84 000	108 000
销售成本			
期初存货成本	0	0	8 000
本期生产成本	64 000	64 000	64 000
减：期末存货成本	0	8 000	0
销售成本合计	64 000	56 000	72 000
销售毛利	32 000	28 000	36 000
减：销售与行政管理费	25 000	25 000	25 000
税前利润	7 000	3 000	11 000

从表 2-5 中可以看出，第一年产品的生产量(8 000 件)等于产品的销售量，采用两种成本计算方法据以确定的全年税前利润都是 7 000 元，二者相等；第二年产品的生产量仍是 8 000 件，大于销售量(7 000 件)，采用完全成本计算法所确定的税前利润(3 000 元)就大于按变动成本计算法所确定的税前利润(0)；第三年的情况和第二年刚好相反，产量(8 000 件)小于销售量(9 000 件)，采用完全成本计算法所确定的税前利润(11 000 元)小于按变动成本计算法所确定的税前利润(14 000 元)。差异的发生是由于采用完全成本计算法，第二年末的产成品盘存“吸收”了固定成本 3 000 元(即 1 000×3)，使第二年的产品销售成本减少了 3 000 元，税前利润增加 3 000 元。到第三年，由于第二年末结转的产成品盘存成本也成为其产品销售成本的一个组成部分，其中包括的固定成本减少了 3 000 元，是其产品的销售成本增加 3 000 元，税前利润减少 3 000 元。所以，如一定期间内产品的生产量和销售量不相等，采用两种成本计算方法据以确定的税前利润必然会发生差异，但从较长期间看，产销最终达到平衡，这些差异又可以相互抵消。

列表计算是参照了财务会计上的利润表格式，运用公式计算更直接。

第一年：

变动成本法：$B_1 = 12\times 8\,000 - 5\times 8\,000 - 24\,000 - 25\,000 = 7\,000$（元）

完全成本法：$M_1 = 12\times 8\,000 - (5+3)\times 8\,000 - 25\,000 = 7\,000$（元）

第二年：

变动成本法：$B_2 = 12\times 7\,000 - 5\times 7\,000 - 24\,000 - 25\,000 = 0$（元）

完全成本法：$M_2 = 12\times 7\,000 - (5+3)\times 7\,000 - 25\,000 = 3\,000$（元）

第三年：

变动成本法：$B_3 = 12\times 9\,000 - 5\times 9\,000 - 24\,000 - 25\,000 = 14\,000$（元）

完全成本法：$M_3 = 12\times 9\,000 - (5+3)\times 9\,000 - 25\,000 = 11\,000$（元）

2. 连续各期销售量相等而生产量不相等的情况下，两种方法对分期损益的影响

【例 2-6】 假设某企业只生产一种产品，第一年、第二年和第三年各年的销售量都是 6 000 件，而产量分别为 6 000 件、8 000 件、4 000 件。每单位产品的售价为 10 元。生产成本：每件变动成本为 4 元，固定性制造费用每年的发生额为 24 000 元。销售与行政管理

费用假定都是固定成本，每年发生额为 5 000 元。

根据上述资料，分别采用两种成本计算方法据以确定的各年的税前利润见表 2-6。

表 2-6　两种成本计算法确定各年的税前利润

单位：元

	第一年	第二年	第三年
变动成本计算			
销售收入	60 000	60 000	60 000
销售成本	24 000	24 000	24 000
贡献毛益	36 000	36 000	36 000
固定成本			
固定性制造费用	24 000	24 000	24 000
固定性销售与行政管理费用	5 000	5 000	5 000
合　计	29 000	29 000	29 000
税前利润	7 000	7 000	7 000
完全成本计算			
销售收入	60 000	60 000	60 000
销售产品的制造成本			
期初存货	0	0	14 000
本期产品生产成本	48 000	56 000	40 000
减：期末存货成本	0	14 000	0
销售成本合计	48 000	42 000	54 000
销售毛利	12 000	18 000	6 000
减：销售与行政管理费用	5 000	5 000	5 000
税前利润	7 000	13 000	1 000

从表 2-5 中可以看出，变动成本计算法下的各年税前利润相等，都是 7 000 元。采用完全成本计算法，情况就有所不同，据以确定的税前利润，以第二年为最多(13 000 元)，第三年最少(1 000 元)。这是因为第二年产量(8 000 件)大于销售量(6 000 件)，期末产成品盘存“吸收”了固定成本 6 000 元(2 000×3)，因而使第二年的产品销售成本减少了 6 000 元，税前利润增加了 6 000 元，第三年刚好相反，产品的生产量(4 000 件)其销售量(6 000 件)，期初产品盘存中包括的上年发生的固定成本(6 000 元)转作第三年的销售成本，从而使该年的产品销售成本增加了 6 000 元，税前利润也就减少了 6 000 元。

列表计算是参照了财务会计上的利润表格式，运用公式计算更直接。

第一年：

变动成本法：$B_1 = 6\,000 \times 10 - 6\,000 \times 4 - 24\,000 - 5\,000 = 7\,000$ (元)

完全成本法：$M_1 = 6\,000 \times 10 - (4 + \dfrac{24\,000}{6\,000}) \times 6\,000 - 5\,000 = 7\,000$ (元)

第二年：

变动成本法：$B_2 = 6\,000 \times 10 - 6\,000 \times 4 - 24\,000 - 5\,000 = 7\,000$ (元)

完全成本法：$M_2=6\,000\times10-\left(4+\dfrac{24\,000}{8\,000}\right)\times6\,000-5\,000=13\,000$ (元)

第三年：

变动成本法：$B_3=6\,000\times10-6\,000\times4-24\,000-5\,000=7\,000$ (元)

完全成本法：

$$M_3=6\,000\times10-\left(4+\frac{24\,000}{8\,000}\right)\times2\,000-\left(4+\frac{24\,000}{4\,000}\right)\times4\,000-5\,000=1\,000\ (元)$$

综上，变动成本法鼓励了销售，适合内部管理，因为产品积压越多，完全成本法下的收益越大于变动成本法下的收益。但变动成本法以成本性态分析为前提，各项预测、决策和控制方法的正确与否，很大程度上取决于混合成本分解的准确性，并且，变动成本法不遵循公认会计原则，不适合对外报告要求。

习　　题

一、单项选择题

1. 将全部成本分为固定成本、变动成本和混合成本所采用的分类依据是(　　)。

A. 成本核算目标　　B. 成本的可辨认性
C. 成本的经济用途　　D. 成本的性态

2. 单位固定成本在相关范围内的变动规律为(　　)。

A. 随业务量的增加而减少　　B. 随业务量的减少而减少
C. 随业务量的增加而增加　　D. 不随业务量的变动而变动

3. 为排除业务量因素的影响，在管理会计中反映变动成本水平的指标一般是(　　)。

A. 变动成本总额　　B. 单位变动成本
C. 变动成本的总额与单位额　　D. 变动成本率

4. 下列项目中，不能列入变动成本法下产品成本的是(　　)。

A. 直接材料　　B. 直接人工
C. 变动性制造费用　　D. 固定性制造费用

5. 用变动成本法计算产品成本时，对固定性制造费用的处理时(　　)。

A. 不将其作为费用
B. 将其作为期间费用，全额列入利润表
C. 将其作为期间费用，部分列入利润表
D. 在每单位产品间分摊

二、多项选择题

1. 在相关范围内固定不变的是(　　)。

A. 固定成本　　B. 单位产品固定成本
C. 变动成本　　D. 单位变动成本

2. 下列哪些方法属于必须根据历史成本数据进行成本分解的方法？(　　)

A. 散布图法　　B. 工业工程法
C. 高低点法　　D. 回归直线法

3. 下列项目中，不会导致完全成本法和变动成本法确定的分期损益不同的是(　　)。

A. 直接材料　　B. 管理费用

C. 财务费用　　D. 销售费用

4. 下列关于变动成本法和完全成本法的说法中，正确的有(　　)。

A. 按照变动成本法计算的单位成本总是低于按照完全成本法计算的单位成本

B. 按照变动成本法计算的利润总是低于按照完全成本法计算的利润

C. 按照变动成本法计算的利润不受当期产量的影响

D. 按照变动成本法提供的成本资料能够满足企业长期决策的需要

5. 完全成本法与变动成本法的区别在于(　　)。

A. 应用的前提条件不同

B. 产品成本构成内容不同

C. 对固定成本的认识与处理方法不同

D. 损益计算程序不同

三、计算题

1. 某企业本年混合成本资料见表 2-7。

表 2-7　某企业本年混合成本资料

月　份	产量(件)	混合成本(元)
1	100	20 000
2	150	26 000
3	120	22 000
4	140	25 000
5	110	21 500
6	130	23 700

要求：

(1) 用高低点法分解混合成本。

(2) 假定 7 月计划产量 500 件，预测 7 月的混合成本总额。

2. 设某企业只生产一种产品，第一年、第二年、第三年各年的生产量(正常生产能力)都是 6 000 件；而销售量则分别为 6 000 件、5 000 件和 7 000 件。每单位产品的售价为 10 元。生产成本：每件变动成本(包括直接材料、直接人工和变动性制造费用)4 元，固定性制造费用基于正常生产能力 6 000 件，共计 18 000 元。销售与行政管理费假定全部都是固定成本，每年发生额为 12 000 元。分别用两种成本法确定各年的税前利润。

3. 假设某企业只生产一种产品，第一年、第二年和第三年各年的销售量都是 6 000 件，而产量分别为 6 000 件、9 000 件、3 000 件。每单位产品的售价为 10 元。生产成本：每件变动成本为 3 元，固定性制造费用每年的发生额为 18 000 元，采用完全成本计算，每单位产品分摊的固定性制造费用：第一年为 3 元(18 000/6 000)，第二年为 2 元(18 000/9 000)，第三年为 6 元(18 000/3 000)。销售与行政管理费用假定都是固定成本，每年发生额为

6 000 元。分别用两种成本法确定各年的税前利润。

四、案例分析题

某公司于 2014 年 9 月 1 日开业。公司旗下有两个生产厂，一个在 A 市，一个在 B 市。两家工厂按固定售价将它们的产品转移到位于 A 市的中央仓库。A 市工厂的经理小心谨慎地执行公司指令，而 B 市工厂的经理则喜欢自行其是。

2014 年 9 月 1 日至 2015 年 9 月 30 日，两家工厂的有关资料见表 2-8。

表 2-8 两家工厂有关资料

项　　目	A 市工厂	B 市工厂
生产量(件)	10 000	30 000
销售量(件)	10 000	10 000
单价(元)	12	12
产品制造成本(元)		
直接材料(每件 4 元)	40 000	120 000
直接人工(每件 3 元)	30 000	90 000
变动制造费用(每件 2 元)	20 000	60 000
固定制造费用(元)	50 000	50 000
制造成本合计(元)	140 000	320 000
损益表(元)		
销售收入(元)	120 000	120 000
销售成本(元)	140 000	106 667
利润(亏损)	(20 000)	13 333

公司的总经理对这两家工厂的不同经营成果非常关心，因为这两家工厂的销售量都相同。他希望你能够通过上述数据，解释两家工厂利润不同的原因。假定期初存货两家工厂均为零。

要求：

(1) 采用变动成本法重新计算两家工厂的收益。

(2) 根据变动成本法的计算结果，解释为什么会出现与资料不同的计算结果。

(3) 根据计算结果，提出适当的建议。并结合上述资料和所学管理会计基础知识，你认为变动成本法是一种什么样的方法，可用在企业管理中的哪些方面？

五、实验题

实验材料：已知，某企业的设备维修费属于混合成本，2014 年各月的实际资料见表 2-9。

表 2-9 某企业 2014 年各月的实际资料

项目 / 月份	设备维修费(元)	机器工作(小时)
1	30 000	9
2	25 000	8
3	29 000	9

续表

月份 \ 项目	设备维修费(元)	机器工作(小时)
4	31 000	10
5	34 000	12
6	40 000	14
7	32 000	11
8	33 000	11
9	35 000	13
10	26 000	8
11	20 000	6
12	22 000	7

要求：

利用 Excel 函数，对该企业的设备维修费进行分解，并给出直线方程和相关系数 r。

第二篇　决 策 会 计

第三章　经 营 决 策

学习导航

经营决策会计由经营预测、经营决策构成。经营预测包括销售预测、成本预测、利润预测、资金需要量预测(财务管理中讲解)，成本预测、利润预测本书不单独讲解，在实际应用中可以充分利用全面预算这一工具或借鉴财务分析师盈利预测时考虑的因素与方法进行预测。本量利分析是变动成本法原理的典型应用，本书放在这一章中讲解，因为保本点计算、有关因素变动对盈亏临界点、目标利润敏感度分析是经营决策中的重要内容。生产什么？生产多少？如何生产？是短期经营决策中的经典部分，这些实际业务决策还涉及企业管理的多个方面，如生产管理、设备管理等，教材所讲的仅是一些最基本的决策方法，是一种理念的提升，是本科阶段学习的重要内容。存货决策内容已在财务管理中讲解，定价决策在有关教材中多次涉及，本书重点讲解成本加成的定价方法、边际成本法、特殊定价法，以加强学生对决策会计重要性的认识。

学习目标

通过本章学习，掌握销售预测常用方法，掌握本量利分析的基本原理，掌握短期经营决策常用的机会成本、沉没成本等重要概念及短期经营决策基本原理，掌握会计视角下的产品定价基本方法。

导入案例

你听说过薄利多销吗？如某企业销售某种产品，单位产品销售成本是 2 元，单价是 3 元，每销售一件产品的毛利是 1 元。另外，不管是否销售，还会发生一些固定费用，如管理人员工资、办公经费等，假设这些固定成本是 20 万元/每月，销售多少件产品才能保本？

提醒：

X 件产品的毛利是 *X* 元，$X>20$ 万件才会获得盈利。

你能列式计算吗？在创新驱动与知识经济的时代，薄利却不能多销给了我们什么启示？

小看板

上述案例反映了成本、业务量和利润三者的依存关系，这是本量利分析的基本内涵。不管经营环境怎么变化，本量利分析的基本原理有助于提升企业管理水平。

第一节　销 售 预 测

“凡事预则立，不预则废”。销售预测是编制传统全面预算的起点，企业的实际业务中，在销售预测基础上订立销货合同非常重要。在进行销售预测时，要综合考虑影响销售的外部因素和内部因素。外部因素有：①当前市场环境；②企业的市场份额；③经济发展趋势；④竞争对手情况等。内部因素有：①产品的价格；②产品的功能和质量；③企业提供的配套服务；④各种广告促销方法；⑤企业的生产能力等。

影响因素分析在市场营销学课程中讲解详细。预测时除了对这些因素分清主次并综合考虑外，还要选择适当的预测方法。

一、定性销售预测

定性分析法又称非数量分析法，它主要是依靠预测人员丰富的实践经验和知识及主观的分析判断能力，在考虑到政治、经济形势、市场变化、经济政策、消费倾向等对经营影响的前提下，对事物的性质和发展趋势进行推测的分析方法。定性销售预测方法分为判断分析法、调查分析法和产品寿命周期分析法等。

(一) 判断分析法

判断分析法是指通过一些具有市场经验的经营管理人员或专家对企业未来某一特定时期的产品销售业务情况进行综合研究，并做出推测和判断的方法。

1. 意见汇集法

由企业推销人员根据他们的主观判断，把各个(类)顾客的销售预测值填入表格，然后由销售部经理加以综合来预测企业计划期的销售量或销售额。由于推销人员最接近、最了解市场和顾客的情况，因而此法费时短、耗费小，比较实用。但由于推销员的素质各异，他们对销售形势的估计有可能过于乐观或过于悲观，或由于个人原因故意提高或降低预计销售值，这都会影响到预测值的准确。为避免这种现象出现，可以采取以下措施。

(1) 把本企业过去的销售预测与实际预测的资料及企业未来规划和社会发展趋势的信息资料分发给各推销人员，供他们参考。

(2) 组织多人对同一地区、同一产品的市场进行预测，再对数据求平均值，以消除人为的偏差。

总之，意见汇集法一般适用于直接销售给数量不多的顾客，同时顾客又能事先告之未来需求量的产品。

2. 专家意见法

国外称"德尔菲法"，又叫专家调查法，由美国兰德公司在20世纪40年代首先倡导使用。"特尔菲"是古希腊的一个城市，该市中的一座阿波罗神殿可以占卜、预知未来，因此，国外就借用其名。这种方式适用资料少，未知因素多，希望靠专家的经验判断来做出预测。专家指本企业或同行业的高级领导人、销售部门经理及外界专家，但不包括推销员和顾客。

该方法的做法是通过函询调查的方式向各有关专家发出预测问题调查表，尽量在各专家互不通气的前提下，把各专家的判断汇集，再采用匿名的方式反馈给各位专家，请他们参考其他专家的意见，修正本人原来的判断。如此反复数次，最后集各家之所长，对销售的预测做出综合的判断。

(二) 调查分析法

调查分析法是指通过某种商品在市场上的供需情况变动的详细调查，一般是通过对有代表性顾客的消费意向来了解市场需求的变化趋势，进行销售预测的一种方法。一般调查可以包括产品、消费者、竞争对手、市场占有率和经济发展趋势等方面。

在调查时应当注意，首先，选择的调查对象要具有普遍性和代表性，调查对象应能反映市场中不同阶层或行业的需要及购买需要，一般应针对消费者、竞争对手和经济发展趋势等方面的调查；其次，调查的方法要简便易行，使被调查对象乐于接受调查。此外，对调查所取得的数据与资料要进行科学的分析，特别要注意去伪存真、去粗取精。只有这样，所获得的资料才具有真实性、代表性，才能作为预测的依据。

这种方法适用于顾客数量有限，调查费用不高，每户顾客意向明确又不会轻易改变的预测，网络调查除外。

二、定量销售预测

定性分析主观推断强，把定量分析与定性分析方法结合起来使用，能收到更好的效果。

销售预测的定量分析法包括趋势外推分析法和因果预测分析法两类。季节性预测分析法与购买力指数法等参见相关学科，本书不赘述。

(一) 趋势外推分析法

趋势外推分析法在销售量预测中的应用较为普遍，其具体应用形式包括平均法和修正的时间序列回归法。

1. 平均法

平均法是指根据已知的预测对象在若干时期的销售量历史资料，按照一定方法计算其平均值，以预测销售量的一类方法。具体包括算术平均法、加权平均法、移动平均法和平滑系数法等。

(1) 算术平均法。算术平均法又称简单平均法，它是直接将过去若干时期的实际销量的算术平均值作为预测销售量的一种方法。其计算公式为

$$预测销售量(\overline{Q})=\frac{时间序列各期销售业务量之和}{时间序列时期数}=\frac{\sum Q}{n}$$

这种方法的优点是计算过程简便，但由于它是一视同仁地看待n期内的各期销售量对未来预测销售量的影响，故该法只适用于各期销售量比较稳定、没有季节性变动的食品、文具、日常用品的预测。

(2) 移动平均法。移动平均法是指在掌握n期实际销售量的基础上，按照事先确定的期数(记作m，$m\leqslant\frac{n}{2}$)逐期分段计算m期算术平均数，并以最后一个m期平均数作为未来第$n+1$期预测销售量的一种方法。此法原理与算术平均数相同，运用前提是假定预测值主要受最近m期销售量的影响。其计算公式为

$$预测销售量(\overline{Q})=最后m期算术平均销售量=\frac{最后移动期销售量之和}{m期}$$

为了使预测数更好地反映销售变化趋势，还可以对上述公式修正。

$$预测销售量(\overline{Q})=最后m期算术平均销售量+趋势值$$

移动平均法虽然能够克服算术平均法忽视远近期销售量对预测销售量影响程度不同的缺点，但仍存在只考虑n期数据中的最后m期资料，缺乏代表性的弱点。此法适用于销售量略有波动的产品预测。

(3) 加权平均法。加权平均法是指根据过去若干时期的销售量，按近大远小的原则确定各期权数，以其加权平均数作为预测期销售量的方法。该法是算数平均数的延伸，即将算术平均数的各期权数相等变为不等。其特点是按过去实际销售量距预测期的远近，分别给予不同的权数进行加权平均。离预测期越近，对预测值的影响越大，其权数也应越大；反之，离预测期越远，对预测值的影响越小，其权数也就越小。其公式为

$$预测销售量(\overline{Q})=\frac{\sum(某期销售量\times该期权数)}{各期权数之和}$$

权数的确定有以下两种方法：

① 自然权数法，要求按自然数$1,2,3,\cdots,n$的顺序确定权数，即令$W_1=1,W_2=2,\cdots,W_n=n$。

② 饱和权数法，要求各期权数之和为1，即令$\sum_{t=1}^{n}W_t=1$，$0<W_t<1$，n为自然数。如当$n=3$时，可令$W_1=0.2,W_2=0.3,W_3=0.5$或$W_1=0.1,W_2=0.3,W_3=0.6$等。按此法上式可改写为

$$预测销售量(\overline{Q})=\Sigma(某期销售量\times该期权数)=\sum Q_t\times W_t$$

【例 3-1】 某企业经营一种产品，2014 年 7～12 月份销售量见表 3-1。

表 3-1 销售资料

月 份	7	8	9	10	11	12
销售量(件)	1 100	1 050	1 200	1 150	1 250	1 300

要求：

分别用自然权数加权平均法和饱和权数加权移动平均法(利用最后 3 期)预测 2015 年 1 月份的销售量。

解：用自然权数加权平均法预测的 2015 年 1 月份的销售量：

$$\overline{Q}=\frac{1100\times1+1\,050\times2+1\,200\times3+1150\times4+1\,250\times5+1\,300\times6}{1+2+3+4+5+6}$$

$$=\frac{25\,450}{21}\approx1\,212(件)$$

用饱和权数加权移动平均法预测的 2015 年 1 月份的销售量(令 $W_1=0.2$，$W_2=0.3$，$W_3=0.5$)：

$$\overline{Q}=1\,150\times0.2+1\,250\times0.3+1\,300\times0.5$$
$$=1\,255(件)$$

这种方法考虑了远近期间的销售对未来的不同影响，避免了各期差异的平均化。其缺点就是不能按统一的方法确定各期的权数值。

(4) 平滑系数法。平滑系数法是指在综合考虑有关前期预测销售量和实际销售量的基础上，利用事先确定的平滑系数预测未来销售量的一种方法。其计算公式为

$$预测销售量(\overline{Q})=平滑系数\times前期实际销售量+(1-平滑系数)\times前期预测销售量$$
$$=\alpha\times Q_{t-1}+(1-\alpha)\times\overline{Q}_{t-1}$$

α 为平滑系数，它只是一个经验数据，其取值范围通常为 0.3～0.7。平滑系数具有修匀实际值所包含的偶然因素对预测值影响的作用，平滑系数越大，则近期实际值对预测结果的影响就越大；平滑系数越小，则近期实际值对预测结果的影响就越小。因此，进行近期预测或销售水平波动较大的预测时，为了使计算结果能反映预测对象近期的变动趋势，应采用较大的平滑系数；进行长期预测或销售水平波动较小的预测时，为了使计算结果能反映预测对象变动的长期趋势，应采用较小的平滑系数。

【例 3-2】 见表 3-1 的资料，假定 2014 年 12 月份按 $\alpha=0.4$ 预测的销售量为 1 265 件，当月实际销售量为 1 300 件。用平滑系数法预测的 2015 年 1 月份的销售量：

$$\overline{Q}=0.4\times1\,300+(1-0.4)\times1\,265=1\,279(件)$$

从平滑系数的预测公式和实例可以看出，该法实质上也是一种加权平均法。它以平滑系数和(1−平滑系数)为权数，分别对实际销售量和前期预测销售量进行加权平均，以计算出的加权平均销售量作为预测销售量。该法比较灵活，适用范围较广。但由于平滑系数依据经验判断确定，存在一定的主观随意性，不同的平滑系数会使预测值产生较大的差异。

2. 修正的时间序列回归法

根据一定时期内的销售量(Q)与时间(t)的函数关系建立回归模型，并据以进行预测的方法称为时间序列回归法。由于时间自变量(t)的值具有单调递增性的特点，可据此对时间自变量(t)的值进行修正，从而简化回归系数的计算，凡是利用修正的时间自变量计算回归系数的方法都统称为修正的时间序列回归法。由于销售量预测模型在产品寿命周期的不同阶段分别表示为直线、二次曲线和对数曲线等形式，因此，修正的时间序列回归法又分为修正的直线回归法、修正的二次曲线回归法、修正的对数曲线回归法等。本书只介绍修正的直线回归法。

用直线回归法预测销售量时，其预测模型为：$Q = a + bt$

其中a、b为回归系数，Q为销售量(因变量函数)，t为时间自变量。

按照直线回归法原理，回归系数a、b的计算公式为

$$\begin{cases} b = \dfrac{n\sum tQ - \sum t\sum Q}{n\sum t^2 - (\sum t)^2} \\ a = \dfrac{\sum Q - b\sum t}{n} \end{cases}$$

按照时间序列单调递增形成等差数列的特点对t值进行修正，使$\sum t = 0$，则上述计算回归系数的公式得以简化。其简化公式为

$$\begin{cases} b = \dfrac{\sum tQ}{\sum t^2} \\ a = \dfrac{\sum Q}{n} \end{cases}$$

需要注意的是，在直线回归法下，修正前、后的销售预测回归模型虽然都是$Q = a + bt$，但公式中的t值却是不同的。前者是未修正的t值，且按未修正的t值计算回归系数；而后者是修正后的t值，且按修正后的t值计算回归系数。

下面就如何修正时间自变量t的值，使$\sum t = 0$，分两种情况加以说明。

(1) 如果时间序列期数n为奇数，则令第$\dfrac{n+1}{2}$期的t值为0，其余前后各期以该期为中心，以1为间隔(即公差)确定t值。例如，当$n = 7$时，第4期为中心，令该期的t值为0，其余各期依次增减，结果见表3-2。

表 3-2　n=7 时修正时间自变量 t 的值

月　份	1	2	3	4	5	6	7	n=7
t	−3	−2	−1	0	+1	+2	+3	$\sum t = 0$

(2) 如果时间序列期数n为偶数，则令第n/2期和(n/2+1)期的t值分别为−1和+1，其余各期以公差2为间隔依次增减。例如，当n=6时，分别令第3期和第4期的t值为−1和+1，第2期和第5期分别为−3和+3，其余各期依此类推，结果见表3-3。

表 3-3　n=6 时修正时间自变量 t 的值

月　份	1	2	3	4	5	6	n=6
t	−5	−3	−1	1	3	5	$\sum t=0$

【例 3-3】 见表 3-1 的资料，要求用修正的直线回归法预测 2015 年 1 月份及 2 月份的销售量。

本例的时间序列期数 $n=6$，为偶数，所以令第 3 期的 t 值为−1，第 4 期的 t 值为+1，间隔为 2。有关数据的计算见表 3-4。

表 3-4　n=6 时有关数据的计算

月　份	Q	t	tQ	t^2
7	1 100	−5	−5 500	25
8	1 050	−3	−3 150	9
9	1 200	−1	−1 200	1
10	1 150	+1	+1 150	1
11	1 250	+3	+3 750	9
12	1 300	+5	+6 500	25
$n=6$	$\sum Q=7\,050$	$\sum t=0$	$\sum tQ=1\,550$	$\sum t^2=70$

将表 3-4 中的数据代入公式

$$\begin{cases} b=\dfrac{\sum tQ}{\sum t^2}=\dfrac{1\,550}{70}\approx 22.14 \\ a=\dfrac{\sum Q}{n}=\dfrac{7\,050}{6}=1175 \end{cases}$$

则销售量预测回归模型为：Q=1 175+22.14t

因为，明年 1 月份的 t 值为 7(5+2)，2 月份的 t 值为 9(7+2)；

所以，2015 年 1 月份的预计销售量 Q_1=1 175+22.14×7≈1 330(件)；

2015 年 2 月份的预计销售量 Q_2=1 175+22.14×9≈1 374(件)。

【例 3-4】 见表 3-1 的资料，利用 2014 年 8～12 月份的实际销售量资料，要求用修正的直线回归法预测 2015 年 1 月份及 2 月份的销售量。

本例的时间序列期数 $n=5$，是奇数。此时可令第 3 期的 t 值为 0，第 2 期的 t 值为−1，第 4 期的 t 值为+1，间隔为 1。有关数据的计算见表 3-5。

表 3-5　n=5 时有关数据的计算

月　份	Q	t	tQ	t^2
8	1 050	−2	−2 100	4
9	1 200	−1	−1 200	1
10	1 150	0	0	0
11	1 250	+1	+1 250	1
12	1 300	+2	+2 600	4
$n=5$	$\sum Q=5\,950$	$\sum t=0$	$\sum tQ=550$	$\sum t^2=10$

将表 3-5 中的数据代入公式

$$\begin{cases} b=\dfrac{\sum tQ}{\sum t^2}=\dfrac{550}{10}=55 \\ a=\dfrac{\sum Q}{n}=\dfrac{5\,950}{5}=1190 \end{cases}$$

则销售量预测回归模型为：$Q=1190+55t$

因为，明年一月份的 t 值为 3(2+1)，2 月份的 t 值为 4(3+1)；

所以，2015 年 1 月份的预计销售量 Q_1=1 190+55×3=1 355(件)；

2015 年 2 月份的预计销售量 Q_2=1 190+55×4=1 410(件)。

(二) 因果预测分析

如前所述，用趋势外推分析法进行销售预测时，影响销售量变动的经济变量只有一个，即时间自变量。而在企业的经营实践中，影响销售量变动的经济变量往往有多个，且它们之间呈现着错综复杂的关系。大量的实践表明，经济变量之间存在一定的统计规律性，具有相关关系。例如，市场购买力与居民平均收入、建材销售量与基建工程项目指标等。我们可以利用相关关系理论，在经济变量之间建立一定的数量模型进行预测分析，这就是相关预测分析法，因果预测分析法就属于其中的一种。依据自变量的多少，因果预测分为一元回归与多元回归法，一元回归与第二章中的混合成本分解中的回归直线法道理相同，举例从略；多元回归必须借助统计软件才可以，常用的统计软件有 Excel、SPSS、Eviews、Sas 等，这些软件可在办公自动化、计量经济学等有关课程中学习。

因果预测分析法的基本程序如下：

(1) 确定影响销售量的主要因素。影响未来销售量的主要因素有：①国民生产总值；②国民收入；③人口(特定消费人口)；④个人可支配收入(用于消费品预测)；⑤相关产品销量或产量；⑥需求的价格弹性和收入弹性；⑦市场占有率等。

一般来说，自变量越多，预测结果就越有可能接近实际，但定量分析的过程也就越复杂；反之，自变量越少，则预测模型越容易建立，但可能出现的误差也就越大。为简化分析，对于不太重要的非定量因素或偶然因素可忽略不计。

(2) 建立因果预测数学模型，根据统计数据确定自变量系数。

(3) 预测销售量。

第二节　本量利决策

本量利分析简称 CVP 分析(Cost-Volume-Profit Analysis)，它是以变动成本法为基础，分析企业在一定时期内的成本、业务量和利润三者依存关系的一种专门方法。本量利分析方法在中西方都得了十分广泛的应用；与企业的经营风险分析相联系，可促使企业努力降低经营风险，合理地处理成本与利润的关系；将它与预测技术结合起来，企业可以进行保本预测和目标利润实现的业务量预测；将它与决策技术融为一体，企业可以据此进行生产决策、定价决策和投资决策，并为企业编制预算、控制成本和责任会计奠定理论基础。

一、本量利分析基本模型

设x为销量，p为销售单价，b为单位变动成本，a为固定成本，m为利润，则本量利分析的基本模型为$m = px - bx - a$。

运用该基本模型，是建立在以下假设基础上。

(一) 线性假设

假设销售单价不变，销售收入与销售数量呈完全线性关系；假定全部成本都可以明确地划分为变动成本和固定成本两部分，变动成本在相关范围内，与业务量呈完全线性关系，固定成本在相关范围内保持不变，与业务量无关。相关范围内保持(a、b、p)不变是线性假设的必要条件。

(二) 产销平衡假设

站在销售数量角度进行本量利分析时，就必须假定产销关系是平衡的。故本章中出现的业务量可以是产量也可以是销量。

(三) 品种结构稳定假设

对于多品种生产的企业，假定在以价值形式表现的产销总量发生变化时，原来的各种产品的产销额在全部产品的产销总额中所占的比重并不发生变化。这种假定可使分析人员能够集中注意力于价格，成本以及业务量对营业净利润的影响使本量利分析成为可能。

二、本量利基础应用

(一) 盈亏临界点分析

盈亏临界点(Break Even Point, BEP)也称保本点，是指企业全部销售收入等于全部成本费用时的销售量或销售额。

1. 单一品种保本点计算

假定企业在一定的期间范围内只生产和销售单一品种产品，则盈亏临界点是利润等于0 时的业务量。即$px_0 - bx_0 - a = 0$时，$x_0 = \dfrac{a}{p-b}$，px_0即为保本销售额，$px_0 = p \cdot \dfrac{a}{p-b} = \dfrac{a}{\frac{p-b}{p}}$，该公式涉及了几个重要概念，$(p-b)$叫做单位边际贡献(单位产品贡献毛益)；$\dfrac{p-b}{p}$叫做边际贡献率(贡献毛益率)；$\dfrac{b}{p}$叫做变动成本率，读者很容易发现边际贡献率与变动成本率之间的关系。

单一品种保本点原理图如图 3.1 所示。

【例 3-5】 某企业只生产和销售单一品种产品，已知该产品的单位变动成本为 30 元，销售单价为 50 元，固定成本总额为 200 000 元，试计算该企业的保本点销售量和保本点销售额。

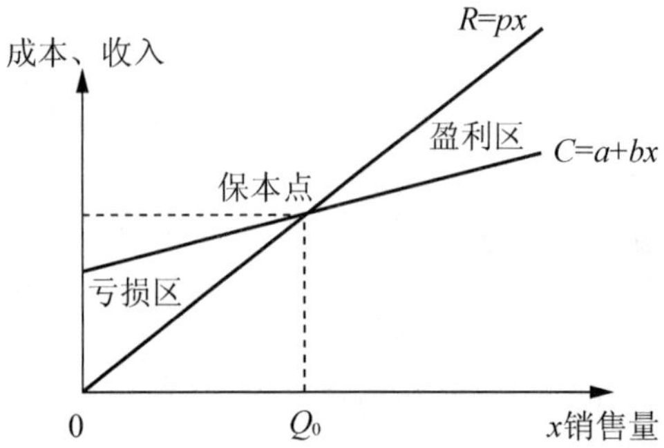

图 3.1 盈亏临界图

解：保本点销售量=固定成本总额/(销售单价−单位变动成本)

=200 000/(50−30)

=10 000(件)

保本点销售额=单价×保本点销售量

=50×10 000=500 000(元)

以上计算表明，该企业必须销售 10 000 件产品，实现销售额 500 000 元才可以保本。

预计销售额(量)减保本销售额(量)称为安全边际，安全边际率是安全边际额的相对数表达。

$$安全边际率=\frac{安全边际额(量)}{预计销售额(量)}\times 100\%$$

根据安全边际的含义，可以与保本点计算联合应用，如利润=安全边际销售量×单位产品贡献毛益=安全边际销售收入×贡献毛益率，销售利润率=安全边际率×贡献毛益率，读者利用 $m = px - bx - a - 0 = px - bx - a - (px_0 + bx_0 + a)$ 很容易推导出上述公式。

2. 多品种保本点计算

在大多数情况下，企业都是多品种生产的。多品种情况下，固定成本是共同的，各产品的单位边际贡献($p-b$)容易得到，因此，只要把共同的固定成本 a 按一定方法分解到各产品中，就可以按单品种保本点计算原理计算各产品的保本点。这一思想在加权平均边际贡献率法中体现最为明显。该法计算步骤：

第一步，计算全部产品的销售总额。

$$销售总额=\sum(各种产品的销售单价\times 销售量)$$

第二步，计算各种产品的销售比重。

$$某产品的销售比重=\frac{该产品的销售额}{销售总额}\times 100\%$$

第三步，计算出各产品的边际贡献率。

$$某产品的边际贡献率=\frac{单位边际贡献}{单价}\times 100\%$$

第四步，以各种产品的边际贡献率为基础和销售比重为权数，计算出整个企业的加权平均边际贡献率。

$$加权平均边际贡献率=\sum(各产品的边际贡献率\times各产品销售比重)$$

第五步，计算整个企业综合的保本点销售额。

$$综合保本点销售额=\frac{固定成本总额}{加权平均边际贡献率}$$

第六步，根据综合保本点销售额和各产品所占的销售比重，计算各种产品的保本点销售额及销售量。

$$某种产品的保本点销售额=综合保本销售额\times某种产品的销售比重$$

$$某种产品保本点销售量=\frac{某种产品的保本点销售额}{该产品的销售单价}$$

【例 3-6】 已知某企业组织多品种经营，本年的有关资料见表 3-6。

表 3-6　某企业多品种经营的有关资料

品　种	销售单价(元)	销售量(件)	单位变动成本(元)
A	20	500	16
B	30	1 000	27
C	40	1 500	28

假定本年全厂固定成本为 11 500 元，要求运用加权平均边际贡献率法计算每种产品的保本销售额和保本销售量。

按照上述五步，计算结果如下。

各产品销售比重分别为 10%、30%、60%；

各产品的边际贡献率分别为 20%、10%、30%；

则加权平均边际贡献率为 20%×10%+10%×30%+30%×60%=23%；

综合保本点为 11 500÷23%=50 000(元)；

所以，各产品的保本销售额为 50 000×10%=5 000(元)、50 000×30%=15 000(元)、50 000×60%=30 000(元)；各产品的保本销售量为 250 个、500 个、750 个。

从上述计算可以看出，各产品的销售结构会影响到企业加权平均边际贡献率。当产品的获利能力不尽相同，并且产品的销售比重发生变化时，势必影响全部产品的边际贡献率，企业的盈亏临界点也自然会发生相应的变化。在其他条件不变的前提下，提高边际贡献率高的产品销售比重，降低边际贡献率低的产品销售比重，就会提高综合边际贡献率，提高企业的盈利能力。但这仅是就事论事的一种理论推测法，因为边际贡献率涉及产品定价与单位变动成本两个因素，而影响这两个因素的因素是复杂的。

多品种保本点计算方法还有综合边际贡献率法、分别计算法等，基本思想与上述相同，本书不赘述。

(二) 敏感度分析

1. 有关因素临界值的确定

把保本作为底线，那么保本状态下，销售量和单价最小允许值是多大？单位变动成本和固定成本最大允许值是多少？计算的结果即为影响利润因素的临界值。

【例 3-7】 设某企业生产一种产品，单价 10 元，单位变动成本 6 元，全年固定成本预计 200 000 元，销售量计划为 500 000 件。确定 b、a 的最大允许值和 x、p 的最小允许值。

解：全年目标利润为：$500\,000\times(10-6)-200\,000=1\,800\,000$(元)

销售量的临界值(最小值)

$$x=\frac{a}{p-b}=\frac{200\,000}{10-6}=50\,000\text{ (件)}$$

即产品销售量最小允许值为 50 000 件，低于 50 000 件会发生亏损；或者说，实际销售量只要达到计划年度预计销售量的 10%，企业可以保本。

单价的临界值

$$p=\frac{a+bx}{x}=\frac{200\,000+6\times500\,000}{500\,000}=6.4\text{ (元/件)}$$

即产品单价不能低于 6.4 元/件，或者说产品单价降低幅度不能超过计划价格的 36%，否则会亏损。

单位变动成本的临界值

$$b=\frac{px-a}{x}=\frac{10\times500\,000-200\,000}{500\,000}=9.6\text{ (元/件)}$$

即单位变动成本最大允许值为 9.6 元/件，否则会发生亏损。

固定成本临界值

$$a=px-bx=10\times500\,000-6\times500\,000=2\,000\,000\text{ (元)}$$

即固定成本最大允许值为 2 000 000 元，否则会发生亏损。

2. 有关因素变动对盈亏临界点、目标利润的影响

分绝对数与相对数两个角度分析。

(1) 有关因素变动对实现目标利润的影响。基本原理：在各因素临界值范围内，根据 $m=px-bx-a$，公式涉及了五个量，只要知道四个因素值，便可求得第五个值，从而实现相关因素变动对盈亏临界点和目标利润的影响，从而也可实现利润预测。

【例 3-8】 设某企业生产和销售单一产品，该企业计划年度内预计销售产品 3 500 件，全年固定成本预计为 40 000 元。该产品单价为 45 元，单位变动成本为 25 元。

解：根据公式 $m=px-bx-a$，则计划年度内的目标利润为

目标利润=3 500×45−3 500×25−40 000=30 000 元

同理，根据公式 $m=px-bx-a$，变换任一个变量，其他三个变量不变的情况下，可得到第五个变量值，此处不再赘述。

(2) 利用敏感系数对影响利润的各因素进行排序。临界值仅是给出了一个大致范围，而且，是假定其他因素不变的情况下得出的理想值。进一步的需要分析影响利润的敏感性程度，以便分清主次，抓重点，确保目标利润的实现。

反映敏感程度的指标为敏感系数，其计算公式为

敏感系数=目标值变动百分比/因素值变动百分比

【例 3-9】 某企业生产单一产品，销售量为 5 000 件，产品的销售单价 50 元，单位变

动成本为 20 元，固定成本总额为 60 000 元。现假设销售量、单价、单位变动成本和固定成本分别增长 20%，计算各因素敏感系数。

解：新销售量 $=5\,000\times(1+20\%)=6\,000$ (件)

新利润 $=6\,000\times(50-20)-60\,000=120\,000$ (元)

原利润 $=5\,000\times(50-20)-60\,000=90\,000$ (元)

则利润变化百分比 $=\dfrac{120\,000-90\,000}{90\,000}\times100\%=33.33\%$

所以，销售量敏感系数 $=\dfrac{33.33\%}{20\%}=1.67$

依次类推，可自己求出单价敏感系数、单位变动成本敏感系数、固定成本敏感系数分别为 2.78、−1.11、−0.67。

依据计算所得敏感系数的绝对值，在影响利润的各因素中，敏感度由强到弱的排序为单价、销量、单位变动成本、固定成本。

三、特殊情况下的本量利分析

(一) 非线性本量利分析

收入与成本均为曲线，曲线方程形式为收入 $TR=a_1+b_1x+c_1x^2$，成本 $TC=a_2+b_2x+c_2x^2$。

依据经济学原理，边际收入=边际成本时，利润最大，即 $TR'=TC'$ 时，求出销售量 x。如果成本函数是连续的，则边际成本是对总成本函数求一阶导数的结果，表示总成本线任何一点的斜率；如果是离散函数，则边际成本为业务量(产量至少为 1 个单位)向无限小变化时的成本变动数。

【例 3-10】 设某企业为生产和销售单一产品的企业(假定产销平衡)，其收入、成本与产销量之间为非线性关系。通过进行非线性回归分析，其收入与成本可以由下列回归方程来分别描述。

$$TR=5.6x+0.5x^2$$

$$TC=10+0.4x+0.7x^2$$

式中，TR 为收入，TC 为成本，x 为产销量。

有关的本量利分析内容如下：

$$TR'=5.6+x$$

$$TC'=0.4+1.4x$$

依据经济学原理，$TR'=TC'$ 时，利润最大。

$$5.6+x=0.4+1.4x$$

求得 $x=13$ (单位)，即产销量达到 13 单位时，企业实现利润最大。保本点的求法是 $TR=TC$，即解方程 $x^2-26x+50=0$ 可得 $x_1=21.3$ (单位)，$x_2=4.7$ (单位)。

(二) 不确定情况下的本量利分析

【例 3-11】 设某企业为生产和销售单一产品的企业，经过全面的分析与研究，预计未来年度的单价、单位变动成本和固定成本的估计值及相应的概率见表 3-7。

表 3-7　某企业生产和销售单一产品的相关资料

项　　目	单价(元)		单位变动成本(元)			固定成本(元)	
估计值	15	14	10	9.5	9	60 000	50 000
概率(*P*)	0.8	0.2	0.7	0.2	0.1	0.3	0.7

根据上表的资料预测盈亏临界点的过程，见表 3-8。

表 3-8　盈亏临界点

单价(元)	单位变动成本(元)	固定成本(元)	组合	盈亏临界点	组合概率(P)	期望值(件)
①	②	③	④	$⑤=\frac{③}{①-②}$	⑥=①×②×③	⑦=⑤×⑥
15 *P*=0.8	10 *P*=0.7	50 000 *P*=0.7	1	10 000	0.392	3 920
		60 000 *P*=0.3	2	12 000	0.168	2 016
	9.5 *P*=0.2	50 000 *P*=0.7	3	9 091	0.112	1 018
		60 000 *P*=0.3	4	10 909	0.048	524
	9 *P*=0.1	50 000 *P*=0.7	5	8 333	0.056	467
		60 000 *P*=0.3	6	10 000	0.024	240
14 *P*=0.8	10 *P*=0.7	50 000 *P*=0.7	7	12 500	0.098	1 225
		60 000 *P*=0.3	8	15 000	0.042	630
	9.5 *P*=0.2	50 000 *P*=0.7	9	11 111	0.028	311
		60 000 *P*=0.3	10	13 333	0.012	160
	9 *P*=0.1	50 000 *P*=0.7	11	10 000	0.014	140
		60 000 *P*=0.3	12	12 000	0.006	72
预测盈亏临界销售量 $\sum$						10 723

从表 3-8 中可以看出，由单价、单位变动成本和固定成本三个因素所决定的盈亏临界点有 12 种可能出现的结果，而每一种结果都是这三个因素(即随机事件)在各自出现的可能(即概率)情况下进行组合计算所得。例如，在单价为 15 元(P=0.8)、单位变动成本为 10 元(P=0.7)、固定成本为 50 000 元(P=0.7)这种组合下，盈亏临界点销售量为 10 000 件；而在单价为 15 元(P=0.8)、单位变动成本为 10 元(P=0.7)、固定成本为 60 000 元(P=0.3)这种组合下，盈亏临界点销售量就变为了 12 000 件。以每一种结果乘以与这种结果相应的组合概率，就是该种组合下的期望值，而 12 种结果的期望值的合计数就是盈亏临界点销售量的预测数，即 10 723 件。

第三节　生产决策分析

短期经营决策中的生产决策包括生产什么、生产多少、如何生产三大类问题。这三大类问题，理论上可以用一个共同准则判别即谁盈利多就选谁。

一、生产什么产品的决策

(一) 新产品开发决策

如果是新上项目生产新产品，应属于长期投资决策范畴，故短期经营决策中的新产品开发的决策，是指利用企业现有的剩余生产能力，开发某种在市场上有销路的新产品，而且已经掌握可供选择的多个新品种方案的有关资料，这种类型的决策可分为以下三种情况。

1. 不存在机会成本，也不追加专属固定成本

所谓机会成本是指在决策分析过程中，由于选择了最优方案而放弃另外方案所丧失的潜在利益。如 A 方案收益是 100 万元，B 方案收益是 70 万元，选择了 A 方案就要放弃 B 方案，A 方案的机会成本是 70 万元，则选择 A 方案的最终收益是 100 万元−70 万元=30 万元，因此，机会成本是决策成本，而非会计中的核算成本。专属成本是指那些能够明确归属于某一特定决策方案的固定成本，或者是与特定产品或部门相联系的特定成本。

在新产品的开发决策中，如果有关方案均不存在机会成本，也不追加专属固定成本，就可以用边际贡献法直接进行决策，即根据每个方案所提供的边际贡献的总额大小进行决策，哪个方案所提供的边际贡献总额最大，哪个方案为最优。

【例 3-12】 某企业原设计能力为 50 000 机器工时，但实际开工率只达到原生产能力的 80%，现准备将剩余生产能力生产新产品甲或新产品乙，有关资料见表 3-9。

表 3-9　某企业产品相关资料

	老产品(实际数)	新产品甲(预计)	新产品乙(预计)
每件定额工时(小时)	20	5	2
销售单价(元)	60	82	44
单位变动成本(元)	50	70	38
固定成本总额(元)	1 400		

要求对上述资料进行分析，确定开发哪种新产品？

由于该项决策只利用剩余生产能力，不需要增加固定成本，因此，只需对比两种新产品所提供的边际贡献总额就可决定生产哪种新产品。

根据上述资料分析见表 3-10。

表 3-10　分析过程

产品名称	新产品甲	新产品乙
剩余生产工时(小时)	50 000×(1−80%)=10 000(机器小时)	
每件定额机器小时(小时)	5	2
最大产量(件)	10 000÷5=2 000	10 000÷2=5 000
销售单件(元)	82	44
单位变动成本(元)	70	38
单位边际贡献(元)	12	6
边际贡献总额(元)	12×2 000=24 000	6×5 000=30 000

注：列表计算实际就是直接运用公式 $m = px - bx - a$ 来计算。下同。

从分析表上可以看出生产新产品乙更为合适。

2. 涉及追加专属固定成本

当开发新产品决策方案涉及追加专属固定成本时，应从提供的边际贡献总额中减去专属固定成本。

【例 3-13】 接【例 3-12】涉及开发甲产品还需增加设备 1 000 元，开发乙产品需增加设备 10 000 元，问应开发哪种新产品？

由于两种产品增加设备是专属成本，为决策方案需要考虑的相关成本，因此进一步分析见表 3-11。

表 3-11　涉及追加专属固定成本的分析过程

	新产品甲	新产品乙
边际贡献成本(元)	24 000	30 000
减专属成本(元)	1 000	10 000
剩余边际贡献总额(元)	23 000	20 000

从分析表上可以看出生产新产品甲更为合适。

3. 需压缩现有产品的决策

当需要压缩现有产品的产销量才能满足新产品开发的需要时，被压缩的原有产品产能带来的边际贡献就构成了机会成本，此时应从剩余边际贡献总额中减去该机会成本。

【例 3-14】 洋丰制衣公司想充分利用数量有限的甲布料设计一种新款外套。经初步调查，市场上可供公司选择生产的款式有 A、B、C 三种。经分析，三种款式外套的相关资料见表 3-12。

表 3-12　产品相关资料

外 套 款 式	A	B	C
单价(元/件)	200	100	500
单位变动成本(元/件)	160	70	400
甲布料的消耗定额(尺/件)	10	6	30

该公司原来只生产 W 款式衣服，年产销量为 2 000 件，单价为 400 元/件，单位变动成本为 250 元/件。若设计 A 款式外套 3 000 件，剩余甲布料足以保证生产，不需压缩现有产品生产；若开发设计 B 款式外套 5 000 件，需压缩 W 款式服装 10%的产量；若开发设计 C 款式外套 1 000 件，则需压缩 W 款式服装 15%的产量。企业应选择哪种产品进行开发？

根据上述资料，编制产品边际分析表进行分析，见表 3-13。

表 3-13　产品边际分析表

单位：元

项　目	A 款式	B 款式	C 款式
销售收入	200×3 000=600 000	100×5 000=500 000	500×1 000=500 000
变动成本	160×3 000=480 000	70×5 000=350 000	400×1 000=400 000
边际贡献	120 000	150 000	100 000
专属成本	80 000	90 000	35 000
机会成本	0	2 000×(400−250)×10%=30 000	2 000×(400−250)×15%=45 000
产品边际贡献	40 000	30 000	20 000

由表可知，由于 A 款式外套的产品边际贡献最大，因此，应选择 A 款式外套进行开发。

(二) 亏损产品是否停产的决策

某种产品发生亏损是企业常遇到的问题。所谓亏损产品是指其销售收入不能补偿其全部成本支出的产品。亏损产品按其亏损情况具体又分为两类，一类是实亏损产品，即销售收入低于变动成本，这种产品生产越多，亏损越多，一般不应继续生产；另一类是虚亏产品，即销售收入高于变动成本，这种产品对企业还是有贡献的，对于这一类亏损产品，应区分不同情况进行决策。

1. 生产能力无法转移条件下的决策

生产能力无法转移是指企业出现亏损产品，若将亏损产品停产，剩余生产能力将闲置起来，无法用于生产其他产品或对外出租等。

【例 3-15】 假定某企业生产甲、乙、丙三种产品，其中甲产品是亏损产品，有关资料见表 3-14。问是否停止生产甲产品？

表 3-14　停产前利润表

单位：元

项　目	产 品 甲	产 品 乙	产 品 丙	合　计
销售收入	2 500	2 000	3 000	7 500

续表

项　目	产　品　甲	产　品　乙	产　品　丙	合　计
减：变动成本	2 000	1 000	2 100	5 100
边际贡献	500	1 000	900	2 400
减：固定成本	600	480	720	1 800
利润	−100	520	180	600

从表 3-14 中可以看出，甲产品虽没有获利，但能够提供 500 元的边际贡献，这可以补偿部分的固定成本。因此应继续生产，否则会使利润减少 500 元。可见，在企业生产能力无法转移的情况下，只要亏损产品能够提供真正的边际贡献，就不应停止其生产，如果有条件，还应扩大生产，这样才能使企业利润增加；相反，如果停止甲产品的生产，固定成本依然存在，只能转由其他产品负担，在这种情况下，利润总额由原来的 600 元降到 520+180−600=100(元)。

2. 生产能力可以转移条件下的决策

如果企业出现亏损产品，而亏损产品停产后，剩余生产能力可以被充分用于其他方面如转产等，在这种情况下，究竟选择何种方案呢？

【例 3-16】 用【例 3-15】资料，如果甲产品停产后，闲置的生产能力可用于对外出租，预计可获得租金 800 元，问是否停止生产甲产品？

分析：不停产甲产品的利润总额为 600 元，停产甲产品的总收益=800+520+180−600=900(元)，故应停产甲产品。

(三) 半成品是否深加工的决策

某些制造企业生产的产品可按不同的加工程度组织经营，如半成品、联产品或副产品既可以直接销售，又可以进一步加工。因此，这类企业就会面临对上述产品究竟是直接出售还是深加工后上市的决策问题。

【例 3-17】 基亚工厂生产 A 产品 5 000 件，单位变动成本为 12 元，固定成本总额 20 000 元，A 产品的销售单价 30 元。企业还可以将 A 产品进一步加工成 B 产品后销售，但每件需追加变动成本 4 元，同时还需追加固定成本 6 000 元，B 产品的销售单价为 38 元。A 产品是否应加工成 B 产品出售？

分析：出售 A 产品收益=5 000×(30−12)−20 000=70 000(元)

A 产品加工成 B 产品出售收益=5 000×(38−16)−20 000−6 000=84 000(元)

所以，如果采用差量法计算，则深加工前的半成品、联产品或副产品的生产成本都属于沉没成本，与决策无关。所谓沉没成本是指过去已经发生并无法由现在或将来的任何决策改变的成本，或者说在以前经营活动中已经付现的成本(付现成本也称现金支出成本，是指由于决策引起的需要在现在或将来动用现金支付的成本，在企业的经营决策中，要把付现成本作为一项重要的因素来考虑)，如固定资产、无形资产、递延资产等属于企业的沉没成本，沉没成本与决策无关。

差量收入=(38−30)×5 000=40 000(元)

差量成本=4×5 000+6 000=26 000(元)

继续加工的差量收益=40 000−26 000=14 000(元)

根据上述计算结果，应继续加工后出售。

(四) 零部件自制或外购的决策分析

在进行这类决策时，除了考虑企业的生产能力、工艺水平、资源限制、产品质量、市场供应等因素外，一个重要的决策依据就是零部件自制或外购的相关成本的高低，最终应当选择使企业获得最大利润的方案。

零部件自制或外购决策有以下两种情况。

1. 零部件需要量确定条件下的自制或外购决策

【例 3-18】 某公司生产甲产品需要 A 零件 20 000 件，若外购预计每件单价为 50 元，若自制单位制造成本为 52 元，其中单位变动制造成本 48 元，单位固定制造费用 4 元，需要租赁一台设备，预计租金为 60 000 元，此时，公司应选择自制还是外购？

分析：无论自制还是外购，固定制造费用均发生，属于沉没成本。故外购成本=20 000×50=1 000 000(元)；自制的成本=20 000×48+60 000=1 020 000(元)。故选择外购。

如果剩余生产能力可以转移，则剩余生产能力转移所产生的收益就是自制方案的机会成本，企业决策时就必须予以考虑，举例从略。

2. 零部件需要量不确定条件下的自制或外购决策

【例 3-19】 某公司所需要的 A 零件，既可以从市场上购买，也可以自制。若外购每件单价为 50 元，若利用剩余生产能力制造，单位变动成本为 46 元，同时因自制每年发生专属固定成本 36 000 元。问该公司需要的 A 零件在什么情况下采用自制方案？在什么情况下采用外购方案？

解：设等成本点的 A 零件需要量为 x，则

$$50x=46x+36\,000$$

$$x=9\,000(件)$$

若该公司 A 零件需要量为 9 000 件以上时，采用自制方案；若需要量为 9 000 件以下时，采用外购方案；需要量为 9 000 件时，自制方案与外购方案均可。

二、生产多少的决策分析

(一) 最优批量生产决策

企业在决定了生产什么产品后，下一步就要决定生产多少。企业在这方面面临的主要问题是最优生产批量决策。最优生产批量决策又称为经济生产批量决策，是指对进行成批生产的企业成本最低的产量决策。决策的相关成本是生产准备成本、储存成本。

(1) 生产准备成本，是指在每批产品投产前进行的调整准备工作所发生的有关成本。主要包括调整机器、准备模具、清理现场、布置生产线、领取原材料、准备生产记录等。这类成本每次的发生基本相等，与一年之中生产的批次成正比。

(2) 储存成本，是指在产品储存过程中所发生的保管费用、储存过程中的损耗、占有资金的利息、折旧费、保险费等。储存成本与生产批量成正比。

设 A 代表全年生产量(或需求量)；Q 代表每批生产量；R 代表每天产量；D 代表每天

领用量；P 代表每批生产准备成本；C 代表单位产品每年储存成本。则

全年批次 $=\frac{A}{Q}$

最高库存量 $=Q\times\left(1-\frac{D}{R}\right)$

年均库存量 $=\frac{Q}{2}\times\left(1-\frac{D}{R}\right)$

年生产准备成本 $=\frac{A}{Q}\times P$

年均储存成本 $=\frac{Q}{2}\times\left(1-\frac{D}{R}\right)\times C$

全年总成本 $T=\frac{A}{Q}\times P+\frac{Q}{2}\times\left(1-\frac{D}{R}\right)\times C$

对总成本 T 求导并令其为 0，可得最优生产批量 $Q^*=\sqrt{\frac{2AP}{C\times\left(1-\frac{D}{R}\right)}}$

则最优生产批次 $=\frac{A}{Q^*}$

最优批量下的全年总成本 $T^*=\sqrt{2APC\left(1-\frac{D}{R}\right)}$

【例 3-20】 某企业下年度需要生产某种产品 20 000 件，该产品每日销售量 200 件，每日生产量 400 件，每批投产的生产准备成本 50 元，每件完工产品储存费 1 元，其最优生产批量为多少？

解： 根据条件，直接代入最优生产批量公式 $Q^*=\sqrt{\frac{2AP}{C\times\left(1-\frac{D}{R}\right)}}$ 得

$$Q^*=\sqrt{2\times 20\,000\times 50/1\times\left(1-\frac{200}{400}\right)}=2\,000(件)$$

(二) 线性规划法

采用图解法进行产品组合优化决策，比较直观，容易理解。

【例 3-21】 某企业生产 A、B 两种产品，两种产品共用设备工时总数为 31 500 小时，共用人工工时总数为 20 000 小时，A 产品单位产品所需设备工时 8 小时，人工工时 4 小时，单位贡献毛益额为 40 元；B 产品单位产品所需设备工时 7 小时，人工工时 5 小时，单位贡献毛益额为 55 元。预测市场销售量：A 产品为 2 800 件，B 产品为 2 200 件。试确定产品组合最优解。

设 x 为 A 产品产量，y 为 B 产品产量，设 S 为可获得的贡献毛益。则生产两种产品所用人工小时为$(4x+5y)$；生产两种产品所用设备工时为$(8x+7y)$；生产两种产品可获贡献毛益为$(40x+55y)$。根据约束条件可建立线性规划模型如下。

约束条件：
$$\begin{cases}8x+7y\leqslant 31\,500 & \text{(L1)}\\ 4x+5y\leqslant 20\,000 & \text{(L2)}\\ x\leqslant 2\,800 & \text{(L3)}\\ y\leqslant 2\,200 & \text{(L4)}\\ x,\ y\geqslant 0\end{cases}$$

目标函数：$S=40x+55y$

用图解法求解以上线性规划模型，即在满足以上约束条件的前提下，求 S(贡献毛益额)的最大值。

(1) 在平面直角坐标系中根据约束方程画出几何图形，如图 3.2 所示。

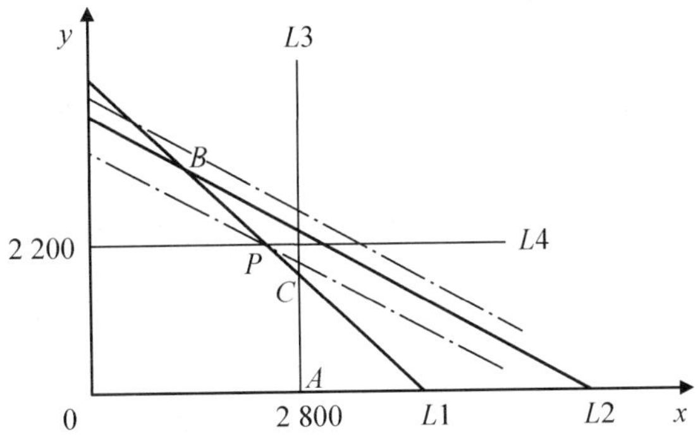

图 3.2　约束方程的几何图形

图中代表 $L1$、$L2$、$L3$、$L4$ 四组方程的直线围成一个可行解区域，满足约束条件的方程解必定位于 BPCA 内，即可行解区域。

(2) 根据目标函数 $S=40x+55y$ 绘出等利润线，求得最优解。

从目标函数 $S=40x+55y$ 可以看出，以虚线表示的这簇等利润线 $y=-\frac{8}{11}x+\frac{S}{55}$ 的斜率为 $-\frac{8}{11}$，截距为 $\frac{S}{55}$，等利润线的纵截距越大，所能提供的贡献毛益就越多。在可行域 B($L4$ 与 y 轴交点)、P($L1$ 和 $L4$ 的交点)、C($L1$ 与 $L3$ 交点)、A(L3 与 x 轴交点)内，可以直观地看出，通过 P 点(2 012.5，2 200)那条等利润线距原点的距离最大，所获得的利润也最大。即当 x=2 013 件(取整)，y=2 200 件时，得到最大贡献毛益为 201 520 元。

三、如何生产的决策分析

对于工业企业，如何生产的决策，较为常见的有生产工艺方案选择决策、一项增产任务谁承担的决策、赶工决策等。其中，赶工决策在运筹学中系统学习。

(一) 生产工艺方案的决策

企业在生产同一种产品或零件时，可以采用几种不同的工艺方案，不同工艺方案的选择与一定的业务量相联系。

【例 3-22】 某企业决定生产一种零部件，有甲、乙两个不同的生产工艺方案可供选择。甲方案采用先进的生产工艺设备，其年固定成本为 30 000 元，单位变动成本为 15 元/件；乙方案采用较为落后的生产工艺设备，其年固定成本为 18 000 元，单位变动成本为 20 元/件。问生产量在多大范围内选择先进的工艺设备，在多大范围内选择落后的工艺设备？

该问题可采用等成本点进行分析。

设等成本点的业务量为 x，则

$$30\,000+15x=18\,000+20x$$
$$x=2\,400 \text{ 件}$$

如果零部件的生产量高于 2 400 件，应选择甲方案；如果零部件的生产量低于 2 400 件，则选择乙方案；如果生产量等于 2 400 件，则两种方案均可。

(二) 选择不同分厂承担增产任务的决策分析

对于有些企业集团，其下属的有些分厂能生产同一种产品，这时如果有产品的增产任务，就需要决定应有哪个分厂来承担生产任务。

【例 3-23】 假设某公司下属有两个分厂甲、乙均生产同一种产品，它们均可利用剩余的生产能力来承担增产任务 10 000 件，两个分厂的现有成本资料见表 3-15。

表 3-15　成本资料

摘　　要	甲　分　厂	乙　分　厂
产品产量(件)	50 000	50 000
销售单价(元/件)	20	20
单位变动成本(元/件)	10	11
固定成本总额(元)	200 000	120 000
单位成本(元/件)	14	13.4

试问应当由哪个分厂承担增产任务？

由于均利用剩余的生产能力承担增产任务，因而不会发生新的固定成本，而固定成本在这里属于决策的无关成本，与增产任务的承担与否无关。直接计算甲、乙分厂生产 10 000 件的边际贡献即可，或通过表 3-16 决策。由表 3-16 可得，应由甲分厂承担增产任务。

表 3-16　边际贡献分析表

摘　　要	甲　分　厂	乙　分　厂
增产产量(件)	10 000	10 000
销售单价(元/件)	20	20
单位变动成本(元/件)	10	11
单位边际贡献(元/件)	10	9
边际贡献总额(件)	100 000	90 000

第四节　定 价 决 策

运用西方经济学的需求原理、供给原理会提升产品定价决策的理解能力。

一、影响定价的因素

(一) 产品成本

成本是企业定价应考虑的基本因素。从长期来看，产品价格应等于总成本加上合理的利润，否则企业将会因无利可图而停产。

(二) 产品质量

企业定价要考虑自己产品的质量。根据质量高低，确定合适的价格，实行“优质优价、低质低价”。

(三) 供求关系

市场价格受供求关系的影响很大。供不应求，市场价格必然上升；供大于求，市场价格就要下降。供求关系是企业产品定价必须要考虑的重要因素，特别是在目前市场竞争比较激烈的环境下。

(四) 价格弹性

所谓价格弹性是指由于价格变化所引起的产品需求量的改变程度。价格弹性一般用价格弹性系数来表示，即用产品需求量的变化率除以价格的变化率。对于价格弹性系数较大的产品，只要价格发生较小的变化，需求量就会发生较大的改变；相反，价格弹性系数较小的产品，其价格的变化对需求量的影响较小。对于不同价格弹性的产品，企业应采取不同的定价策略。

(五) 市场生命周期

产品的市场生命周期一般包括四个阶段，即引入期、成长期、成熟期和衰退期。在不同的阶段，定价策略应有所不同。引入期的价格既要补偿成本，又要能使市场接受；成长期和成熟期正是产品大量销售，扩大市场占有率的时机，要求稳定价格以利于开拓市场；进入衰退期的产品，一般应采取降价策略，以延长产品的周期。

(六) 其他因素

产品定价除考虑上述因素外，还需考虑其他一些因素，如企业竞争的目标、竞争对手的实力、购买者的购买力和购买心理、国家的有关政策、企业生产能力的利用程度、替代品的价格变化等。

二、定价决策的基本方法

(一) 成本加成的定价决策方法

基本公式：产品价格=单位预测成本+单位预测利润+销售税额，该基本公式可以进一步衍生为以下公式：

由产品价格=单位预测成本+单位预测利润+产品价格×销售税率，得出

$$产品价格=\frac{单位预测成本+单位预测利润}{1-销售税率}$$

由产品价格=单位预测成本+单位预测成本×成本利润率+产品价格×销售税率，得出

$$产品价格=\frac{单位预测成本(1+成本利润率)}{1-销售税率}$$

由产品价格=单位预测成本+产品价格×销售利润率+产品价格×销售税率，得出

$$产品价格=\frac{单位预测成本}{1-销售税率-销售利润率}$$

【例 3-24】 某企业计划投资 400 万元生产甲产品，根据市场调查，甲产品预计每年销售 50 万件，此时总成本预计 500 万元，该企业要求该项投资的利润率为 25%，销售税率 15%。则有关指标可预测如下。

单位预测成本= $\frac{500}{50}$ =10(元/件)

预测利润总额=400×25%=100(万元)

单位预测利润= $\frac{100}{50}$ =2(元/件)

成本利润率= $\frac{100}{500}$ ×100%=20%

销售利润率=100÷ $\frac{500+100}{1-15\%}$ ×100%≈14.17%

产品单位价格定价如下。

(1) 计划成本定价法。

$$\frac{10+2}{1-15\%}=14.12\ (元/件)$$

(2) 成本利润率定价法。

$$\frac{10\times(1+20\%)}{1-15\%}=14.12(元/件)$$

(3) 销售利润率定价法。

$$\frac{10}{1-15\%-14.17\%}=14.12\ (元/件)$$

成本加成定价法的优点在于预测企业成本比预测市场需求更有把握，因而可以减少需求变动对价格的调整次数，可以保证生产耗费得到补偿。但它也存在以下严重缺点：一是很难适应市场需求的变化，往往导致定价过高或偏低；二是企业生产多种产品时，难以准确分摊间接费用，从而导致定价不准确。

(二) 边际成本法

边际收入与边际成本的差额称为边际利润，表示每增加一个单位产品销售所增加的利润。当总成本线和总收入线的斜率相等或接近时，意味着边际成本与边际收入相等或近似相等，边际利润等于零(连续函数)或接近于零(非连续函数)。此时，如果再增加产品销售量，由于边际收入小于边际成本，将不能再为企业提供新增利润，因此企业利润总额不会增加反而减少。由此可见，边际收入等于边际成本时的利润总额最大，这时的价格和销售量就是最优价格和最优销售量。利用边际成本等于边际收入时利润最大的原理制定产品价格的方法，称为边际成本定价法。

【例 3-25】 某企业销售甲产品，固定成本为 3 000 元，单位变动成本为 8 元。通过产品试销和市场预测分析，取得的有关资料见表 3-17。

表 3-17　甲产品在不同价格时的销售资料

价格(元)	100	95	90	85	80	75	70	65	60	55
销售量(件)	150	175	200	225	250	275	300	325	350	375
销售收入(元)	15 000	16 625	18 000	19 125	20 000	20 625	21 000	21 125	21 000	20 625

根据上述资料进行整理计算，得到如下数据，见表 3-18。

表 3-18 甲产品在不同价格时的销售资料

销售量(件)	价格(元)	销售收入(元)	边际收入(元)	总成本(元)	边际成本(元)	边际利润(元)	利润(元)
150	100	15 000	—	4 200	—	—	10 800
175	95	16 625	1 625	4 400	200	1 425	12 225
200	90	18 000	1 375	4 600	200	1 175	13 400
225	85	19 125	1 125	4 800	200	925	14 325
250	80	20 000	875	5 000	200	675	15 000
275	75	20 625	625	5 200	200	425	15 425
300	70	21 000	375	5 400	200	175	15 600
325	65	21 125	125	5 600	200	−75	15 525
350	60	21 000	−125	5 800	200	−325	15 200
375	55	20 625	−375	6 000	200	−575	14 625

观察表 3-18，本例的最优价格在 70～65 元之间，利用插值法即可确定最优价格。

$$\begin{cases} 70 & 175 \\ P & 0 \\ 65 & -75 \end{cases}$$

则 $\dfrac{70-p}{175-0}=\dfrac{70-65}{175+75}, p=66.5$(元)

即产品定价为 66.5 元时，利润最大。

(三) 特殊定价法

有暂时闲置能力而不考虑固定成本，只要定价大于单位变动成本即可接受特殊定价(不考虑其他特殊因素)，因为 $p-b>0$，产生贡献毛益。

【例 3-26】 某公司产品的生产能力为 2 000 件，目前正常产销量为 1 200 件，单价为 10 元，单位变动成本为 6 元，固定制造费用 4 000 元，现有一客户要求追加订货 800 件，出价只有 7.5 元，而且对产品包装有特殊要求，需租入一台设备，为此需追加租金 600 元，问能否接受该订货？

按传统财务会计判断，产品单位生产成本 8 元，高于客户出价的 7.5 元，同时还要追加专属成本 600 元，显然不该接受。但是，此项订货是利用剩余生产能力进行的，除追加的专属成本和产品单位变动成本以外，原有的固定制造费用与决策无关，无须计入，接受该订货会获利[(7.5×800−6×800−600)=600]元，可见应接受该订货。

如果追加订货数量超过了剩余生产能力，接受追加订货则会压缩正常产销量，为此要把增加的专属成本以及因压缩正常销量所造成的净损失，都应作为追加订货的机会成本，在决策分析中加以考虑。

习 题

一、选择题(1～7 为单选，8～9 为多选)

1. 某企业 2014 年 12 月份预测销售量为 2 000 件，当月实际销售量为 2 200 件，设平滑系数为 0.5，则 2015 年 1 月份的销售量为(　　)。

A. 2 080 件　　B. 2 100 件

C. 2 120 件　　D. 2 200 件

2. 下列公式正确的是(　　)。

A. 边际贡献率=变动成本率　　B. 边际贡献=销售收入×边际贡献率

C. 边际贡献率=边际贡献/本年利润　　D. 变动成本率=变动成本/总成本

3. 剩余生产能力无法转移时，亏损产品满足下列(　　)时，应当停产。

A. 该亏损产品的单价大于其单位变动成本

B. 该亏损产品的贡献边际大于零

C. 该亏损产品的贡献边际小于零

D. 该亏损产品的单价等于其收入

4. 在经济决策过程中，因选取某一方案而放弃另一方案所付出的代价或丧失的潜在利益，就是所谓的(　　)。

A. 增量成本　　B. 机会成本

C. 专属成本　　D. 沉没成本

5. 销售收入 40 万元，边际贡献率为 60%，其变动成本总额为(　　)万元。

A. 10　　B. 20

C. 16　　D. 8

6. 某产品保本点为 1 000 台，实际销售 1 500 台，每台单位贡献毛益为 10 元，则实际获利额为(　　)。

A. 3 000 元　　B. 5 000 元

C. 2 000 元　　D. 1 000 元

7. 某企业只生产一种产品，月计划销售 600 件，单位变动成本 6 元，月固定成本 1 000 元，欲实现利润 1 640 元，则单价应为(　　)。

A. 16.40　　B. 14.60

C. 10.60　　D. 10.40

8. 短期经营决策必须考虑的因素包括(　　)。

A. 货币时间价值　　B. 相关收入

C. 相关业务量　　D. 相关成本

E. 现值

9. 下列各项可以视为盈亏临界状态的是(　　)。

A. 销售收入总额与成本总额相等　　B. 销售收入线与总成本线相交

C. 边际贡献与固定成本相等　　D. 变动成本与固定成本相等

E. 边际贡献率与变动成本率相等

二、计算题

1. A 企业为生产和销售单一产品的企业，该产品单位售价为 80 元，单位变动成本为 50 元，固定成本总额为 60 000 元，预计正常销售量为 4 000 件。

要求：

(1) 计算盈亏临界点的销售量。

(2) 计算安全边际与安全边际率。

2. 大生电器厂生产甲、乙、丙三种电器，其单价分别为 500 元、400 元、250 元，单位变动成本分别为 300 元、200 元、150 元。生产甲、乙、丙三种电器的固定成本总额为 100 000 元，甲、乙、丙三种电器的销售额分别为 200 000 元、20 0000 元、100 000 元。

要求：计算甲、乙、丙三种电器的保本销售量与保本销售额。

3. 某公司 201×年上半年销售甲产品 6 个月的历史资料见表 3-19。

表 3-19 产品销售历史资料

月 份	1	2	3	4	5	6
甲产品(千件)	276	272	284	268	292	288

假设原来预测 6 月份的销售量为 296 千件，平滑系数为 0.7。

要求：分别采用自然权数加权平均法和指数平滑法预测 7 月份甲产品的销售量。

4. 依据下列有关资料(表 3-20)，填写出相应的未知量(每种情况均为独立的)。

表 3-20 产品相关资料

序号	销售价格(元/件)	销售数量(件)	变动成本(元)	固琮成本(元)	单位边际贡献(元/件)	利润(元)
1	?	800	9 000	?	12	6 000
2	50	?	?	25 000	20	10 000
3	80	1 000	12 000	20 000	?	?

5. 某企业生产 A 产品需要甲零件。该零件可以自制也可以外购。目前该企业已具备自制能力，每件自制甲零件的直接材料 20 元，直接人工 4 元，变动性制造费用 1 元。全部固定性制造费用 2 000 元。假定甲零件的外购单价为 30 元，且自制生产能力无法转移。

要求：作出自制还是外购甲零件的决策。

三、案例分析题

1. 某公司拥有和经营一个度假村。该度假村包括客房部、一个商务中心、一个餐厅和健身房。该度假村编制了一份详细的营业旺季的计划。营业旺季历时 20 周，其中高峰期为 8 周。客房部拥有 80 个单人房和 40 个双人房，双人房的收费为单人房收费的 1.5 倍。

有关预测资料如下。

(1) 客房部：单人房每日变动成本为 26 元，双人房每日变动成本 35 元。客房部固定成本为 713 000 元。

(2) 健身房：住客每人每天收费 4 元，散客每人每天收费 10 元。健身房设施的固定成本为 54 000 元。

(3) 餐厅：平均每个客户给餐厅每天带来 3 元的边际贡献。固定成本 25 000 元。

(4) 商务中心：出租商务中心可增加边际贡献总额 40 000 元。商务客人的估计数已包括在其他方面的预计中。

(5) 预订情况：营业高峰期客房部所有房间已被预订。其余 12 周，双人房客满率为 60%，单人房客满率为 70%。散客每天为 50 人。

假定所有的住客和散户都使用健身设施和餐厅用餐，假定双人房每次均同时住两个人。

要求：

(1) 如果客房部确定的目标利润为 300 000 元，那么每间单人房和双人房的收费各应为多少？

(2) 客房部达到保本点时，单人房和双人房的最低收费各应为多少？

(3) 如果客房部利润为 300 000 元，那么度假村的总利润可达到多少？

2. D 物业公司在住宅区内开设了一家家政服务中心，为住宅区内住户提供钟点家政服务。家政服务中心将物业公司现有办公用房作为办公场所，每月固定分摊物业公司折旧费、水电费、电话费等共计 4 000 元。此外，家政服务中心每月发生其他固定费用 900 元。

家政服务中心现有 2 名管理人员，负责接听顾客电话、安排调度家政工人以及其他管理工作，每人每月固定工资 2 000 元；招聘家政工人 50 名，家政工人工资采取底薪加计时工资制，每人除每月固定工资 350 元外，每提供 1 小时家政服务还可获得 6 元钱。

家政服务中心按提供家政服务小时数向顾客收取费用，目前每小时收费 10 元，每天平均有 250 小时的家政服务需求，每月按 30 天计算。

根据目前家政工人的数量，家政服务中心每天可提供 360 小时的家政服务。为了充分利用现有服务能力，家政服务中心拟采取降价 10%的促销措施，预计降价后每天的家政服务需求小时数将大幅提高。

要求：

(1) 计算采取降价措施前家政服务中心每月的边际贡献和税前利润。

(2) 计算采取降价措施前家政服务中心每月的盈亏临界点销售量和安全边际率。

(3) 降价后每月家政服务需求至少应达到多少小时降价措施才可行?此时的安全边际是多少?

(4) 随着我国退休老人、空巢老人的增多，未来的家政服务是个朝阳产业，如果你创业家政服务中心，从管理会计视角谈谈如何做好内部管理。

四、实验题

实验材料：假设 AB 企业生产单一产品。2014 年度有关数据如下，该产品的单位售价 60 元，单位变动成本 40 元，固定成本 50 000 元，预计正常销售量为 4 000 件。

要求：在计算该企业盈亏临界点的销量、金额、安全边际和安全边际率的基础上，按下列步骤提示完成动态分析。

(1) 在 Excel 表中输入原始资料，计算盈亏临界点的销量、金额、安全边际和安全边际率。

(2) 使用图标导向工具，打开 *XY* 散点图，绘制总收入线和总成本线。

(3) 在动态本量利分析图中增加盈亏临界点指示线。

第四章 资本决策

学习导航

资本投资属于“资本支出”的范畴，是企业为了满足经营发展的长远需要而进行的支出。本章着重探讨长期投资决策的技术方法，旨在提升决策职能并为预算和控制奠定基础。

学习目标

通过本章的学习，掌握长期投资决策基础、主要方法。

导入案例

凯丰集团是一家专门从事机械产品研发与生产的企业集团。2015 年 3 月，该集团拟扩展业务，欲投资 6 000 万元研发生产某种型号的车床。经研究，共制定出两套方案：第一套方案是设甲、乙、丙三个独立核算的子公司，彼此间存在购销关系：甲企业生产的产品可以作为乙企业的原材料，而乙企业生产的产品全部提供给丙企业。经调查测算，甲企业提供的原材料市场价格每单位 10 000 元(这里一单位是指生产一件最终产成品所需原材料的数额)，乙企业以每件 15 000 元提供给丙企业，丙企业以 20 000 元价格向市场出售。预计甲企业生产每单位原材料会涉及 850 元进项税额，并预计年销售量为 1 000 台(以上价格均不含税)。第二套方案是设立一综合性公司，公司设立甲、乙、丙三部门。凯丰集团公司会采取哪一种方案？

提醒：

三个独立的公司之间要进行购销活动，都需缴纳增值税和企业所得税，部门之间领用就不需要，当然这笔税款迟早要缴纳，而且数额也不会变化，但推迟纳税时间，相当于从税务机关获得一笔无息贷款，这对于资金比较紧张的企业来说更是如此。

小看板

上述案例反映了在进行资本决策时要考虑货币的时间价值。

第一节　资本决策基础

资本分为有形资本和无形资本，有形资本包括资金及人力、厂房、设备、材料等物质资源；无形资本有技术、专利、产权、品牌等，也称之为“轻资本”。企业投入资本为了能够为企业创造、带来新增价值，这称为资本投资。在若干个备选方案中进行分析、评价和选择，最终确定最优方案的过程，这称为资本决策。

在未来，随着经济转型以及商业分工日趋完善，通过技术创新、品牌提升等方式发展的轻资本公司的优势可能会很明显，值得投资者重点关注。但本章中的资本投资决策主要侧重有形资本的投资决策。

在具体选择过程中，所采用的分析、评价标准及方法必须是被广泛接受和认可的。在正式介绍分析、评价标准—资本决策方法之前首先需要了解以下几个影响决策分析的重要因素。

一、货币时间价值

货币时间价值也称资金时间价值，它是指在不考虑风险和通货膨胀的情况下，资金经过一定时间的投资和再投资所增加的价值。

货币时间价值的计算形式主要有复利终值、复利现值，年金终值、年金现值，解释见《财务管理学》。

货币的时间价值是企业理财中最重要的概念，是企业进行投资决策的重要依据。

二、现金流量

现金流量是项目投资决策的一项基础性指标，正确估算投资项目的现金流量对计算投资决策指标并科学地判断投资项目的经济可行性至关重要。

(一) 现金流量的概念

现金流量是进行项目投资所引起的现金流出量与流入量的统称。项目投资决策所涉及的现金流量包括以下三个具体的概念：

(1) 现金流入量，是指实施某项投资方案所增加的现金收入。现金流入量主要包括营业收入、固定资产报废时的残值收入、项目结束时收回的原投入在该项目上的流动资金、项目处置损失抵减的税款等。

(2) 现金流出量，是指实施某项投资方案所增加的现金支出。现金流出量主要包括投放在固定资产、无形资产、开办费等项目上的资金，项目建成投产后的经营成本，项目投资所引起的各项税款支出等。

(3) 净现金流量，是指现金流入量与现金流出量之间的差额。

(二) 现金流量的内容

投资项目的现金流量一般由初始现金流量、营业现金流量、终结现金流量三部分构成。

(1) 初始现金流量。包括投资在固定资产上的资金和投资在流动资产上的资金两部分。

(2) 营业现金流量。是指从项目投入使用开始到项目报废清理为止的整个经营期内发生的有关现金流量。由于项目在经营期内不追加投资，所以经营期净现金流量(NCF)可按以下简化公式计算(不考虑所得税)。

经营期某年净现金流量
=营业收入−经营成本(或付现成本)
=营业收入−(营业成本−非付现成本)
=营业利润+非付现成本(折旧、摊销、回收、利息等)

如果考虑所得税，经营期某年净现金流量
=营业收入−经营成本(或付现成本)−所得税
=营业收入−(营业成本−非付现成本)−所得税
=营业利润(1−所得税率)+ 非付现成本(折旧、摊销、回收、利息等)
=净利润+非付现成本(折旧、摊销、回收、利息等)

(3) 终结现金流量。包括固定资产的最终残值(或称处理/回收成本)和收入原投入的流动资金两部分。

$$\text{项目终止现金流量}=\text{原投入的流动资金}+\text{固定资产最终残值}-\left(\text{固定资产最终残值}-\text{固定资产预计残值}\right)\times\text{所得税率}$$

【例 4–1】 单纯固定资产投资项目的净现金流量计算(考虑所得税)。某固定资产购置成本 100 万元，资金来源系银行借款，年利息率 10%，建设期为 1 年，发生资本化利息 10

万元。该固定资产可使用 10 年，按直线法折旧，期满有净残值 10 万元。投入使用后，可使经营期第 1～7 年每年产品销售收入(不含增值税)增加 80 万元，第 8～10 年每年产品销售收入(不含增值税)增加 70 万元，同时使第 1～10 年每年的经营成本增加 40 万元。该企业的所得税率为 25%，不享受减免税优惠。投产后第 7 年末，用净利润归还借款的本金，在还本之前的经营期内每年末支付借款利息 10 万元，连续归还 7 年。

根据所给资料计算相关指标如下：

① 项目计算期=1+10=11(年)

② 固定资产原值=100+10=110(万元)

③ 年折旧=110/10=11(万元)

④ 经营期第 1～7 年每年总成本=40+11+0+10=61(万元)

经营第 8～10 年每年总成本=40+11+0+0=51(万元)

⑤ 经营期第 1～7 年每年营业利润=80−61=19(万元)

经营期第 8～10 年每年营业利润=70−51=19(万元)

⑥ 每年应交所得税=19×25%=4.75(万元)

⑦ 每年净利润=19−4.75=14.25(万元)

⑧ 计算的建设期净现金流量为

NCF_0=−100 万元

NCF_1=0 万元

⑨ 计算的经营期净现金流量为

$NCF_{2\sim8}$=14.25+11+10=35.25(万元)

$NCF_{9\sim11}$=14.25+11+0=25.25(万元)

根据上述计算结果可编制该项目现金流量表见表 4-1。

表 4-1 某固定资产投资项目现金流量表(全部投资)

单位：万元

项目计算期(第 *t* 年)	建设期		经营期	
	0	1	2～8	9～11
1.0 初始现金流出量	−100			
2.0 营业现金流量				
2.1 营业收入			80	70
2.2 营业成本			61	51
2.2.1 经营成本			40	40
2.2.2 折旧			11	11
2.2.3 利息			10	
2.5 营业利润			19	19
2.6 所得税			4.75	4.75
2.7 净利润			14.25	14.25
3.0 终结现金流量				
4.0 净现金流量	−100	0	35.25	25.25

各期预期净现金流量测算要注意如下假设，全投资假设；建设期投入全部资金假设；

经营期与折旧年限一致假设；时点指标假设。在财务管理课程上有详细讲解。

第二节　资本决策方法

资本决策的基本方法一般有两类：一类是贴现(折现)的分析评价方法，即考虑了时间价值因素的评价方法，包括净现值、获利指数法和内含报酬率法；另一类是非贴现(折现)的分析评价方法，即未考虑时间价值因素的评价方法，包括投资回收期法和投资报酬率法。

一、净现值法

净现值(Net Present Value，NPV)指的是在方案的整个实施运行过程中，所有现金净流入年份的现值之和与所有现金净流出年份的现值之和的差额。

(一) 净现值的计算

净现值的计算涉及以下两个主要参数：一是项目的现金净流量(前已述及)；二是折现率。根据这两个主要参数，即可计算项目的净现值，其计算公式为

$$NPV=\sum_{t=0}^{n}\frac{NCF_t}{(1+i)^t}$$

式中，NCF_t——投资项目在第 t 年末的净现金流量；

I——资本机会成本(基准折现率或要求收益率)；

N——项目的计算期。

净现值也可表述为项目未来收益的现值之和与其投资的现值之和之间的差额，其计算公式为

$$NPV=\sum_{t=s+1}^{n}\frac{NCF_t}{(1+i)^t}-\sum_{t=0}^{s}\frac{NCF_t}{(1+i)^t}$$

式中，s——项目建设期，其他同上。

特别是，当项目建设期为 0，起初投资总额为 I 时，上式可简化为

$$NPV=\sum_{t=1}^{n}\frac{NCF_t}{(1+i)^t}-I$$

用净现值法评价方案时，首先要将各年的净现值流量按预定的贴现率折算成现值，然后再计算出它们的和。若净现值大于或等于零，表明该方案的报酬率大于或等于预定的报酬率，方案可取；反之，则方案不可取。

【例 4–2】 现有三个投资机会，其有关数据见表 4–2。

表 4-2　投资相关数据

单位：万元

时间(年)	0	1	2	3	4
方案 A：净收益 净现金流量	 (10 000)	500 5 500	500 5 500		

续表

时间(年)	0	1	2	3	4
方案 B：净收益 净现金流量	 (10 000)	1 000 3 500	1 000 3 500	1 000 3 500	1 000 3 500
方案 C：净收益 净现金流量	 (20 000)	2 000 7 000	2 000 7 000	1 500 6 500	1 500 6 500

据表 4-2 的资料，假设贴现率 i=10%，则三个方案的净现值为

$$\begin{aligned}净现值(A) &=5\,500\times(P/A，10\%，2)-10\,000\\ &=5\,500\times1.735\,5-10\,000\\ &=-454.75\end{aligned}$$

$$\begin{aligned}净现值(B) &=3\,500\times(P/A，10\%，4)-10\,000\\ &=3\,500\times3.169\,9-10\,000\\ &=1\,094.65\end{aligned}$$

$$\begin{aligned}净现值(C) &=7\,000\times(P/A，10\%，2)-10\,000+6\,500\times(P/A，10\%，2)\\ &\quad\times(P/S，10\%，2)-20\,000\\ &=7\,000\times1.735\,5+6\,500\times1.735\,5\times0.826\,4-20\,000\\ &=1\,470.91\end{aligned}$$

方案 A 的净现值小于零，说明该方案的报酬率小于预定报酬率 10%，如果方案要求的最低报酬率或资金成本率为 10%，则该方案无法给企业最终带来收益，因此应放弃该方案。方案 B 和 C 的净现值均大于零，表明这两个方案都可取。但是，很难对方案 B 和 C 进行优劣比较，因为虽然方案 C 的净现值大于方案 B，但它的投资额同时也大于方案 B。如果仅用净现值法来判断评价方案，也显得过于片面。

(二) 净现值法的利与弊

净现值的优点是此法充分考虑了时间价值和投资项目有效期全部现金流量，能够反映投资项目的收益；其取舍标准也最好地体现了公司价值最大化的基本目标。净现值的不足在于：第一，确定折现率比较困难；第二，对于经济寿命不等的项目，用净现值难以评估；第三，对于初始投资额不等的项目，仅用净现值难以评估其优劣；第四，它不能揭示各个投资方案本身可能达到的实际收益率是多少。

二、获利指数法

(一) 获利指数

获利指数又称现值指数(Profitability Index，PI)，是指在整个方案的实施运行过程中，所有现金净流入年份的现值之和与所有现金净流出年份的现值之和的比值。

$$PI=\frac{未来报酬总现值}{原始投资的现值合计}=1+净现值率$$

(二) 获利指数法的利与弊

获利指数的优点是充分考虑了货币的时间价值，它以相对数来表示，反映了投资的效

率，即 1 元投资可望获得的现值收益。与净现值评价标准相比，这两种标准使用相同的信息评价投资项目，得出的结论常常是一致的，但在投资规模不同的互斥项目的选择中，则有可能得出不同的结论，这时应以净现值作为选择标准。

三、内部报酬率法

内部报酬率(Internal Rate of Return，IRR)反映的是方案本身实际达到的报酬率，它是指在整个方案的实施运行过程中，当所有现金净流入年份的现值之和与所有现金净流出年份的现值之和相等时方案的报酬率，即能够使方案的净现值为零时的报酬率。

(一) 内部报酬率法的计算

$$\sum_{t=1}^{n}\frac{I_t}{(1+i)^t}=\sum_{t=1}^{n}\frac{O_t}{(1+i)^t}$$

下面仍然以表 4-2 的数据为例，求三个方案的内部报酬率。

假设 A 方案的贴现率为 7%，此时它的净现值为

$$\begin{aligned}净现值(A)&=5\,500\times(P/A，7\%，2)-10\,000\\&=5\,500\times1.808-10\,000\\&=-56\end{aligned}$$

再假设贴现率为 6%，此时

$$\begin{aligned}净现值(A)&=5\,500\times(P/A，6\%，2)-10\,000\\&=5\,500\times1.833\,4-1.000\,0\\&=83.70\end{aligned}$$

以上计算说明方案的内部报酬率大于 6%小于 7%。为了更精确地求取 A 方案的内部报酬率 IRR(A)，可采用内插法

$$\frac{\mathrm{IRR(A)}-6\%}{83.7-0}=\frac{7\%-6\%}{83.7-(-56)}$$

$$\mathrm{IRR(A)}=6\%+(7\%-6\%)\times\frac{83.7}{83.7+56}\approx6.60\%$$

用同样的方法，可以确定 B 方案的内部报酬率 IRR(B)为 15.93%，C 方案的内部报酬率 IRR(C)为 13.43%。

内部报酬率是一个相对指标和正指标，一个资本预算方案的内部报酬率越大越好。如果一个方案的内部报酬率大于基准折现率，说明该方案可以增加企业价值，具有财务可行性，应予采纳；否则，应予放弃。

(二) 内部报酬率法的利与弊

内部报酬率是方案本身的收益能力，反映其内在的获利水平，以内部报酬率的高低来决定方案的取舍，使资本决策更趋于精确化。内部报酬率可直接根据投资项目本身的参数(现金流量)计算其投资收益率，在一般情况下，能够正确反映项目本身的获利能力，但在互斥项目的选择中，利用这一标准有时会得出与净现值不同的结论，这时应以净现值作为选项标准。

四、投资回收期法

投资回收期(Payback Period，PP)是指自投资方案实施至收回初始投入资本所需的时间，即能够使与此方案相关的累计现金流入量等于累计现金流出量的时间。它属于资本决策方法中的非折现方法。

(一) 投资回收期的计算

投资回收期一般以年为单位。如果在项目的整个有效期限内，每年的经营现金净流量相等，则投资回收期可按以下公式计算。

PP=初始投资额/年现金净流量

如果每年的经营现金净流量不等或初始投资是分几年投入的，投资回收期的计算要根据每年年末尚未回收的投资额加以确定。现举例如下。

投资回收期的计算一般可以用列表的方式进行。下面仍然以表 4-2 的数据为例，求三个方案的投资回收期，结果见表 4-3。

表 4-3 三个方案的投资回收期

	时间(年)	净现金流量(元)	回收期	未回收数	回收时间(年)
方案 A	0	(10 000)		10 000	
	1	5 500	5 500	4 500	1
	2	5 500	4 500	—	0.82
	合计回收时间(回收期)=1+4 500/5 500=1.82(年)				
方案 B	0	(10 000)		10 000	
	1	3 500	3 500	6 500	1
	2	3 500	3 500	3 000	1
	3	3 500	3 000		0.86
	合计回收时间(回收期)=1+1+3 000/3 500=2.86(年)				
方案 C	0	(20 000)		20 000	
	1	70 000	70 000	13 000	1
	2	70 000	70 000	6 000	1
	3	65 000	60 000	—	0.92
	合计回收时间(回收期)=1+1+6 000/6 500=2.92(年)				

从表 4-3 可见，方案 A 的回收期最短，能最快收回投资；方案 B 次之；方案 C 的回收期最长。

(二) 投资回收期法的利与弊

投资回收期法的主要优点是计算简便，同时投资回收期的长短也是方案风险小的一种标志，因此在实务中也常常被当作一种选择方案的标准。但是，投资回收期的最大缺点在于它既没有考虑货币的时间价值，也没有考虑回收期后的现金流量。在实际工作中，长期投资往往看重的是方案中后期将得到的较为丰厚的长久收益。对于这种类型的方案，用投资回收期法来判断其优劣，就显得过于片面。

五、投资报酬率法

投资报酬率(Return On Investment，ROI)也叫投资利润率或会计利润率，它表示年平均利润占总投资的百分比。

(一) 投资报酬率的计算

$$投资报酬率=\frac{年平均利润}{投资总额}$$

根据表 4-3 的资料，方案 A、B、C 的投资报酬率分别为

$$投资报酬率A=\frac{(50\ 000+50\ 000)/2}{10\ 000}=5\%$$

$$投资报酬率B=\frac{(1\ 000+1\ 000+1\ 000+1\ 000)/4}{10\ 000}=10\%$$

$$投资报酬率C=\frac{(2\ 000+2\ 000+1\ 500+1\ 500)/4}{20\ 000}=8.75\%$$

虽然方案 A 的回收期最短，方案 B 次之，方案 C 的回收期最长，但仍无法用回收期法来判断它们的优劣。如果按照投资报酬率法来判断，通过计算可知，应是方案 B 最优，方案 C 次之，方案 A 最差。

(二) 投资报酬率法的利与弊

投资报酬率法与回收期法相比，虽然考虑了回收期后的收益，但它仍然忽略了货币的时间价值。这种方法的主要优点在于计算简便，并且使用的是普通会计学上的收益和成本的概念，容易接受和掌握。

第三节　投资决策方法的具体应用

一、固定资产修理和更新的决策

固定资产修理和更新的决策是指在假设维持现有生产能力水平不变的情况下，选择继续使用旧设备(包括对其进行大修理)，还是将其淘汰而重新选择性能更优异、运行费用更低廉的新设备的决策。由于假设新旧设备的生产能力相同，对企业而言，销售收入没有增加，即现金流入量未发生变化，但是生产成本却发生了变化。另外，新旧设备的使用寿命往往不同，因此固定资产修理和更新决策实际上也是比较两个方案的年平均成本。

新旧设备的总成本都包括两个组成部分即设备的资本成本和运行成本。在计算新旧设备的年平均成本时，要特别注意运行成本、设备大修理费和折旧费对所得税的影响。

【例 4-3】 设某企业有一台旧设备，重置成本为 8 000 元，年运行成本 3 000 元，可大修 2 次，每次大修理费为 8 000 元，4 年后报废无残值。如果用 40 000 元购买一台新设备，年运行成本为 6 000 元，使用寿命 8 年，无需大修，8 年后残值 2 000 元。新旧设备的产量

及产品销售价格相同。另外，企业计提折旧的方法为直线法，企业的资本成本率为 10%，企业所得税税率 25%。问企业是继续使用旧设备，还是将其更新为新设备？

(一) 继续使用旧设备

(1) 设备重置成本=8 000(元)

(2) 大修费用现值=8 000+8 000× (P/S, 10%, 2) =14 611.20(元)

(3) 大修费用及折旧费对所得税的影响现值。因为设备的大修费用可以按预提费用摊销的方式，在设备的使用年限内计入成本，减少企业的利润，从而减少企业应缴纳的所得税。而固定资产则是以计提折旧的方式进行补偿，折旧费用作为一项成本，也将减少企业的利润，进而减少企业应缴纳的所得税。对企业而言，税的减少实际上可看作一项现金流入，在本题中也可看作成本的节约。因此大修费用及折旧费对所得税的影响现值为

$$\frac{8\,000+8\,000+8\,000}{4}\times 25\%\times(P/A,10\%,4)$$

$$=\frac{24\,000}{4}\times 25\%\times 3.169\,9$$

$$=4\,754.85(\text{元})$$

(4) 总运行成本现值=3 000×(1−25%)×(P/A,10%,4)

=2 250×3.169 9

=7 132.28(元)

(5) 平均年成本$=\dfrac{\text{总成本}}{(P/A,10\%,4)}$

$$=\frac{(1)+(2)-(3)+(4)}{(P/A,10\%,4)}$$

$$=\frac{8\,000+14\,611.20-4\,754.85+7\,132.28}{3.1699}$$

$$=7\,883.10(\text{元})$$

(二) 改用新设备

(1) 新设备采购成本=40 000(元)

(2) 残值收回现值=2 000×(P/S,10%,8)

=2 000×0.466 5=933(元)

(3) 折旧费对所得税的影响现值$=\dfrac{(40\,000-2\,000)}{8}\times 25\%\times(P/A,10\%,8)$

$$=\frac{38\,000}{8}\times 25\%\times 5.334\,9$$

$$=6\,335.19\ (\text{元})$$

(4) 总运行成本现值=6 000×(1−25%)×(P/A,10%,8)

=6 000×(1−25%)×5.334 9

=24 007.05 (元)

(5) 平均年成本$=\dfrac{\text{总成本}}{(P/A,10\%,8)}$

$$=\frac{(1)-(2)-(3)+(4)}{(P/A,10\%,8)}$$

$$=\frac{40\,000-933-6\,335.19+24\,007.05}{5.334\,9}$$

=10 635.41(元)

由上述计算结果可知，更新设备的年平均成本高于继续使用旧设备的成本，因此不应当更新。

二、固定资产租赁或购买的决策

在进行固定资产租赁或购买的决策时，由于所用设备相同，即设备的生产能力与产品的销售价格相同，同时设备的运行费用也相同，因此只需比较两种方案的成本差异及成本对企业所得税所产生的影响差异即可。

固定资产租赁指的是固定资产的经营租赁，与购买设备相比，每年将多支付一定的租赁费用。另外，由于租赁费用是在成本中列支的，因此，企业还可以减少缴纳的所得税，即得到纳税利益；购买固定资产是一种投资行为，企业将支出一笔可观的设备款，但同时每年可计提折旧费进行补偿，折旧费作为一项成本，也能使企业得到纳税利益，并且企业在项目结束或设备使用寿命到期时，还能够得到设备的残值变现收入。

【例 4-4】 设某企业在生产中需要一种设备，若企业自己购买，需支付设备买入价 200 000 元，该设备使用寿命 10 年，预计残值率 5%；企业若采用租赁的方式进行生产，每年将支付 40 000 元的租赁费用，租赁期 10 年。假设贴现率 10%，所得税税率 25%。

(1) 购买设备。

设备残值价值=200 000×5%=10 000(元)

年折旧额=(20 000−10 000)/10=19 000(元)

购买设备支出 200 000(元)

因折旧税负减少的现值 19 000×25%×(P/A,10%,10)−29 187

设备残值变现现值 10 000×(P/S,10%,10)−3 855

支出合计 166 958(元)

(2) 租赁设备。

租赁设备支出 40 000×(P/A，10%，10)−245 784

因租赁税负减少现值 40 000×25%×(P/A,10%,10)−61 446

支出合计 184 338(元)

上述计算结果表明,购买设备的总支出小于租赁的总支出，因此企业应采取购买设备的方式。

习　　题

一、单项选择题

1. 利用获利指数评价投资决策时，贴现率的高低对方案的优先次序(　　)。

　A. 没有影响　　　B. 有影响

　C. 成正比　　　D. 成反比

2. 获利指数(　　)就表明该项目具有正的净现值，对企业有利。

A. 大于 0　　B. 小于 0

C. 大于 1　　D. 小于 1

3. 投资期望获得的投资报酬率水平的影响因素是(　　)。

A. 社会平均利润率　　B. 企业利润

C. 企业收入　　D. 项目内部报酬率

4. 与投资项目有关的现金流量是(　　)。

A. 企业折旧额　　B. 企业利润

C. 投资项目折旧额　　D. 企业收入

5. 旧设备的变现价值，应作为继续使用旧设备的(　　)。

A. 没有影响　　B. 有影响

C. 成正比　　D. 成反比

6. 在计算现金流量时，若某年取得的净残值收入大于预计的净残值时，正确的处理方法是(　　)。

A. 将两者的差额作为现金流量

B. 仍将预计的净残值作为现金流量

C. 将实际净残值减去两者差额部分所补缴的所得税的差额作为现金流量

D. 只将其差额部分扣除税款后的余额作为现金流量

7. 下列投资决策方法中，需要以已知的行业基准折现率为计算依据的是(　　)。

A. 内部报酬率　　B. 投资回收期

C. 投资利润率　　D. 获利指数

8. 某投资方案，在贴现率为 16%，净现值为-1 200 元；贴现率为 14%，净现值为 400 元，则该方案的内部报酬率为(　　)。

A. 14.2%　　B. 14.5%

C. 15.2%　　D. 15.5%

二、多项选择题

1. 影响设备最优更新期决策的因素包括(　　)。

A. 设备原值　　B. 设备残值

C. 设备更新年份　　D. 设备运行成本

E. 设备使用环境

2. 下列成本中，与特定决策有关的成本有(　　)。

A. 账面成本　　B. 重置成本

C. 机会成本　　D. 未来成本

E. 沉没成本

3. 影响投资项目每年营业现金流量大小的因素有(　　)。

A. 每年的收入　　B. 每年收入的增加额

C. 成本的增加额　　D. 付现成本

E. 折旧

4. 若一个投资项目的净现值大于零，则可能说明该项目(　　)。

A. 营业现金流量为正数　　B. 资本成本低

C. 投资额少　　D. 经营期的利润水平高

E. 风险高

5. 对于是否继续使用旧设备的决策方案，其现金流出量包括(　　)。

A. 旧设备变现价值　　B. 旧设备变现损失减税

C. 每年折旧抵税　　D. 残值变现净收入纳税

E. 新设备买价

三、计算题

1. 设某企业有一台旧设备，重置成本为 12 000 元，年运行成本为 8 000 元，6 年后报废无残值。如果用 40 000 元购买一台新设备，年运行成本为 6 000 元，使用寿命 8 年，8 年后残值 2 000 元。新旧设备的产量及产品销售价格相同。企业计提折旧的方法为直线法，企业的资本成本率为 10%，企业所得税税率为 25%。

要求：通过计算确定企业是继续使用旧设备，还是将其更新为新设备进行决策。

2. 公司拟购买一套新的生产设备，预计初始投资 300 万元，该套设备预计可使用 5 年，净残值率为 10%，按直线法计提折旧后，预计每年可产生税前利润 50 万元。该公司所得税税率为 25%，执行的设备折旧政策符合税法要求。设该设备无论何时报废，净残值收入均为 30 万元。

要求：计算该设备可行的最短使用寿命。

四、实验题

实验材料：公司正在考虑以一台技术更先进、效率更高的新设备来取代现有的旧设备。有关资料如下。

旧设备原购置成本 4 万元，已使用 5 年，估计还可以使用 5 年，已提折旧 2 万元，假定使用期满后无残值，每年销售收入 5 万元，每年付现成本 3 万元，如果现在出售可得价款 2 万元。

新设备的购置成本为 6 万元，估计可用 5 年，期满后有残值 1 万元，使用新设备后，每年销售收入 8 万元，每年付现成本为 4 万元。

假定旧设备后 5 年以及新设备可按直线法、年数总和法、双倍余额递减法方法计提折旧，所税税率为 25%，资本成本为 10%。

要求：应用 Excel 表建立固定资产更新决策模型，选择是否更新固定资产。

第三篇　控制会计

第五章　预算管理与责任会计

学习导航

预算代表了企业的经营目标，是控制企业日常经济活动的主要依据。本章重点阐述了如何编制传统全面预算，同时增加了预算控制内容。

学习目标

通过对本章内容的学习，要求了解编制预算的具体方法和基本体系，能够运用全面预算的原理和方法，计算编制各项目的预算，并对责任会计有一定认识。

导入案例

广东乐百氏集团是闻名全国的大型食品饮料企业，中国饮料工业十强企业之一，2000 年被法国达能集团收购。2004 年法国达能正式接管乐百氏集团的整体运营管理，开始引入西方先进的管理理念，推行现代管理体系。2006 年集团公司正式推行全面预算管理。全面预算管理帮助乐百氏集团真正实现了从民营企业向现代企业的蜕变，大大提高了企业的内部挖潜能力，2006 至 2009 年的节约增效项目总节约额达 2 亿元。

小看板

实施全面预算可以提高资源利用的有效性，那么究竟如何对企业进行全面预算呢？如何通过预算为企业挖潜增效？

上述案例反映了全面预算管理在企业的成功推行，通过本章的学习，可以对全面预算的内容和程序有一个初步的把握，要认识到全面预算的实施涉及到经济活动的全过程。

第一节　全面预算管理概述

一、全面预算含义

预算(Budget)是对企业未来一定时期所预计的经营活动用价值指标或非价值指标进行量化的表现形式。预算区别于计划，计划时间有长有短，是通过数字化或非数字化形式对未来的一种规划；而预算通常是与会计年度相吻合，以提供数字化的财务信息为主。

全面预算(Master Budget)是从企业全局出发，对企业一定时期内的销售、生产、采购、成本费用以及财务状况等方面的预算进行汇总、协调统一的预算。全面预算给企业各部门确定了目标和任务，同时也是评价各部门经营业绩的尺度。

二、全面预算体系

全面预算体系主要由业务预算、专门决策预算、财务预算三方面组成。

(一) 业务预算

业务预算又称为经营预算、营运预算等，它是企业预算期日常发生的基本业务活动的预算，主要包括销售预算、生产预算、直接材料预算、直接人工预算、制造费用预算、产成品存货预算、财务、销售及管理费用预算等。

(二) 专门决策预算

专门决策预算又称特种决策预算，其内容包括资本预算(即项目投资决策预算)和经营决策预算。

（三）财务预算

财务预算是反映企业预算期日常现金收支、财务经营成果、财务状况的预算，具体通过三个表来反映即现金预算表、预计资产负债表预算和预计损益表预算。

全面预算是一个完整的体系，如图 5.1 所示。

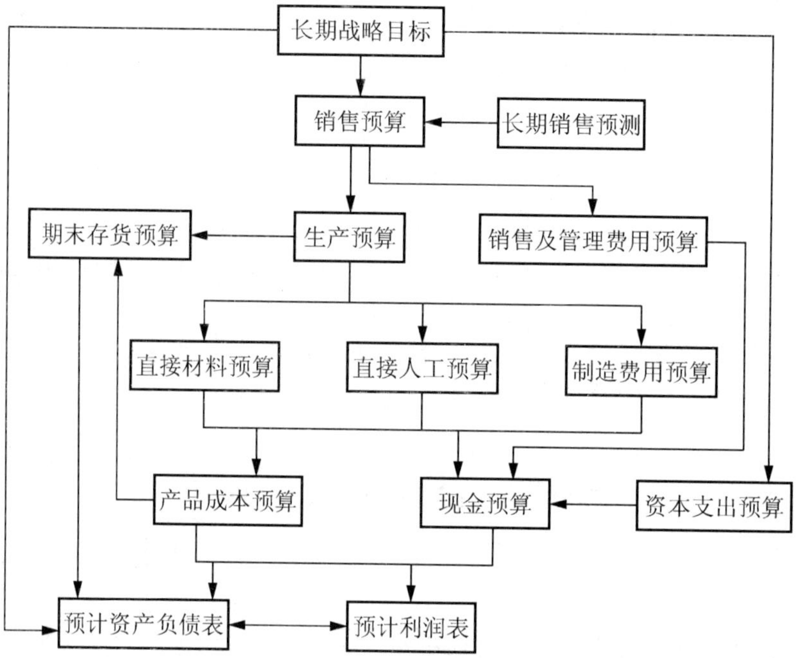

图 5.1　全面预算体系示意图

图 5.1 体现的是以销定产理念下的以销售预算为起点的传统全面预算体系，还可以以现金流量、EVA 等为预算起点编制全面预算，基础学习阶段掌握如何编制传统全面预算就达到了基本要求。

第二节　全面预算的编制方法与实例

一、全面预算编制方法

全面预算的编制方法有许多种，采用不同的编制方法会产生不同的预算结果，所以企业需要依据自身的特征选择适当的方法，使全面预算更具有实用性。以下是比较常用的几种全面预算的编制方法。

(一) 固定预算与弹性预算

按业务量基础的数量特征不同，财务预算方法可分为固定预算方法和弹性预算方法。

1. 固定预算

固定预算又叫静态预算，是一种业务量水平下的预算，故采用该预算方法编制预算工作量小，但只适用于业务量较为稳定或非营利组织的情况。

2. 弹性预算

弹性预算，又叫动态预算，是指多种业务量水平下的预算，故该预算方法下的预算编制工作量大，但适应性强。

(二) 增量预算与零基预算

按编制成本费用预算出发点的特征不同，财务预算方法可分为增量预算方法和零基预算方法。

1. 增量预算

增量预算是指以基期实际预算为基础，进行增减调整的一种预算方法。优点是工作量少，简便易行，所以在我国以往的实务中，多数企业均采用此法编制预算。缺点是不加分析地保留或接受原有成本费用项目，导致保护落后。不利于企业未来的发展，同时，也会滋长预算中的“平均主义”和“简单化”。

2. 零基预算

零基预算是指以零为基础，即所有的支出从实际出发的编制预算。零基预算的优点是不受现有条条框框限制，运用得当，不仅能压缩资金开支，而且能切实做到把有限的资金用在最需要的地方，从而调动各部门人员的积极性和创造性，量力而行，合理使用资金，提高效益。

但由于零基预算是以零为起点来确定预算数，所以要做大量的基础工作，如果每隔若干年按此方法编制一次预算，以后几年内略作适当调整，这样既减轻了预算编制的工作量，又能适当地控制费用。

(三) 定期预算与滚动预算

按预算期的时间特征不同，可分为定期预算的方法和滚动预算的方法。

1. 定期预算

定期预算的方法简称定期预算，是指在编制预算时以不变的会计期间(如日历年度)作为预算期的一种编制预算的方法。前面所举的实例都是按定期预算方法编制的预算。

定期预算的优点是能够使预算期间与会计期间相配合，便于考核和评价预算的执行情况；缺点是缺乏长远打算，容易导致一些短期行为。为了克服定期预算的缺点，我们引入滚动预算的方法。

2. 滚动预算方法

滚动预算又称连续预算或永续预算，是指在编制预算时，将预算期与会计年度脱离，随着预算的执行，不断延伸补充预算，逐期向后滚动，使预算期永远保持为一个固定期间的一种预算编制方法。简言之，滚动预算是有头无尾的预算(必须是持续经营企业)。滚动预算可以采用逐月滚动或逐季滚动，逐月滚动流程如图 5.2 所示，逐季道理相同。

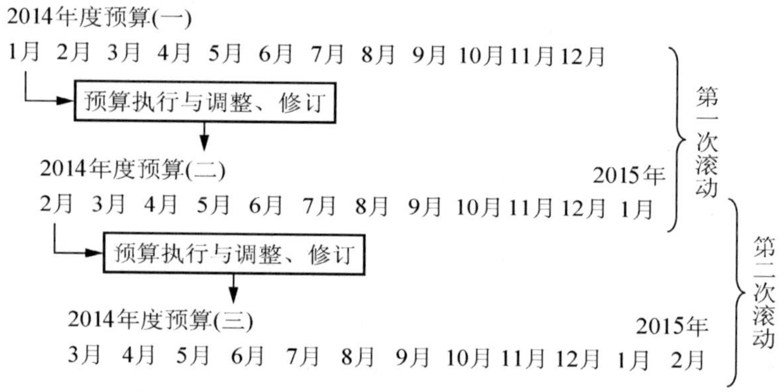

图 5.2 逐月滚动预算示意图

与定期预算方法相比，滚动预算具有以下几方面的优点：其一，能保持预算的完整性，连续性，从动态上把握企业的未来发展趋势；其二，能够使企业各级管理人员始终保持对未来预算期的经营活动做出周详的考虑和全盘规划，保证企业的各项工作有条不紊地进行；其三，这种预算也便于有关部门对企业经营状况进行全面了解；最后，由于这种预算是不断根据外界因素进行调整和修订的，所以能适应实际情况，有利于发挥预算的指导作用和控制作用。其缺点是采用滚动预算方法编制预算工作量大。

二、全面预算编制举例

(一) 业务预算的编制

1. 销售预算的编制方法

销售预算是指在规定预算期内各季度销售目标和实施计划的一种预算。它是编制全面预算的起点，也是日常业务预算的基础。一般来说，销售预算的编制依据主要是市场预测资料、销货合同和尚未交货的订货量等历史数据；价格决策确定的销售单价；销售货款收回的规定等。销售预算在实际工作中要求分品种、月份、销售区域来反映。

销售预算的编制程序如下：①计算各种产品的预计销售收入；②计算预算期所有产品的预计销售收入总额；③预计在预算期发生的与销售收入相关的增值税和销项税税额；④预计预算期含税销售收入(注意：小规模纳税人与一般规模纳税人的不同)。

为了便于编制财务预算，还应在编制销售预算的同时，编制与销售收入有关的经营现金收入预算表，以反映全年及各季销售所得的现销含税收入和回收以前期应收账款的现金收入。

【例 5-1】 光大有限公司只生产一种产品，销售单价为 80 元，预计 201×年各季度该产品的销售量经测算分别为 500 件、800 件、1 000 件和 1 200 件。根据以往经验，销售款在当季可收到 60%，其余部分将在下一季度收到。预计 201×年第 1 季度可收回上年 4 季度的应收账款 14 000 元。

根据上述资料，首先编制光大有限责任公司销售预算见表 5-1。

表 5-1 光大有限公司销售预算表

201×年　　单位：元

季　度	1	2	3	4	全　年
销售单价	80	80	80	80	80
预计销售量(件)	500	800	1 000	1 200	3 500
预计销售收入	40 000	64 000	80 000	96 000	280 000

根据销售预算、前期应收账款的收回及预计收到当期销货款的情况，编制的现金预算见表 5-2。

表 5-2 光大有限公司的经营现金收入预算表

201×年　　单位：元

季　度	1	2	3	4	全　年
销售收入	40 000	64 000	80 000	96 000	280 000
期初应收账款	14 000				14 000
第一季度经营现金收入	24 000	16 000			40 000
第二季度经营现金收入		38 400	25 600		64 000
第三季度经营现金收入			48 000	32 000	80 000
第四季度经营现金收入				57 600	57 600
经营现金收入合计	38 000	54 400	73 600	89 600	255 600

2. 生产预算的编制方法

生产预算是安排预算期预算规模的计划。它是在销售预算的基础上编制的，并为进一步预算成本和费用提供依据，是业务预算中唯一仅以数量形式反映预算期内各季有关产品生产数量及品种构成的一种预算。

预计生产量=预计销售量+预计期末存货量−预计期初存货量，下面举例说明生产预算的编制。

【例 5-2】 依据【例 5-1】的资料，假设光大有限公司期末存货量为下一季度销售量的10%，2014 年度期初存货量为 50 件，期末存货量为 130 件。

根据销售预算的预计销售量和上述有关数据，可编制生产预算见表 5-3。

表 5-3 光大有限公司生产预算表

201×年　　单位：件

季　度	1	2	3	4	全　年
预计销售量	500	800	1 000	1 200	3 500
加：预计期末存货量	80	100	120	130	130
减：期初存货量	50	80	100	120	50
预计生产量	530	820	1 020	1 210	3 580

3. 直接材料预算的编制方法

直接材料预算是在考虑生产规模和期初、期末存货规模基础上，确定一定时期直接材料采购量的预算，故又称直接材料采购预算。预计材料采购量=预计材料耗用量+预计期末库存材料-预计期初库存材料。

与编制销售预算类似，在编制直接材料预算时，通常还应该包括由于购进材料而发生的预算现金支出计算。在材料方面预期的现金支出包括上期采购材料将于本期支付的现金和本期采购材料应由本期支付的现金两个部分。

【例 5-3】 依据【例 5-1】的资料，假设光大有限公司所生产的产品只需要一种原材料，单位产品消耗原材料定额为 5 千克，每千克材料采购单价为 4 元。每季度末材料存量为下一季度生产用量的 30%，201×年度期初材料存量为 1 000 千克，期末材料存量为 1 900 元。每季度的购料款当季支付 60%，其余款项在下一季度支付。201×年度期初应付材料款为 2 400 元。

根据生产预算及上述资料，编制直接材料采购预算见表 5-4；根据采购预算及材料支付情况编制材料采购现金支出预算见表 5-5。

表 5-4 光大有限公司直接材料采购预算表

201×年 单位：千克

季　度	1	2	3	4	全　年
预计生产量(件)	530	820	1 020	1 210	3 580
材料消耗定额	5	5	5	5	5
生产需要量	2 650	4 100	5 100	6 050	17 900
加：期末材料存量	1 230	1 530	1 815	1 900	1 900
减：期初材料存量	1 000	1 230	1 530	1 815	1 000
材料采购量	2 880	4 400	5 385	6 135	18 800
材料采购成本(元)	11 520	17 600	21 540	24 540	75 200

表 5-5 光大有限公司材料采购现金支出预算

201×年 单位：元

季　度	1	2	3	4	全　年
预计采购金额合计	11 520	17 600	21 540	24 540	75 200
期初应付账款	2 400				2 400
第 1 季度采购现金支出	8 640	2 880			11 520
第 2 季度采购现金支出		10 560	7 040		17 600
第 3 季度采购现金支出			12 924	8 616	21 540
第 4 季度采购现金支出				14 724	14 724
现金支出合计	11 040	13 440	19 964	23 340	67 784

4. 直接人工预算的编制方法

直接人工预算是为直接生产人工耗费编制的预算，也是以生产预算为基础编制的。其重要内容有预计生产量、单位产品工时、人工总工时、每小时人工成本和人工总成本。

由于直接人工工资都需要使用现金支付，所以不需另外预计现金支出，可直接参加现金预算的汇总。

【例 5-4】 依据上例材料，假定光大有限公司 201×年度直接人工工资率为 4 元，单位产品的定额工时为 1 小时，并且以现金支付的直接人工工资均于当期付款。

据此编制直接人工预算见表 5-6。

表 5-6　光大有限公司直接人工预算表

201×年

季　度	1	2	3	4	全　年
预计生产量(件)	530	820	1 020	1 210	3 580
单位产品工时定额(小时)	1	1	1	1	1
需要工时数(小时)	530	820	1 020	1 210	3 580
单位工时工资率	4	4	4	4	4
直接人工成本	2 120	3 280	4 080	4 840	14 320

5. 制造费用预算的编制方法

制造费用预算是指除直接材料预算和直接人工预算以外的其他生产费用的预算。在制造费用中，间接材料、间接人工和公用事业费(如水电费)等基本上随产量的变动而呈正比例的变动，但另一些费用如折旧费、管理人员薪金、保险费等则在一定时期内基本稳定不变，所以在编制制造费用预算时，必须将制造费用中的费用项目按成本习性划分为变动成本和固定成本两大类。

制造费用预算也应包括预计现金支出部分，以便为编制现金预算提供资料。虽然在制造费用预算中，绝大部分是直接用现金支付的，但仍有一部分可能是以前年度已经支付的要由这一年度负担的，如固定资产折旧费、长期待摊费用等。

【例 5-5】 光大有限公司在编制制造费用预算时采用变动成本法，变动性制造费用按各季度生产总量比例分配，201×年度编制的制造费用预算见表 5-7，制造费用现金支出预算见表 5-8，除折旧费以外的各项制造费用均以现金在当期支付。

表 5-7　光大有限公司制造费用预算表

201×年　　单位：元

变动性制造费用		固定性制造费用	
1. 间接材料	10 000	1. 管理人员工资	9 100
2. 间接人工成本	7 600	2. 折旧费	15 347
3. 维修费	6 145	3. 办公费	6 500
4. 水电费	7 280	4. 保险费	3 200
5. 其他	4 175	5. 租赁费	3 000
		6. 其他	1 000
合计	35 200	合计	38 147
生产总量	3 580	减：折旧费	15 347
变动制造费用分配率=35 200÷3 580≈9.832 4		现金支出合计	22 800
		各季度支出数=22 800÷4=5 700	

表 5-8　光大有限公司制造费用现金支出预算

201×年　　单位：元

季　度	1	2	3	4	全　年
变动性制造费用分配率	9.8324	9.8324	9.8324	9.8324	9.8324
预计生产量(件)	530	820	1 020	1 210	3 580
变动制造费用现金支出	5 211.17	8 062.57	10 029.05	11 897.21	35 200
固定性制造费用	5 700	5 700	5 700	5 700	22 800
现金支出合计	10 911.17	13 762.57	15 729.05	17 597.21	58 000

6. 产品生产成本及期末存货成本预算的编制方法

产品生产成本及期末存货成本预算是指为规划一定预算期内产品的单位产品成本、期末存货成本等内容而编制的一种经营预算。

产品生产成本及期末存货成本预算需要在生产预算、直接材料预算、直接人工预算和制造费用预算的基础上编制，同时也为编制预计利润表和预计资产负债表提供信息。

【例 5-6】 光大有限公司 201×年度产品的单位成本及期末存货成本预算见表 5-9。

表 5-9　光大有限公司产品单位成本及期末存货预算表

201×年　　单位：元

成本项目	单　价	用量定额	总成本
直接材料 直接人工 制造费用	4 元/千克 4 元/小时	5 千克 1 小时	20 4 20.49
产品单位成本			44.49
产品期末存货量(件) 产品期末存货成本			130 5 783.7

注：制造费用单位成本=(35 200+38 147)/3 580=20.49

7. 销售与管理费用预算的编制方法

销售费用是指为了实现销售需要支出的有关费用，如推销人员工资、差旅费、销售手续费、广告样品费、运杂费、保管费、包装费等。管理费用是指企业一般性的行政管理费，如行政管理人员工资、福利费、报刊杂志费、办公费等。按变动成本法编制预算时，应将销售及管理费用按其与业务量的关系划分为变动与固定费用两大类。

为了便于编制现金预算，同样，在编制销售和管理费用的同时，也要编制现金支出预算表。假如销售及管理费用中也有一些沉没成本和通常不需于当期支付现金的费用，在销售及管理费用的现金支出预算中，也应对这部分给予扣除。

【例 5-7】 假定光大有限公司 201×年度变动销售及管理费用总计为 7 000 元，按销售量计算分配率，固定销售及管理费用为 30 000 元。

根据前例条件及上述资料，编制销售及管理费用预算见表 5-10。

表 5-10　光大有限公司销售及管理费用预算表

201×年　　　　　　　　　　　　　　　　单位：元

季　度	1	2	3	4	全　年
预计销售量(件)	500	800	1 000	1 200	3 500
变动销售及管理费用分配率	2	2	2	2	2
变动销售及管理费用现金支出	1 000	1 600	2 000	2 400	7 000
固定销售及管理费用现金支出	7 500	7 500	7 500	7 500	30 000
现金支出合计	8 500	9 100	9 500	9 900	37 000

(二) 专门决策预算的编制

专门决策预算是指企业长期投资决策项目(即资本支出预算)或一次性短期经营决策项目所编制的预算。

1. 资本支出预算的编制方法

资本支出预算是指与项目投资决策密切相关的专门决策预算，如购置固定资产、无形资产等活动而编制的预算。编制资本支出预算的根据是经过审核批准的各个长期投资决策项目。其格式和内容无统一规定，但一般包括投资项目名称，以及在各预算期间的现金流入量和现金流出量等。

【例 5-8】 201×年度光大有限公司计划开发一种新产品，公司决定 201×年度购置一台新设备，年末交付使用。为筹措所需资金，公司拟向银行借款，借款利率为年息 10%。据此编制的投资预算见表 5-11。

表 5-11　光大有限公司开发新产品项目投资预算

201×年　　　　　　　　　　　　　　　　单位：元

季　度	1	2	3	4	全　年
固定资产投资：					
设备购置	600 000				600 000
投资资金筹措：					
向银行借款	600 000				600 000

2. 经营决策预算的编制方法

为了保证经营业务和资本支出对现金的正常需要，企业需保持一定的支付能力。如果支付能力不足，容易发生债务到期不能偿还，甚至发生停工待料等后果；反之，又会造成资金的浪费，降低资金的使用效率。因此，财务部门在筹措资金、拨发资金，发放股利等问题上，要作专门的预算。

(三) 财务预算的编制

财务预算是指反映企业在计划期内的有关现金收支、经营成果和财务状况的预算。前面所讲的经营预算和专门决策预算，最终大都反映在财务预算中。这样财务预算就成为各项经营预算和专门决策预算的整体计划，故又称之为“总预算”。财务预算主要包括现金预算、预计利润表、预计资产负债表和预计现金流量表。

1. 现金预算的编制方法

现金预算是用来反映预算期内由于经营活动和资本支出引起的一切现金收支及其结果的预算。这里的现金是指企业的库存现金和银行存款等货币资金。编制现金预算的目的在于合理地处理现金收支业务，正确地调度资金，保证企业的资金正常流转。

现金预算由以下几部分组成。

(1) 确定期初现金余额。该数额等于上期期末现金余额。

(2) 现金收入。包括期初的现金结存数和预算期内发生的现金收入。如现销收入、收回的应收账款、应收票据到期兑现和票据贴现收入等。

(3) 现金支出。指预算期内预计发生的现金支出。如采购材料支付货款、支付工资、支付部分制造费用、支付销售费用、管理费用、财务费用、偿还应付款项、交纳税金、支付利润以及资本性支出的有关费用(设备购置费)等。

(4) 现金收支差额。列示现金收入合计与现金支出合计的差额。差额为正，说明收大于支，现金有多余；差额为负，说明支大于收，现金不足。

(5) 资金的筹集与运用。根据预算期现金收支的差额和企业有关资金管理的各项政策，确定筹集或运用资金的数额。如果现金不足，可向银行取得借款，或发行股票、债券筹集资金，并预计还本付息的期限和数额。如果现金多余，除了可用于偿还借款外，还可用于购买作为短期投资的有价证券。

(6) 确定期末现金余额。该数额等于现金余缺与现金的筹集与运用的代数和。

【例 5-9】 根据前例资料，编制光大有限公司 201×年度的现金预算表，见表 5-12，假设 201×年年初的现金余额为 4 000 元。

表 5-12 光大有限公司现金预算表

201×年　　　　单位：元

季　度	1	2	3	4	全　年
①期初现金余额	4 000	7 723.52	20 835.64	43 457.28	4 000
②经营现金收入(表 5-2)	38 000	54 400	73 600	89 600	255 600
③可用现金合计	42 000	62 123.52	94 435.64	133 057.28	331 616.44
④经营现金支出	34 276.48	41 287.88	50 978.36	57 382.53	183 925.25
采购直接材料(表 5-5)	11 040	13 440	19 964	23 340	67 784
支付直接人工(表 5-6)	2 120	3 280	4 080	4 840	14 320
支付制造费用(表 5-8)	10 911.17	13 762.57	15 729.05	17 597.21	58 000
支付销售及管理费用(表 5-10)	8 500	9 100	9 500	9 900	37 000
支付所得税(表 5-13)	1 705.31	1 705.31	1 705.31	1 705.32	6 821.25
⑤资本性现金支出	600 000	0	0	0	600 000
固定资产购置(表 5-11)	600 000	0	0	0	600 000
⑥现金支出合计	634 276.48	41 287.88	50 978.36	57 382.53	783 925.25

续表

季　度	1	2	3	4	全　年
⑦现金余缺	−592 276.48	20 835.64	43 457.28	75 674.75	−452 308.81
⑧资金筹措与运用	600 000			−60 000	540 000
加：向银行借款(表 5-11)	600 000				600 000
减：归还借款利息				60 000	60 000
⑨期末现金余额	7 723.52	20 835.64	43 457.28	15 674.75	15 674.75

2. 预计利润表

预计利润表是在经营预算和专门决策预算的基础上编制的反映企业在计划期内的经营成果的一种财务预算。

【例 5-10】 根据前例资料，编制光大有限公司 201×年度的预计利润表，见表 5-13。

表 5-13　光大有限公司预计利润表

201×年　　单位：元

项　　目	金　　额
销售收入(表 5-1)	280 000
减：销售成本	155 715
销售毛利	124 285
减：销售及管理费用(表 5-10)	37 000
减：财务费用(表 5-12)	60 000
利润总额	27 285
减：所得税(25%)	6 821.25
净利润	20 463.75

注：销售成本=3 500×44.49=155 715

3. 预计资产负债表

预计资产负债表是反映企业计划期内的财务状况的一种财务预算，也需要在经营预算与专门决策预算的基础上编制。

【例 5-11】 依据前例资料，编制光大有限公司在 201×年末的预计资产负债表，见表 5-14 所示。

表 5-14　光大有限公司预计资产负债表

201×年 12 月 31 日　　单位：元

资　　产	期初余额	期末余额	负债及所有者权益	期初余额	期末余额
流动资产			流动负债		
货币资金(表 5-12)	4 000	15 674.75	应付账款(表 5-5)	2 400	9 816
应收账款(表 5-2)	14 000	38 400	流动负债合计	2 400	9 816
存货(表 5-3、5-4)	6 231.7	13 383.7	长期负债		

续表

资　　产	期初余额	期末余额	负债及所有者权益	期初余额	期末余额
流动资产合计	24 231.7	67 458.45	长期借款(表 5-11)	0	600 000
固定资产			长期负债合计	0	600 000
固定资产原值(表 5-11)	198 699	798 699	负债合计	2 400	609 816
减：累计折旧(表 5-7)	10 000	25 347	所有者权益		
固定资产合计			实收资本	100 000	100 000
			留存收益(表 5-13)	110 530.7	130 994.45
			所有者权益合计	210 530.7	230 994.45
资产总计	212 930.7	840 810.45	负债及所有者权益合计	212 930.7	840 810.45

第三节　全面预算实施

全面预算的实施包括预算制定、执行和控制、分析和反馈、调整和考核。

一、预算的制定

预算制定是为公司的各项指标确定目标的过程，是股东、管理者和员工共同预设未来的过程，在这个过程中股东、管理者、员工要共同回顾战略、确定目标，确定实现目标的各个行动方案和计划，是一个复杂的过程。预算制定是从股东到管理层再到各基层单位的自上而下的下达目标分解，再由各基层单位到管理层到股东的自下而上反馈评估的往复过程，有时可能会重复几次。为了确保预算制定顺利完成，在预算制定之前一定要有明确的预算制定行动计划，要有详细的时间安排、明确的任务分工以及清晰的流程。预算制定要综合考虑企业内外各个方面的因素，如公司的使命、战略、中长期规划；公司自身过去的相关指标和主要活动；公司所处区域的外部环境；公司所处行业的外部信息；竞争对手的相关信息等。要做到全面、完整，有关预算指标之间要相互衔接，勾稽关系明确，以保障整个预算的综合平衡。

预算涉及企业的方方面面，它的编制是一项系统性很强的工作，应当按一定的逻辑有序进行。一般全面预算的编制应遵循以下基本程序：

(1) 设立预算委员会。全面预算的编制工作是一项工作量大、涉及面广、时间性强、操作复杂的工作。为了保证预算编制工作有条不紊地进行，一般要在企业内部专设一个预算委员会负责预算编制并监督实施。它通常是由总经理，分管销售、生产、财务等方面的副总经理和总会计师等高级管理人员组成。其主要任务是制定和颁布有关预算制度的各项政策；审查和协调各部门的预算申报工作；解决有关方面在编制预算时可能发生的矛盾和争执，批准最终的预算，经常检查预算的执行情况。

(2) 确定预算目标。企业预算委员会根据企业发展战略对未来经济形势进行预测并制定出短期或年度的预算目标。

(3) 各部门编制预算草案。预算目标为预算编制明确了方向，但还要将预算编制目标进一步具体化，制定出预算编制的方针政策。企业内部各职能部门的管理者依据预算的方针政策编制各部门的业务预算草案，提交预算委员会进行审查。

(4) 汇编初步的全面预算。预算委员会根据各部门提交的业务预算，对其进行审查、分析并寻找出可能存在的问题，确定合理的解决方案，并在此基础上汇总编制企业的全面预算。

(5) 审议评价预算方案。企业各部门根据预算委员会提出的不同意见，对预算进一步做出修正，再提交给预算委员会，由预算委员会再次进行全面审查分析，对全面预算做出进一步修正，最终形成正式预算下达给各职能部门。

二、预算的执行和控制

预算控制是全面预算管理中的核心步骤，控制是落实预算、保障预算实现的有效措施，它的实施效果最终决定着全面预算管理所发挥的作用。所谓预算执行和控制是指在预算期间对各经济业务采用一定的控制方法，主要是对各个预算责任单位的预算项目进行有效的控制，同时还要提供相关的预算控制执行报告。预算的执行和控制是全面预算管理中最关键和最重要的一环。

预算执行和控制根据控制时间节点的不同，预算控制可以分为事前控制、事中控制和事后控制三种情况。通常情况下，预算的编制属于预算的事前控制的内容，预算的执行过程就是事中控制的关键，预算执行之后的分析属于事后控制范畴。从财务角度上讲，事中控制，主要针对费用和支出等的控制，是对设计现金的预算的控制，是由预算执行部门按照相应的规定、程序来进行审核控制；预算的事后控制，则主要是针对那些不涉及现金的预算内容来进行的控制，主要是根据预算执行报表，通过报表数据的分析和使用来进行控制。

三、预算的分析和反馈

预算分析和反馈贯穿于全面预算管理的整个过程，其主要内容是根据预算的执行结果进行分析，并将预算和实际进行对比，找出差异形成的原因，同时也是经营单位的实际经营状况和预算之间的对比分析。预算分析和反馈就是告诉预算执行人员预算执行的状况、有哪些机会和风险、应该注意哪些方面的问题。预算分析和反馈可以帮助执行者发现预算执行中的问题，及时做出相应的调整，来确保预算的顺利执行。

预算分析通常可以按照以下步骤来进行：

第一，确定分析对象，即确定几个重点的指标，通过分析重点指标来把握最终的结果指标。

第二，确定预算差异重要性标准，也就是差异在什么范围内是正常的，不必太多的关注，在什么范围内属于异常或有异常的倾向，要进行重点的分析。此时要特别注意预算和实际的可比性，要在同样的口径下进行分析，发现问题。

第三，收集数据、计算差异。要对差异进行分解，并找出引起差异的相关因素，此时，要特别注意预算分析和反馈的逻辑性。

第四，就是反馈，要做详细的分析报告并将报告反馈、分享给相关的人员，帮助这些人员利用报告来进行分析业务活动指定相应的行动计划。

预算分析和反馈最关键的还是反馈后的结果，也就是行动计划的执行情况，因为分析的都是过去的事情，分析的意义就在于能够根据过去的结果来制定今后的行动计划来预设未来、控制未来，来优化预算的执行。

四、预算的调整

预算执行单位在具体执行预算时，如发现存在预算偏差，必须进行具体分析，对形成预算偏差的原因逐个检查。通常预算调整的原因有两个：一是客观原因即企业实际发生了变化；二是主观原因即预算松弛。预算松弛是指在预算管理中，预算执行者为了能够较容易地完成预算任务，或超额完成任务而获得奖励，倾向于制定较为宽松的预算标准，使完成某项任务所预算的资源数量大于实际所需要的资源数量，或者使预算的产出数量小于可能的产出数量。

预算调整申请应由预算执行单位向预算委员会或其常设机构提出书面申请。预算申请报告应该详细说明预算调整的理由、预算调整的初步建议方案、调整前后预算指标的比较，以及与原有预算指标的对比、调整后预算指标可能对企业预算总目标的影响、调整后预算责任人的变动等。

预算委员会或其常设机构在接到预算单位要求进行预算调整的申请后，应当进入预算调整审议程序，即要根据要求进行预算调整的具体内容、范围、领域组织并确定预算审议人；审议人对申请预算调整事项作深入的调查和论证，写出审议意见报告，审议人对审议意见负责；预算委员会或其常设机构将预算调整审议意见与预算单位的预算调整申请报告进行分析对比，特别应注意预算调整与企业预算总目标协调，与预算单位交换意见。

预算调整必须有一定的程序和流程，并有相应的配套制度来保证预算调整程序和流程得到严格的执行。由于预算调整在企业的日常生产经营和管理活动中属于非正常事项，而且往往牵一发而动全身，引起企业整个生产经营系统一系列的变化。所以，一般企业对预算调整非常严格，除了有比较复杂的调整程序外，预算调整的审批权限也有严格的规定。

预算调整的目的不是为了通过简单地增加或减少预算来满足现实情况的需求，预算调整的目的是通过再次优化资源配置来确保优化后的目标能够得以实现。无论预算调整与否，在执行中都是要实现资源的有效性，预算调整的目的是为了在实现调整后目标的前提下让资源的利用实现最有效。

五、预算的考核

预算考核是全面预算管理得以持续有效实施的关键，预算考核是评价企业经营成果的基本尺度，更是业绩评价和激励的有效工具。预算考核一方面是对预算执行者及其业绩的考核，是预算约束和激励的功能的体现，是对企业内部各个部门和利润中心的预算执行结果的考核，是管理者对执行者进行的一种有效的激励。预算考核是预算制定时所形成的企业各个相关利益方之间的责权利的兑现。如果管理者如期出色地完成或超出了预算指标而他的老板或股东没有兑现预算制定时的承诺，必将失信于管理者，在公司相关方的利益中，管理者没有得到应该得到的，那么接下来就很难保障下个预算年度还能出色地完成目标；同样如果管理者没有完成目标而没有惩罚，那么预算考评的严肃性和权威性就荡然无存，也就不利于激发各个利益相关方发挥自己的最大能力来实现预算。另一方面，预算考核也是对企业经营业绩的评价，是对预算准确性的一种评价，它是完善并优化预算管理系统的有效措施。只有不断地回顾、优化预算管理体系，才能更好地把握公司运营规律，做更加准确、可行的预算。

第四节 责任会计

全面预算中涉及的具体指标，若在实施预算的过程中就做到有效控制，则会提高预算执行效果。例如预算中的所有可控费用，按责任会计的要求转换为内控责任预算，并全部分解到各基层单位，为了避免会计核算与责任会计控制的重复工作，可将会计核算与责任会计核算采用一套账的核算办法，对公司的成本中心进行单独核算，并据以考核。这样，便找到了如何将全面预算落实到责任主体，并通过科学量化的核算方式进行考核的办法。

责任会计起源于19世纪末20世纪初的预算管理制度，成熟于20世纪40年代以后，是随着公司规模的扩张，管理层次增多、分支机构增多，并基于分权管理的需要，将企业内部按照可控责任划分为各个责任中心，然后为每个责任中心编制责任预算并按责任中心组织核算工作，最后通过预算与实际执行结果的比较分析来考核各个责任中心的业绩并兑现奖惩。所谓责任会计是指以各个责任中心为主体，以责、权、效、利相统一为基础而形成的评价和控制企业经营活动的信息系统。

责任会计的基本内容为责任会计制度的建立与实施，包括将企业内部单位划分为一定的责任中心、确定业绩评价方法、根据经济责任完成情况制定相应的奖惩制度编制责任预算、合理制定内部转移价格四部分内容。确定业绩评价办法与第7章业绩评价相结合，编制责任预算与全面预算编制相结合。

一、责任中心及其考核

凡是管理上可分、责任可辨、成绩可以单独考核的单位，都可以划分为责任中心，如公司、部门、车间、班组、机台。责任中心一般分为成本中心、利润中心和投资中心三大类。

(一) 成本中心及其考核

只发生成本费用而不取得收入的责任中心为成本中心(Cost Center)。责任成本不等于产品成本，责任成本以责任中心为对象归集成本，产品成本以产品为对象归集成本。

考核指标：成本(费用)变动额=实际责任成本(或费用)-预算责任成本(或费用)；

成本(费用)变动率=成本(或费用)变动额/预算责任成本(或费用)。

成本责任中心编制的报告分为三级即班组、车间和全厂，业绩报告一般包括三部分即实际数、预算数和差异数。因而，业绩报告的编制可与标准成本控制制度(详见第6章)结合使用。

(二) 利润中心及其考核

既发生成本又取得收入，还能计算利润的责任中心为利润中心(Profit Center)。在责任会计实践中，通常确定以下两种类型的利润中心：对外销售产品取得实际收入→自然利润中心(完全的自然利润中心为企业，不完全的自然利润中心为销售部门)；按包含利润的内部结算价取得的内部销售收入→人为利润中心(如车间)。

考核利润中心的指标主要是利润，但对不同范围的利润中心来说，其利润指标的表现形式也不相同。主要有目标利润完成百分比和超额完成利润数两个指标。对利润中心指标的确定必须合理。若指标过高，利润中心无力完成，就会挫伤其积极性；若指标过低，又不能保证企业利润目标的完成，就会影响整个企业的发展。

(三) 投资中心及其考核

既要发生成本又能取得收入获得利润，还有权决定投资的责任中心为投资中心(Investment Center)。投资中心在责任中心中处于最高层次，在组织形式上，投资中心一般都是独立的法人(企业、分公司、分厂)。

考核指标：投资利润率=息税前利润/平均总资产；剩余收益=利润-投资额×规定或预期的最低投资报酬率；经济增加值(Economic Value Added，简称 EVA，见第 7 章)。

二、内部转移价格

内部转移价格是指企业内部有关责任中心之间转移产品和相互提供劳务的结算价格。内部转移价格的制定原则为公平性、目标一致性、激励性。

内部转移价格的种类如图 5.3 所示。

内部转移价格
- 市场价格：按正常市场价销售费用定价比较实际
- 标准成本加成价格价格：与标准成本制度结合比较实际
- 协商价格：内部谈判
- 双重价格：半成品出售单位按协商价，购买单位按出售单位的变动成本计价

图 5.3 内部转移价格的种类

习　　题

一、单项选择题

1. 企业在一定期间内生产经营活动的全面预算，是企业经营决策所定目标的数量表现，也称为(　　)。

A. 销售预算　　B. 总预算

C. 生产预算　　D. 经营预算

2. 下列各项中，不属于零基预算法优点的是(　　)。

A. 编制工作量小

B. 不受现有预算的约束

C. 不受现有费用项目的限制

D. 能够调动各方节约费用的积极性

3. 一般来说，编制年度预算、制度公司战略与安排年度经营计划三者之间应当遵循的先后顺序的是(　　)。

A. 制定公司战略—安排年度经营计划—编制年度预算

B. 编制年度预算—制定公司战略—安排年度经营计划

C. 编制年度预算—安排年度经营计划—制定公司战略

D. 安排年度经营计划—编制年度预算—制定公司战略

4. 在销售预算的正表下，通常还附有预计的现金收入的计算，借以为编制(　　)提供必要的资料。

A. 生产预算
B. 现金预算
C. 预计损益表
D. 预计资产负债表

5. 某企业第二季度末产成品存货 90 件，第二季度预计销售量 700 件，期末存货占次季销售量的 10%，则第二季度的预计生产量为(　　)。

A. 700
B. 790
C. 720
D. 无法计算

6. 下列关于生产预算的表述中，错误的是(　　)。

A. 生产预算是一种业务预算

B. 生产预算不涉及实物量指标

C. 生产预算以销售预算为基础编制

D. 生产预算是直接材料预算的编制依据

7. 某企业年末直接材料存货为 250 千克，第四季度生产上需用 2 460 千克，预计的材料存货占次季生产需用量的 10%，则第四季度预计材料的采购量为(　　)。

A. 2 460 千克
B. 2 710 千克
C. 2 210 千克
D. 2 464 千克

8. 某企业制造费中油料费用与机器工时密切相关，预计预算期固定油料费用为 10 000 元，单位工时的变动油料费用为 10 元，预算期机器总工时为 3 000 小时，则预算期油料费用预算总额为(　　)元。

A. 10 000
B. 20 000
C. 30 000
D. 40 000

9. 下列各项中，不会对预计资产负债表中存货金额产生影响的是(　　)。

A. 生产预算
B. 材料采购预算
C. 销售费用预算
D. 单位产品成本预算

10. 在下列预算方法中，能够适应多种业务量水平并能克服固定预算方法缺点的是(　　)。

A. 弹性预算方法
B. 增量预算方法
C. 零基预算方法
D. 流动预算方法

11. 责任会计产生的直接原因是(　　)。

A. 行为科学的产生和发展
B. 运筹学的产生和发展
C. 分权管理
D. 跨国公司的产生

12. 下列责任中心层次最高的是(　　)。

A. 成本中心
B. 利润中心
C. 投资中心
D. 费用中心

二、多项选择题

1. 下列关于财务预算的表述中，正确的有(　　)。
   A. 财务预算多为长期预算
   B. 财务预算又被称作总预算
   C. 财务预算是全面预算体系的最后环节
   D. 财务预算主要包括现金预算和预计财务报表
2. 弹性预算的特点有(　　)。
   A. 按预算期内某一相关范围内的可预见的多种业务量水平确定不同的预算额
   B. 按成本的不同性态列示
   C. 对所有的预算支出以零为基底，从实际需要与可能出发
   D. 预算连续不断，始终保持一定期限
   E. 便于落实任务，区分责任
3. 下列各项中，属于业务预算的有(　　)。
   A. 资本支出预算　　B. 生产预算
   C. 管理费用预算　　D. 销售预算
4. 预算按其业务量是否可调整可分为(　　)。
   A. 固定预算　　B. 滚动预算
   C. 零基预算　　D. 弹性预算
5. (　　)是以生产预算为基础编制的。
   A. 销售预算　　B. 直接材料预算
   C. 直接人工预算　　D. 现金预算
   E. 预计资产负债表
6. 属于业务预算的项目有(　　)。
   A. 销售预算　　B. 直接材料预算
   C. 现金预算　　D. 管理费用预算
7. 现金预算包括(　　)。
   A. 现金收入　　B. 现金支出
   C. 现金的多余或不足　　D. 资金成本
   E. 资金的筹集与运用

三、计算题

1. 练习销售预算的编制

假定某公司计划期间 201×年第二季度甲产品各月份的销售量，根据销售预测分别为 1 000 件、1 200 件和 1 500 件，其销售单价均为 50 元。若该公司商品销售货款的收回按以下办法处理：当月收款 60%，下月收款 30%，第三个月收款 10%，又假定计划期间的期初应收账款余额为 22 000 元，其中包括本年度 2 月份销售的应收账款 4 000 元，3 月份销售的应收账款 18 000 元。

要求：

(1) 计算该公司本年度 2 月份、3 月份的销售总额各为多少？

(2) 编制该公司计划期间第二季度的分月销售预算以及第二季度的预计现金收入计算表(表 5-15、表 5-16)。

表 5-15　销售预算表

月　　份	4	5	6	第二季度合计
预计销售量(件)				
预计单价(元/件)				
销售收入(元)				

表 5-16　现金收入预算表

月　　份	4	5	6
销售收入			
期初应收账款			
4 月份经营现金收入			
5 月份经营现金收入			
6 月份经营现金收入			
经营现金收入合计			

2. 练习生产预算和直接人工预算的编制方法

某公司生产制造乙产品，经调查，201×年 1、2、3、4 四个月的销售量预计为 4 000 件、4 500 件、6 000 件和 5 500 件。该公司年初甲产品存货为 800 件，期末产成品存货量按下月预计销售量的 40%计算。若该公司生产的产品只需一个工种，该工种的小时工资率为 5 元，单位产品定额工时为 4 小时。

要求：根据上述资料，编制 201×年第一季度的生产预算和直接人工预算(表 5-17、表 5-18)。

表 5-17　生产预算表

月　　份	1	2	3	第一季度合计
预计销售量				
加：预计期末存货量				
减：期初存货量				
预计生产量				

表 5-18　直接人工预算表

月　　份	1	2	3	第一季度合计
预计生产量				
单位产品工时				
需要总工时数				
单位工时工资率				
直接人工成本				

3. 某公司生产丙产品，耗用一种A材料，单位产品的材料耗用量为10千克，每千克单位成本为6元，每季末的材料存货量为下季度生产需用量的20%，年初的材料存货量为500千克，预计201×年第一季度生产用量为4 500千克，计划每季材料采购款的60%在当季付款，其余40%在下季付款，年初应付材料账款为4 000元。另外，预计丙产品201×年四个季度的生产量分别为300件、420件、620件和770件。

要求：根据上述资料编制该公司201×年直接材料采购预算及采购现金支出预算(表5-19、表5-20)。

表5-19　直接材料采购预算表

季　度	1	2	3	4	全年
材料采购单价					
丙产品生产量					
材料总耗用量					
加：期末材料存量					
减：期初材料存量					
本期采购量					
材料采购成本					

表5-20　材料采购现金支出预算表

季　度	1	2	3	4	全年
预计采购金额合计					
期初应付账款 第1季度采购现金支出 第2季度采购现金支出 第3季度采购现金支出 第4季度采购现金支出					
现金支出合计					

四、案例分析题

卡啦公司的预算编制

卡啦公司为一家全国性的零售商。该公司获得一项新型打火机的独家经销权。过去数年间，此项打火机的销路急剧上升，故卡啦公司不得不增聘管理人员。假定你被卡啦公司聘用，负责有关预算制度的推行。公司总经理交付你的第一项任务是要编制一份从4月1日起的3个月的总预算。由于你非常希望能做好该项工作，你先收集了如下各项资料。

公司对于每月的期末现金额希望至少能保持10 000元。该项打火机的售价将为每只10元。最近数月以及与此今后数月的打火机销售量见表5-21所示。

表 5-21　打火机销售量

单位：只

月　　份	实际销售量
1	40 000
2	48 000
3	56 000
4	70 000
5	90 000
6	120 000
7	80 000
8	72 000
9	64 000

各月份的期末存货应为下个月销售量的 80%。该项打火机的进价成本为每只 6 元。

该公司进货付款方法为进货当月付款 60%，其余的 40%于下月付清。该公司的销货为赊销，无折扣。销售当月底前能收到货款 30%，次月收到 50%，再次 1 个月收到其余的 20%。坏账极少，可以不计。

表 5-22 为该公司每月的营业费用。

表 5-22　该公司每月的营业费用

单位：元

变 动 费 用	2 元/只
固定费用	
工资	56 000
水电	2 000
保险费	2 400
折旧	3 000
其他	4 000

在上述各项营业费用中，除折旧及保险费外，均需与费用发生的当月以现金付清。该公司预计 5 月份将需购置固定资产 30 000 元，以现金支付。该公司预计每季度预交所得税为 25 000 元，于下季度第一个月上缴。该公司 3 月 31 日的资产负债表见表 5-23。

表 5-23　资产负债表

201×年 3 月 31 日　　单位：元

资 产 金 额		负债及所有者权益金额	
现金	14 000	应付账款	134 400
应收账款(2 月份销售 480 000 元，3 月份销售 560 000 元)	488 000	应交税费	25 000
		负债合计	159 400
存货(打火机 56 000 只)	336 000	实收资本	600 000
预付保险费	7 200	未分配利润	113 000
固定资产(减折旧)	27 200	所有者权益合计	713 000
资产合计	872 400	负债及所有者权益合计	872 400

该公司可向其往来的公司借款。年利率为10%。该公司月初借款，月底还款。利息计算及付息都在还本时一并处理。借款和还本都以1 000为单位。

要求：

编制该公司6月30日为止3个月的总预算，并应包括下列各分项预算。

(1) 按月及全季度合计的销货预算；销货及应收账款的分月及全季现金收账预算表；按月及全季度合计的进货预算；按月及全季度总额的进货现金支出预算表。

(2) 编制一份现金预算，列明分月预算及全季度预算。

(3) 编制该公司该季度的预计利润表。

(4) 编制该公司6月30日的预计资产负债表。

五、实验题

运用Excel设计本章第二节全面预算实例的预算编制模型。

要求：

(1) 充分运用单元格的动态链接功能。

(2) 能够对收款率、付款率、存货率等指标进行动态调节，使模型变为适应性更强的预算编制模型。

第六章 成 本 控 制

学习导航

成本控制是古老而又现代的管理方法，本章基于成本管理方法的演进重点阐述了环境变迁中的成本控制。

学习目标

通过本章学习，要求深入理解各种成本控制方法和成本管理方法的历史承续关系，从而掌握各种成本管理方法在不同环境中的应用。

导入案例

美国电话电报公司(AT&T)是美国最大的本地和长途电话公司，创建于 1877 年，曾长期垄断美国长途和本地电话市场。AT&T 公司之所以能够保持如此长久的竞争力，除了它所拥有的员工、技术、品牌、知名度和财务资源之外，AT&T 公司上至高层执行官下至地方办事处的经理，都必须十分清楚他们的客户和成本，这已经成为所有成功企业的共识。

以 AT&T 公司的商务通信服务部门(BCS)为例。BCS 部门主要负责国内和国际声音和数据通信服务，其年收入多达 160 亿美元。为了保持该部门的竞争优势，管理者从 20 世纪 90 年代中期开始采用一项新的成本核算系统。开单中心就受益于这个新的成本核算系统。BCS 部门计算了检查错误账单作业的成本，这项原先未知的高成本引起了管理层的注意，管理者开始努力降低这一成本，最终每年节省了大约 50 万美元。可见，不仅仅是对会计师，对所有生产管理者而言，这项新的成本系统都是十分有效的管理工具。

小看板

作业成本法从根本上解决了传统成本法的缺陷，提高了产品与其实际消耗费用的相关性，便于划清责任。那么作业成本法是如何完成这些的呢？通过本章的学习，可以了解作业成本法的基本原理，结合传统的成本核算方法，了解它们在成本控制中是如何发挥作用的。

企业生产的主要目的是获取最大的利润，而降低成本是提高利润的主要途径之一，为此企业必须进行适当的成本控制和管理。成本控制就是指在成本形成过程中，按照标准或预算确定的成本目标，对企业产品成本的总水平、各种产品的成本以及每一种产品的成本构成要素进行分析对比，从中找出执行过程中脱离预算的差异，并对差异的形成原因进行因素分析，及时采取措施，纠正脱离标准或预算的差异，保证成本预算目标的实现。

成本信息在企业管理决策中主要有三个方面的作用：第一，用成本信息来决定是否生产某种产品；第二，为制定价格建立成本基础；第三，明确改进成本、工序设计及生产经营的坑内省或必要性。因此，成本控制对于企业的生存发展意义重大，企业必须设计合理的内部成本管理机制以实现良好的成本控制目标。

第一节　传统成本管理方法

成本管理是成本管理者对成本的发生和形成过程以及影响成本的各种因素和条件施加主动的影响，在保证产品或服务充分满足顾客需要的情况下，剔除不必要不合理的支出项目或压缩重要支出项目的支出额度，以实现成本最小化的管理行为。随着企业管理的发展，人们逐渐发明了与企业管理相适应的成本管理方法，主要有目标成本法、标准成本法等。

一、目标成本法与应用

目标成本法是企业在一定时期内为保证实现目标利润而规定的成本控制目标。最初由日本本田公司在 20 世纪 60 年代首创，此后该方法被日本企业广泛应用，从而大大增强了日本企业的国际竞争力，它是日本企业在国内市场日趋饱和、市场竞争异常激烈的情况下采取低成本战略的成本管理制度。从20世纪90年代开始，目标成本法开始进入欧美企业，并通过英文专业杂志和教科书被介绍到全世界。1995年之后，我国学术界和实务界开始关注目标成本法，并在实践中加以运用。

(一) 目标成本法的概念

目标成本法是一种以市场导向，对有独立的制造过程的产品进行利润计划和成本管理的方法。目标成本法是以目标成本作为管理对象，是目标管理的一种具体形式，是企业目标管理的重要内容。它具体指企业在生产经营活动中，把成本目标从企业目标体系中抽取和突出出来，围绕成本的降低来开展各种成本经营活动和其他相关管理工作，用它来指导、规划和控制成本的发生和费用的支出，借以达到提高经济效益的目的。目标成本法是一种有效降低成本、提高盈利的手段，是一种科学的现代成本管理方法。

(二) 目标成本法的基本原理

在市场经济环境下，企业是市场的主体，其一切生产经营活动都要以市场为导向，企业成本管理也不例外。除垄断、价格管制等特殊情况外，在市场经济条件下，多数产品的价格由市场决定，企业的成本只有经受住市场的检验，并且低于市场价格，成本所代表的效率才能转化为效益；否则，成本只能是企业的一种损失。因此，企业为了全面提高经济效益，就必须将成本建立在市场的基础上，以市场为导向确定成本。因此，企业应该以竞争性的市场价格为基础，根据企业的目标利润，确定产品应达到的目标成本，以此对产品成本水平主动提出事先控制要求。如果用公式表示，这种思维的转变就是从“产品销售价格=产品成本+计划利润”转变为“目标成本=竞争性市场价格-目标利润”。从表面上看，这种思维的转变似乎只是数学公式的恒等变换，没有什么不同之处。但是，其实质却是企业成本管理思维的重大转变。“目标成本=竞争性市场价格-目标利润”体现了成本确定的市场化。这就是成本管理市场化的逻辑起点，也是目标成本法的精髓。

(三) 目标成本法的应用条件

一般来说，在下列情况下应用目标成本法会更可行，也更容易取得良好的效果。

(1) 所生产产品的价格由市场决定，企业左右产品价格的能力很低。

(2) 相对来说，企业对成本的操作空间较大，特别是通过采用新技术降低成本的潜力较大。

(3) 产品处于研究开发和设计阶段。这是因为产品成本在产品研究开发和设计阶段，大部分已经被锁定，生产阶段的产品成本的调控能力相对较小。成本计划和控制重点应该在产品的研究开发和设计阶段而不是在产品的生产阶段。生产阶段的成本计划和控制在日本称为“改善成本”。

(4) 目标成本计算一般适用于制造业，而且以大量可选用技术的存在为前提。

(四) 目标成本法的实施步骤

目标成本法的应用步骤如图6.1所示。

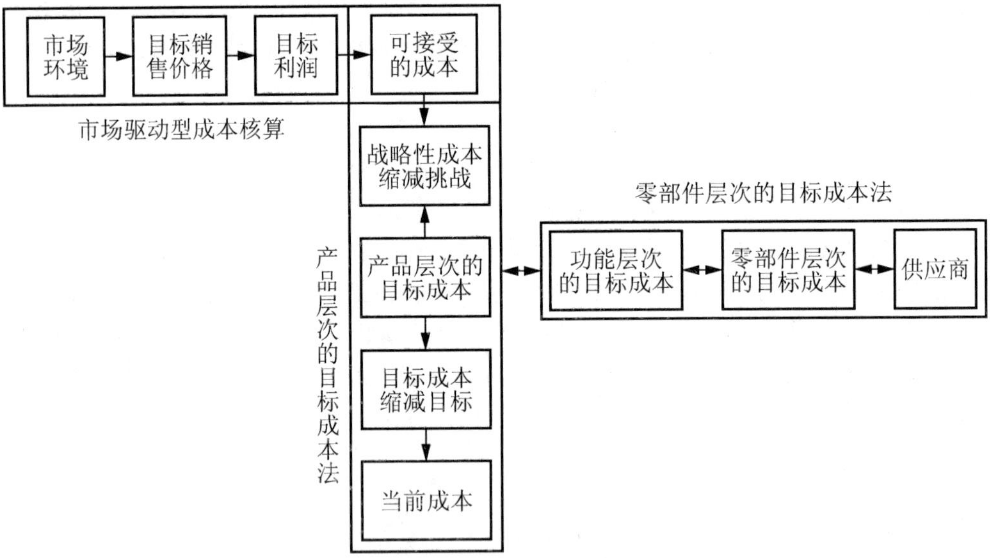

图 6.1　目标成本法实施步骤示意图

具体解释如下：

(1) 确定市场价格。一般来说，企业产品的价格是由市场决定的，但由于产品价格不可能一成不变，因此，企业应进行市场研究以及对竞争对手进行分析，最终确定企业产品价格。

(2) 确定目标利润(期望利润)。目标利润的确定一方面要同企业发展战略和中长期目标相结合，另一方面要考虑到投资报酬、风险水平等因素。企业在具体确定目标利润时，可参考本行业中与企业生产经营条件相当，经营效果较好的企业的利润水平，充分考虑企业的具体情况后研究制定，也可以使用投资报酬率或销售利润率等指标来测算。

(3) 计算目标成本。用市场价格减目标利润计算目标成本，使用该公式获得的成本有时也叫可接受成本，这一过程也叫市场推动型成本核算。这个阶段获得的目标成本同企业通用成本之间往往有一定的差距，而且，通常是前者比后者低。

(4) 运用价值工程等方法鉴别并降低成本。在上一步中，如果发现目标成本低于企业通用成本，企业就需要采取措施仔细研究各成本支出项目，考虑可采取的降低成本的有效方法，并组织力量实施相应的成本控制措施以降低成本，达到目标成本水平。消除目标成本与现行成本之间差额的方法有价值工程、逆向拆装工程、对优秀实践的标杆法等。

(5) 运用改善成本制和经营控制进一步降低成本。在生产阶段，价值工程和改进设计已无法发挥作用，只有应用新的管理控制技术来降低成本，如采用改善成本制、全面质量管理等方法来降低产品成本。

(五) 目标成本法的应用

1. 目标成本的应用程序

(1) 目标成本的预测。目标成本法的核心工作是制定目标成本，目标成本的预测是企业实行成本目标管理的中心环节，这是目标成本法的精髓。预测的具体方法有以下两种：

① 利润-成本预测分析法。目标总成本=预计销售收入-应交税金-目标利润。

② 本量利预测分析法。目标总成本=(预计销售量×预计销售价格)×(1-税率)-目标利润。

(2) 目标成本的分解和落实。目标成本的分解是指设立的目标成本通过可行性分析后，将其自上而下按照企业的组织结构逐级分解，落实到成本责任中心。其分解方法主要有以下两种：

① 按管理层次分解，将目标成本按总厂、分厂、车间、班组、个人进行分解。

② 按产品设计、生产制造、产品销售过程分解成本，形成每一过程的目标成本。

分解后，就要对各部门和个人的成本指标加以责任化，并使这种责任明确化、具体化、利益化，增强他们的责任感，来促进各部门努力完成成本指标，最终达成成本总目标的实现。

(3) 目标成本执行情况考核。目标成本执行情况考核可用按月考核、累计计算的方法。成本指标一旦确定下来，一般在一定时期内就不再轻易变动，而在实际生产活动中，每个月的成本不可能是均等的。在采用按月考核时，不考虑客观因素的变动，而把累计的完成情况作为目标考核的主要依据，既便于操作又比较合理。

2. 目标成本的应用举例

A 公司是一家生产多媒体音箱的美资企业，占有全球 35%的市场份额，主要生产 12 喇叭电脑音箱、10 喇叭电脑音箱、5 喇叭电脑音箱等三个系列产品，2014 年销售额分别为 2 178 万美元(6 200 台)、5 421 万美元(18 000 台)、3 719 万美元(14 000 台)，合计 11 318 万美元。由于市场竞争日趋激烈，估计 2014 年上述音箱市场价格会下跌 25%，在销售量不变的前提下，2014 年上述音箱的销售额分别为 1 633 万美元(6 200 台)、4 066 万美元(18 000 台)、2 789 万美元(14 000 台)，合计 8 488 万美元。

A 公司经董事会决定，在全公司实行目标成本制，努力降低成本，确保 2015 年利润总额不低于 2014 年(2014 年利润额为 964 万美元)，2015 年目标利润定为 978 万美元。

(1) A 公司 2015 年目标成本的预测如下。

2015 年目标成本=8 488 万美元-978 万美元=7 510 万美元

为将成本控制在该目标之内，2015 年生产成本(直接材料、直接人工、制造费用)要比 2014 年降低 30%，期间费用(管理费用、销售费用、财务费用)要比 2013 年降低 10%。即，2015 年上述六项成本费用目标值为直接材料 4 341 万美元(2014 年为 6 202 万美元)、直接人工 643 万美元(2014 年为 918 万美元)、制造费用 1 346 万美元(2013 年为 1 923 万美元)、管理费用 994 万美元(2014 年为 1 105 万美元)、销售费用 64 万美元(2014 年为 71 万美元)、财务费用 122 万美元(2014 年为 135 万美元)。

(2) A 公司 2015 年目标成本的分解如下。

A 公司 2014 年直接材料成本为 6 202 万美元，其中 12 喇叭电脑音箱为 1 193 万美元、10 喇叭电脑音箱为 2 971 万美元、5 喇叭电脑音箱为 2 038 万美元。2014 年生产的产品种类与 2014 年相同，并且产销量相同，则按 30%比例降低后，2015 年直接材料成本为 4 341 万美元，其中 12 喇叭电脑音箱为 835 万美元、10 喇叭电脑音箱为 2 080 万美元、5 喇叭电脑音箱为 1 426 万美元。这样就确定了此三款音箱各自的材料总目标成本。然后在此基础上，根据此三款音箱各自的物料构成分解成各种具体的材料(产品开发部可以提供产品物料构成表)，然后参照2013年的材料成本，总体上减少30%后即可确定2014年各种材料的目标成本。我们的做法是，并非每种材料成本都要在2013年的基础上减少30%，只要总体上达到此减幅即可。因为构成同一产品的各种材料是从不同的供应商采购的，必然有的材料的降价空间大，有的材料的降价空间小。在总目标不变的前提下，不同材料的降价幅度可由采购部门自行掌握，这符合责权利相结合的原则，可以调动采购部门完成材料目标成本的积极性和创造性。采购部门必须千方百计将材料采购成本控制在目标之内。

A公司2014年直接人工总目标成本也是在2014年的基础上减少30%，即由2014年的918万美元减少到2015年的643万美元。相应地，12喇叭电脑音箱、10喇叭电脑音箱、5喇叭电脑音箱的直接人工成本应分别由2014年的177万美元、440万美元、301万美元减少到2015年的124万美元、308万美元、211万美元。(为举例方便，假设上述三款音箱2015年与2014年的产销量相同)。

A公司2014年制造费用总额为1 923万美元，其中，制造工程部为391万美元、喇叭生产车间为460万美元、音箱生产车间为1 073万美元。2015年制造费用拟在2014年的基础上下降30%，即2015年制造费用目标总额为1 346万美元，其中，制造工程部为274万美元、喇叭生产车间为322万美元、音箱生产车间为750万美元。在保证实现制造费用目标总额的前提下，上述三个部门有权将各自的制造费用总目标分解给班组和个人，形成班组和个人的目标和责任，并提出保障目标实现的措施。

A公司的期间费用有销售费用、管理费用、财务费用三种。期间费用在日常核算中是按部门归集的，归集的原则是哪个部门受益，费用就归集到哪个部门，对于不能直接分清受益对象的费用或者由多个部门共同受益的费用，则归集到有权控制该项费用的部门。依此原则，同理对2015年期间费用的目标进行分解。

(3) A公司2015年目标成本的落实如下。

下面以直接人工目标成本为例来说明如何落实目标成本。为完成直接人工目标成本，A公司组织人力资源部将生产工人每小时工资由2014年的US$5.25元调减为2015年的US$4.98元(即目标工资率)；同时尽量采用自动化作业，尽量消除非增值作业，减少人工作业和减少加班，使12喇叭电脑音箱、10喇叭电脑音箱、5喇叭电脑音箱的单位产品生产工时分别由2014年的54.26小时、46.52小时、41.03小时减少为2015年的40.04小时、34.33小时、30.28小时(即目标工时)。然后将此目标工时落实给生产部门，生产部门又将此目标工时分解到产品制造的每一道工序和每一个车间，车间又将目标分解给班组和个人。实际执行结果是直接人工降低总额为275万美元，实现了目标成本。

二、标准成本控制系统与应用

标准成本控制系统即标准成本制度，也称标准成本会计，是指围绕标准成本的相关指标而设计的，将成本的前馈控制、反馈控制及核算功能有机结合而形成的一种成本控制系统。它具有事前估算成本，事中及事后计算与分析成本并揭露矛盾的功能。

标准成本控制系统最初产生于20世纪20年代的美国，随着其内容的不断发展和完善，被西方国家广为采用，成为管理会计的日常成本管理中应用得最为普遍和最为有效的一种控制手段。

标准成本控制系统包括标准成本的制定和成本差异的计算与分析等内容。其中，标准成本的制定与成本的前馈控制相联系，成本差异的计算分析与成本的反馈控制相联系。

（一）标准成本概述

1. 标准成本的概念

所谓标准成本，是指根据已达到的生产技术水平，在有效经营条件下应当发生的成本，是一种预定的目标成本。以标准成本为基础，把实际发生的成本与标准成本进行对比，揭示成本差异，使差异成为向人们发出的一种“信号”，以此为线索进行分析、研究，企业便可以进一步查明差异形成的原因和责任，并据以采取相应的措施，发扬优点，克服缺点，实现对成本的有效控制，期末还可以通过一定的方法将标准成本和成本差异结合起来，确定产品的实际成本。

“标准成本”一词在实际工作中有两种含义。一种是指单位产品的标准，它是根据单位产品的标准消耗量和标准单价计算出来的，准确地说应该称为“成本标准”。其计算公式为

成本标准=单位产品标准消耗量×标准单价

另一种是指实际产量的标准成本，是根据实际产品产量和单位产品标准成本计算出来的。其计算公式为

标准成本=实际产量×单位产品标准成本

2. 标准成本的种类

从理论上看，在制定标准成本过程中，可供选择的标准成本包括理想标准成本、正常标准成本和现实标准成本三种类型：

(1) 理想标准成本。它是指以现有技术设备处于最佳状态，经营管理没有任何差错为前提所确定的标准成本。由于这种标准成本是在假定没有材料浪费、设备不发生事故、产品无废品、工时全有效的基础上制定的，以至于在实际工作中很难达到，所以它不适合被选为现行标准成本，否则将挫伤经营者的积极性。

(2) 正常标准成本。它是指企业在过去一段时期内实际成本平均值的基础上，剔除其中生产经营活动中的不正常因素，并考虑未来的变动趋势而制定的标准成本。这种标准成本实质上是企业在生产经营能力得到正常发挥条件下就可以实现的成本目标。由于它的水平偏低，也不宜作为企业未来成本控制的奋斗目标。

(3) 现实标准成本。又称期望可达到的标准成本。它是指根据企业近期最可能发生的生产要素耗用量、生产要素价格和生产经营能力利用程度而制定的，通过有效的经营管理活动应达到的标准成本。这种成本从企业实际出发，考虑到企业一时还不能完全避免成本的损失，具有一定可操作性；同时又能对改进本来成本的管理提出合理要求。它是一种既先进又合理，最切实可行又接近实际的，经过努力可以实现的成本目标。因此，它是企业在制定标准成本时首选的标准成本。

3. 标准成本的作业

基于传统财务会计的规定及税务法规的考量，一般企业均使用实际成本作为盈亏衡量的依据。标准成本虽不能直接作为产品成本的评价基础，却可作为管理当局内部决策的参考依据。标准成本制度的建立主要有以下作用：

(1) 标准成本是一种预计成本，方便企业编制预算。

(2) 标准成本可以有效地控制成本支出。标准成本制度有利于管理者集中精力抓主要问题，提高管理效率，加强成本控制。

(3) 标准成本使得原材料、在产品、产成品和产品销售成本，在日常账务处理中均按标准成本入账，大大简化了成本核算的工作量。

(4) 标准成本有助于责任会计制度的实施，差异分析是责任中心业绩评价的基础。

(二) 标准成本的制定

产品成本主要是由直接材料、直接工资、制造费用等成本项目构成，所以，应按照不同成本项目的性态区分变动成本和固定成本，分别为它们制定标准成本。

1. 直接材料标准成本的制定

直接材料成本是指为生产产品而发生并能直接归属于产品成本的各种主要原材料和燃料动力的成本。直接材料标准成本是指单位产品应耗用直接材料的成本目标，它是由直接材料价格标准和直接材料用量标准两个因素决定的。

直接材料的价格标准是指以订货合同价格为基础，并考虑到未来可能发生的变动而确定的计划价格。直接材料价格标准通常是由财务部门会同采购部门按材料的品种分别制定的。

直接材料的用量标准是指单位产品耗用原料及主要材料的数量，通常也称为材料消耗定额。直接材料用量标准的确定，应由企业的设计技术部门主持，并尽量吸收执行标准的生产部门和个人参加，充分考虑产品的设计、生产和工作的现状，结合企业的经营管理水平的实际情况和降低成本任务的具体要求，考虑材料在使用过程中发生的必要损耗，并按照产品的零部件来制定各种原料及主要材料的消耗定额。

各种直接材料的价格标准和用量标准制定以后，就可利用下列公式直接计算出单位产品耗用直接材料的标准成本。

$$\begin{matrix}\text{某单位产品的直}\\\text{接材料标准成本}\end{matrix}=\sum\begin{pmatrix}\text{某种直接材}\\\text{料价格标准}\end{pmatrix}\times\begin{matrix}\text{该种直接材}\\\text{料用量标准}\end{matrix}$$

2. 直接人工标准成本的制定

直接人工成本是指为生产产品而发生并能直接归属于产品成本的直接生产工人的工资及附加(福利费等)。直接人工标准成本是指单位产品应耗用直接人工的成本目标。

采用不同工资制度的企业，影响直接人工标准成本的因素也不同。在采用计件工资形式的企业中，直接人工标准成本直接表现为计件工资单价；在采用计时工资形式的企业中，直接人工标准成本是由工资率标准和直接人工工时用量标准两个因素决定的。本书主要介绍采用计时工资形式的企业直接工资标准成本的制定。

工资率标准是指生产工人每消耗一个标准工时应分配的工资成本，又称为小时工资率标准。其计算公式为

$$\text{工资率标准}=\frac{\text{预计直接人工工资总额}}{\text{标准工时总数}}$$

上式中的标准工时总数等于企业在充分利用现有生产能力的条件下，单位产品工时消耗定额与可能达到的最大产量的乘积。直接人工工时用量标准是指单位产品应发生的标准

工时，也称单位产品工时消耗定额。它是指企业在现有生产条件下，并且考虑到提高劳动生产率的要求，生产单位产品所需耗用的直接生产工人工时数，其中包括工人必要的休息和生理上所需时间以及机器设备的停工清理时间、不可避免的废品所用的时间等。

确定了单位产品的小时工资率标准和工时标准后，就可按照下列公式计算出单位产品的直接工资标准成本。

$$\text{单位产品直接人工标准成本}=\text{工资率标准}\times\text{直接人工工时用量标准}$$

3. 变动性制造费用标准成本的制定

变动性制造费用是指随业务量成正比例变动的那部分间接生产成本，变动性制造费用的标准成本是由变动性制造费用的分配率标准和工时用量标准两个因素决定的。

变动性制造费用的分配率标准是指每消耗一标准工时应发生的变动性制造费用。其计算公式为

$$\text{变动性制造费用分配率标准}=\frac{\text{变动性制造费用预算总额}}{\text{标准工时总数}}$$

上式中的标准工时总数可以分别用直接人工工时或机器台时总量来表示，按照依据的业务量基础的不同又分为最大产量标准工时总数和预算产量标准工时总数两种形式。

最大产量标准工时总数等于企业在充分利用现有生产能力的条件下单位产品工时消耗定额与可能达到的最大产量的乘积。它与上式中的标准工时总数口径完全相同。

预算产量标准工时总数等于企业在按照预算产量组织生产过程中单位产品工时消耗定额与预算产量的乘积。

为简化变动性制造费用工时用量标准的制定工作，变动性制造费用的工时用量标准可以直接沿用直接人工工时的用量标准。

确定了分配率标准和工时用量标准后，就可按照下列公式计算出单位产品的变动性制造费用标准成本。

$$\text{单位产品变动性制造费用的标准成本}=\text{变动性制造费用分配率标准}\times\text{工时用量标准}$$

4. 固定性制造费用标准成本的制定

固定性制造费用主要是指间接生产成本中那些不随产品产量变化的厂房设备的折旧费、维修费、租赁费等费用。它通常根据事先编制的固定预算来控制其费用总额。

在变动成本法下，固定性制造费用属于期间费用，直接计入当期损益表，作为本期收入的扣除项目，不必在各种产品间进行分配，因而不包括在单位的标准成本中。在这种情况下，制定固定性制造费用的标准成本可采取两种方法：第一种方法与确定变动性制造费用标准成本的过程相类似，即分别确定固定性制造费用的分配率标准和工时用量标准，然后计算两者的乘积；第二种方式是直接按固定性制造费用预算额除以预算产量。

(三) 成本差异的计算及其分析

成本差异是指实际成本同标准成本之间的差额，也称标准差异。其中，实际成本低于标准成本所形成的差额为顺差，是有利差异；实际成本高于标准成本所形成的差额为逆差，

是不利差异。计算分析成本差异的目的是为了查明差异的产生原因，有针对性地制定调整和消除差异的措施，以进一步加强成本管理，降低产品成本，提高经济效益。事实上，对成本差异进行计算与分析，也是标准成本制度的重要内容和基本特征。

成本差异按成本的构成，可以分为直接材料成本差异、直接人工成本差异和制造费用差异。制造费用差异按其形成的原因和分析方法的不同，又可分为变动制造费用差异和固定制造费用差异两部分。直接材料成本差异、直接人工成本差异和变动制造费用差异都属于变动成本，决定变动成本数额的因素是价格和耗用数量。所以，直接材料成本差异、直接人工成本差异和变动制造费用差异按其形成原因，可分为价格差异和数量差异。固定制造费用是固定成本，不随业务量的变动而变动，其差异不能简单地按价格因素和耗用数量因素来分类。固定制造费用差异可分为支出差异、生产能力利用差异和效益差异。

1. 直接材料成本差异的计算与分析

直接材料成本差异是指在实际产量下直接材料实际总成本与其标准总成本之间的差额。其计算公式为

$$\begin{matrix}\text{直接材料}\\\text{成本差异}\end{matrix}=\begin{matrix}\text{实际产量下的直}\\\text{接材料实际成本}\end{matrix}-\begin{matrix}\text{实际产量下的直}\\\text{接材料标准成本}\end{matrix}$$

$$\text{直接材料成本差异}=\text{直接材料价格差异}+\text{直接材料用量差异}$$

其中，

$$\begin{matrix}\text{直接材料}\\\text{价格差异}\end{matrix}=\left(\begin{matrix}\text{直接材料}\\\text{实际价格}\end{matrix}-\begin{matrix}\text{直接材料}\\\text{标准价格}\end{matrix}\right)\times\begin{matrix}\text{实际产量下直接}\\\text{材料实际耗用量}\end{matrix}$$

$$\begin{matrix}\text{直接材料}\\\text{用量差异}\end{matrix}=\begin{matrix}\text{直接材料}\\\text{标准价格}\end{matrix}\times\left(\begin{matrix}\text{实际产量下直接}\\\text{材料实际耗用量}\end{matrix}-\begin{matrix}\text{实际产量下直接}\\\text{材料标准耗用量}\end{matrix}\right)$$

【例 6-1】 雷迪公司生产甲产品需使用一种直接材料 M，M 材料的标准价格为 3 元/千克，单位甲产品对 M 材料的标准耗用量为 1 400 千克，实际耗用量为 1 500 千克。M 材料的实际价格为 3.20 元/千克。对 M 材料的成本差异分析如下：

材料价格差异=1 500×(3.20−3)=300(元)

材料用量差异=(1 500−1 400)×3=300(元)

材料成本差异=300+300=600(元)

材料的价格差异、用量差异和成本总差异都是不利差异。

从上例可以看出，材料价格方面的原因使材料成本升高了 300 元，材料用量的原因使材料成本上升了 300 元。计算出直接材料的各种成本差异之后，还必须结合企业实况逐项分析形成这些差异的具体原因。影响直接材料价格差异的因素包括市场环境、价格变动状况、材料采购方式、运输批量和运输方式、可利用的数量折扣、紧急交货、材料供应者的选择等。影响材料耗用量差异的因素大致包括工人的技术熟练程度和责任感、加工设备的完好程度、产品质量控制制度、材料的质量和规格、材料的安全保管工作等。找出并分析造成差异的原因是进行有效控制的基础。

2. 直接人工成本差异的计算与分析

直接人工成本差异是指在实际产量下直接人工实际总成本与其标准总成本的差额。其

计算公式为

$$直接人工成本差异=直接人工实际成本-直接人工标准成本$$

$$直接人工成本差异=直接人工工资率差异+直接人工效率差异$$

其中

$$工资率差异=(实际工资率-标准工资率)\times\begin{matrix}实际产量下的\\实际人工工时\end{matrix}$$

$$人工效率差异=标准工资率\times\left(\begin{matrix}实际产量下的\\实际人工工时\end{matrix}-\begin{matrix}实际产量下的\\标准人工工时\end{matrix}\right)$$

直接人工工资率差异也称直接人工价格差异，类似材料价格差异；直接人工效率差异类似于材料用量差异。因此，直接人工成本差异的分析方法类似于材料成本差异的分析方法。

【例 6-2】雷迪公司加工甲产品本月实际耗用人工 620 工时，实际工资总额为 1 116 元，平均每工时 1.8 元。标准工资率为 2 元/小时，标准工时为 510 工时，则直接人工成本差异计算如下。

直接人工工资率差异=(1.8-2)×620=−124(元)

直接人工效率差异=(620−510)×2=220(元)

直接人工成本差异=220+(−124)=96(元)

直接人工效率差异为不利差异，工资率差异为有利差异，总成本差异为不利差异。

同样，从上例中可以看出，由于实际工资率低于标准工资率造成直接人工成本降低 124 元，由于实际耗用工时超过标准工时产生直接人工效率差异 220 元。影响工资率差异的主要因素有总体工资水平、由于不同工资等级的存在而形成的工资结构等。影响效率差异的因素主要有工人的劳动生产率、加工设备的完好程度、动力供应情况、材料、半成品供应保证程度、材质、规格等。企业在找出差异的同时还要分析产生差异的具体原因，分清不同的责任部门，才能采取有效的控制措施。

3. 变动制造费用成本差异的计算与分析

变动制造费用差异是变动制造费用实际发生额同标准发生额之间的差异。

变动制造费用成本差异=实际变动制造费用-标准变动制造费用

$$\begin{matrix}变动制造\\费用成本差异\end{matrix}=\begin{matrix}变动制造费用\\分配率差异\end{matrix}+\begin{matrix}变动制造费用\\效率差异\end{matrix}$$

$$\begin{matrix}变动制造\\分配率差异\end{matrix}=实际工时\times\left(\begin{matrix}变动制造费用\\实际分配率\end{matrix}-\begin{matrix}变动制造费用\\标准分配率\end{matrix}\right)$$

$$\begin{matrix}变动性制造\\费用效率差异\end{matrix}=\begin{matrix}变动制造费用\\标准分配率\end{matrix}\times(实际工时-标准工时)$$

变动制造费用分配率差异类似于材料价格差异和直接人工工资率差异，变动制造费用效率差异类似于材料用量差异和直接人工效率差异。

【例 6-3】 雷迪公司生产甲产品，本月实际耗用人工工时 13 000 小时，实际发生变动制造费用 14 300 元，变动制造费用实际分配率为每直接人工工时 1.1 元。变动制造费用标准分配率为 1.0 元，标准耗用人工工时 12 500 元，则变动制造费用差异分析如下。

变动性制造费用分配率差异=13 000×(1.1−1.0)=1 300(元)

变动性制造费用效率差异=(13 000−12 500)×1.0=500(元)

变动性制造费用成本总差异=500+1300=1 800(元)

由上面的计算可以看出，该公司的直接人工分配率差异、效率差异和成本的总差异都是不利差异。

由于变动制造费用是由许多明细项目组成的，并且与一定的生产水平相联系，因而仅通过上例中的差异计算来反映变动制造费用差异总额，并不能达到日常控制与考核的要求。因此，实际工作中通常根据变动制造费用各明细项目的弹性预算与实际发生数进行对比分析，并相应采取必要的控制措施。

4. 固定制造费用成本差异的计算与分析

固定制造费用成本差异是指在实际产量下固定制造费用实际发生额与其标准发生额之间的差额。其计算公式为

$$\begin{matrix}\text{固定制造}\\\text{费用成本差异}\end{matrix}=\begin{matrix}\text{实际产量下实际}\\\text{固定制造费用}\end{matrix}-\begin{matrix}\text{实际产量卜标准}\\\text{固定制造费用}\end{matrix}$$

与变动制造费用不同，在一定相关范围内，固定制造费用不会随业务量的变化而变化。因此，固定制造费用成本差异不能简单地分为价格差异和数量差异两种类型。根据固定制造费用不随业务量的变动而变动的特点，为了计算固定制造费用标准分配率，必须设定一个预算工时，实际工时与预算工时之间的差异造成的固定制造费用差异叫做固定制造费用生产能力利用程度差异。因此，固定制造费用差异除了像变动制造费用那样包括预算差异和效率差异，还包括生产能力利用差异。其计算公式为

$$\begin{matrix}\text{固定制造}\\\text{费用预算差异}\end{matrix}=\begin{matrix}\text{固定制造费用}\\\text{实际开支额}\end{matrix}-\begin{matrix}\text{固定制造}\\\text{费用预算额}\end{matrix}$$

$$\begin{matrix}\text{固定制造费用}\\\text{生产能力利用差异}\end{matrix}=\begin{matrix}\text{固定制造费用}\\\text{标准分配率}\end{matrix}\times(\text{预算工时}-\text{实际工时})$$

$$\begin{matrix}\text{固定制造}\\\text{费用效率差异}\end{matrix}=\begin{matrix}\text{固定制造费用}\\\text{标准分配率}\end{matrix}\times(\text{实际工时}-\text{标准工时})$$

【例 6-4】雷迪公司生产甲产品，本月预算固定制造费用为 7 500 元，预算工时为 10 000 小时，实际耗用工时 11 500 小时，实际固定制造费用为 8 400 元，标准工时为 12 000 小时。

固定制造费用标准分配率=7 500/10 000=0.75

固定制造费用预算差异=8 400−7 500=900(元)

固定制造费用生产能力利用差异=0.75×(10 000−11 500)=−1 125(元)

固定制造费用效率差异=0.75×(11 500−12 000)=−375(元)

固定制造费用总成本差异=900−1 125−375=−600(元)

计算出固定制造费用的各种成本差异之后，还必须结合企业实际，逐项分析形成这些差异的具体原因。影响固定制造费用预算差异的因素包括管理人员工资的调整及相应的职工福利费调整、折旧方法的改变、修理费用开支的变化、租赁费、保险费的调整、各项办公用品价格上涨等。就固定制造费用生产能力利用差异来说，它只反映计划生产能力的利用程度，可能是由于产销量达不到一定规模造成的，一般不能说明固定制造费用的超支或节约。所有这些都应分别不同情况进行分析和控制。

（四）标准成本法的利弊分析

标准成本控制系统通过事前制定标准成本来对各种资源消耗和费用开支规定数量界限，可以在事前限制各种消耗和费用的发生；在成本形成过程中，按标准成本控制支出，随时显示节约还是浪费，及时发现超过标准成本的消耗，便于企业迅速采取措施，纠正偏差，达到降低成本的目的；产品成本形成后，通过实际成本与标准成本相比较，并对标准成本和成本差异分别进行核算，便于本期成本差异的分析和控制，帮助企业进行定期分析和考核，及时总结经验，为未来降低成本找到途径。所以标准成本法是成本核算与成本控制相结合的方法。

标准成本法是例外管理的一个主要工具，如果实际成本在标准之内，管理人员就可关注别的事项；当实际成本大于标准成本时，管理人员就应该意识到生产中可能出现了问题。这种方法使得管理人员将注意力集中于更重要的事情上。标准成本法如果运用得当，可以提高员工的积极性，而且也为管理人员对员工进行评估提供了客观依据。标准成本法与责任会计相符合，它规定了该由谁负责哪项成本以及成本是否在控制范围之内。

但是，标准成本法也有很多缺点，标准成本法通常适用于大批量稳定生产的企业或产品，因为这种类型的企业或产品最适合标准成本的建立和执行，而对于单件、批量小和试制性生产的企业比较少用。此外，标准成本差异报告通常按月编制，报告中的信息可能已经过时或不适用，因此即使不那么准确的报告比准确但滞后的报告更有价值。如果管理人员对差异报告过于敏感，把它当作奖惩依据，则下属可能会掩盖不利差异，或不以企业利益最大化为目标而去追求有利差异。

三、质量成本控制系统与应用

（一）质量成本控制的含义

1. 质量成本

质量是指产品或者服务满足消费者的程度，包括设计质量和符合质量两个方面。设计质量是指根据使用者的使用目的、经济状况及企业内部条件确定所需设计的质量等级或质量水平，它反映着设计目标的完善程度，表现为各种规格和标准；符合质量是根据设计和生产规格来生产产品或提供服务的程度。企业必须符合设计质量以设计出满足顾客需要的产品，同时也必须保证符合质量以符合设计规格。两者体现了产品或服务的性能和效果，它们是一个有机的整体。提高质量可以节约大量的费用，并且可以提高企业的声誉和顾客的关注度，从而提高企业未来的收入。但如果企业追求不必要的过高质量，也会使产品因成本的大幅度提高而导致售价的不断上升，从而使产品滞销，致使企业遭受不必要的损失。因此质量成本越来越受到人们的关注，所谓质量成本是指企业为保持或提高产品质量所支出的一切费用，以及因产品质量未达到规定水平所产生的一切损失。

2. 质量成本控制

质量成本控制就是依据质量成本目标对质量成本形成过程中的一切耗费进行严格的控制和审核，揭示偏差，及时采取措施予以纠正，不断降低质量成本，实现预期的质量成本目标。质量成本控制具体有两层含义：

第一，对质量成本目标本身的控制。质量成本控制不只是将实际质量成本消极地限制在质量成本目标的范围之内，而是必须从人力、物力、财力等使用情况和工作效果等方面全面分析、考核各项质量成本支出是否符合以最小的投入获得最大的经济效益的原则。当质量成本不能体现上述原则时，质量成本控制就具有重新审定和修正质量成本的目标的积极作用，使质量成本目标始终保持在先进水平。

第二，对质量成本目标控制和实现过程的监督。质量成本控制是在质量成本形成过程中对生产经营活动的各种耗费进行指导、限制和监督，及时发现偏差并采取有效措施予以纠正，使各项费用控制在预先规定的范围内，并不断推广质量成本的先进经验，改进控制措施，降低质量成本，实现预定的质量成本目标。

(二) 质量成本构成

质量成本是由以下三个方面引发的成本的总和。

1. 预防成本

所谓预防成本是指为保证产品质量达到一定水平而发生的各种费用，如质量计划工作费用、新产品评审费用、工序能力研究费用、质量审核费用、质量情报费用、人员培训费用和质量奖励费用等。为降低质量事故而改进设计的成本以及质量管理专职人员工资及福利费也是预防成本。预防成本可以防止或减少不合格产品，减少因产品不符合质量要求而产生的损失。一般来说，预防成本增加则损失成本就会减少。

2. 检验成本

所谓检验成本是指为评估和检查产品制造质量而开展的测量、评估和审核等的费用，如进货检验费用、工序检验费用、产品检验费用、破坏性试验的产品试验费用和检验设备的维护、保养费用等。

3. 损失成本

所谓损失成本是指由于产品或服务不符合规定要求或用户需求而引发的成本。损失成本包括内部质量损失成本和外部质量损失成本两部分。所谓内部质量损失成本是生产过程中因质量问题而发生的损失成本，包括产品在生产过程中出现的各类缺陷所造成的损失，以及为弥补这些缺陷而发生的各类费用支出，如报废损失、返修损失、复检费用、停工损失、事故分析处理费用和产品降级损失等；所谓外部质量损失成本是指产品销售后因产品质量缺陷而引起的一切费用损失，如支付用户的赔偿费用、退货损失、包修费用和折价损失等。

与质量有关的预防和检验成本以及损失成本是两类具有不同性质的成本。预防和检验成本属于不可避免成本，随着产品质量的不断提高，这部分成本将会不断上升；损失成本则属于可避免成本，随着产品质量的不断提高，这部分成本将会不断降低，产品质量的高低通常以产品的合格率的高低来衡量。

(三) 质量成本控制方法

提高产品质量，降低成本是质量控制的核心，所以企业应选择合理的质量标准，对质量成本进行科学计量，确认质量问题，并采取适当的措施。确定最优质量成本并进行质量成本控制的方法有两种即边际分析法和合理比例法。

1. 边际分析法

边际分析法又称公式法，此法是微分边际理论在最优质量成本控制中的应用。如果以合格品率代表质量水平，则存在最优质量成本点，即存在最佳的合格品率。

设 F 为单位产品成本的内部质量损失，r 为合格品率，$(1-r)$为废品率，则每件合格品负担的质量损失成本 y_1 的计算公式是：

$$y_1=F\cdot(1-r)/r$$

设每件合格品负担的预防和检验成本为 y_2，它与合格品率和废品率之间的比值存在一定的比例关系。设这个比例系数为 K，即随合格品率变化需要追加的预防和检验成本的系数。这一系数是一常数，则 y_2 的计算公式是为

$$y_2=K\cdot r/(1-r)$$

如果以 y 表示单位合格品负担的质量成本，则

$$y=y_1+y_2=F\cdot(1-r)/r+K\cdot r/(1-r)$$

计算 y 的一阶导数，并令 $y'=0$，证明过程略，据此可得出以下结论。

第一，当单位预防和检验成本等于单位废品损失时，存在最优质量成本点。

第二，最优质量成本点的计算公式如下。

$$\text{最优合格品率 } r^*=1/(1+\sqrt{K/F})$$

【例 6-5】某企业上半年铸造合格品率为 88.6%，年产量是 260 吨，预防检验成本是 7 524 元，每吨铸件的废品损失成本是 650 元。

要求：确定最优质量成本点。

解：依题意已知 r=88.6%，F=650

y_2=7 524÷260 ≈ 28.938 5 (元)

$K=y_2\cdot(1-r)/r$=[28.938 5×(1−88.6%)]÷88.6% ≈ 3.732 5

$r^*=1/(1+\sqrt{3.723\,5/650})\approx 0.929\,6$

$$\text{最优质量成本}=\frac{650\times(1-0.929\,6)}{0.929\,6}+\frac{3.723\,5\times0.929\,6}{(1-0.929\,6)}\approx 98.39(\text{元})$$

由此可见，使单位质量成本最低(98.39 元)而获利最高的合格品率是 92.96%。

2. 合理比例法

该法是根据质量成本各项目之间的比例关系，确定一个合理的比例，从而找出质量水平的适宜区域，而不是确定最优质量成本点。因为达到某一点的合格品率不易保持，而使合格品率保持在某一范围内还是容易做到的。

该法将总成本曲线分为三个区域即改善区、适宜区和至善区，如图 6.2 所示。

如果产品质量处于改善区，说明产品质量水平较低，损失成本高，这为企业敲响警钟，企业应尽快采取措施，追加预防和检验费用的支出，尽可能地提高产品质量；如果产品质量处于至善区，说明产品质量水平很高，而且超过用户的需要，出现了不必要的质量成本损失，此时也是不可取的；理想的质量水平区域是适宜区，在这一区域，质量适当，成本低，经济效益高。

质量成本各种项目间，客观地存在一个合理比例，当达到这一比例时，质量水平处于适宜区。外国专家研究认为，在一般情况下，质量成本中预防成本占 10%左右，损失成本占 60%左右，检验成本占 30%左右。

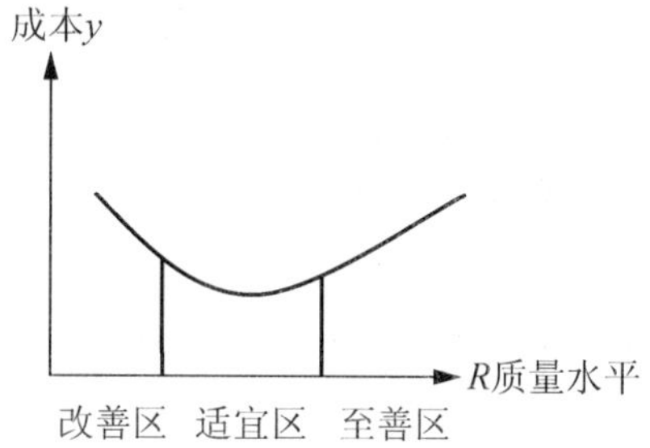

图 6.2 质量成本线示意图

经过我国企业的实践证明，这一比例基本上具有代表性。例如，某机床厂根据本企业的具体情况确定预防成本占 5%，检验成本占 35%，损失成本占 60%。当然，我们不能对此作绝对化理解，还应根据企业的具体情况来决定。

(四) 质量成本分析与评价

质量成本的分析与评价可以根据质量成本报告进行，目的是评价质量成本管理的业绩，也可以在质量成本控制过程中，发现质量问题，并及时采取措施。

质量成本报告是指根据质量成本分析的结果，向领导及有关部门汇报时所作的书面陈述，它可以作为制定质量方针目标、评价质量体系的有效性和进行质量改进的依据。它也是企业质量管理部门和财会部门对质量成本管理活动或某一典型事件进行调查、分析和建议的总结性文件。质量成本报告一般应包括以下内容：①给出全部质量成本总额及其构成的主要项目、费用情况，提出由于质量缺陷而造成损失的项目与有关比较基数的比率；关于比较基数，各企业根据自己情况不同可自行确定，但通过比较找出的比率应具有强有力的说服力。一般常用的基数为纯销售收入、利润、产值(包括净产值与总产值)、产量、总成本等。②依据上述数据和比率，进行质量成本水平分析和质量成本对比分析，做出分析结论。③指出影响质量成本中有关问题的关键因素，确定对应的改进措施。④对一些典型事例写出具体分析结果。⑤预测下一报告期的质量成本控制目标等。

质量成本报告一般采取以下四种主要形式，报表式、图表式、陈述式和综合式。至于运用哪些形式应根据各自的实际情况具体选择，表 6-1 是最常见的报表式的一个示范。

表 6-1 质量成本报告

项　目	金　额		差异和原因分析	
	本年预算	本年实际	差　异	原因分析
预防成本 1. 质量审核费用 2. 新产品评审费用 3. 人员培训费用等				

续表

项　目	金　额		差异和原因分析	
	本年预算	本年实际	差　异	原因分析
检验成本 1. 进货检验费用 2. 工序检验费用 3. 产品试验费用等				
内部质量损失成本 1. 报废损失 2. 返修损失等				
外部质量损失成本 1. 赔偿费用 2. 退货损失等				

(五) 质量成本管理的应用实例

大连三洋制冷有限公司(以下简称三洋制冷)是一家中日合资企业，从 1992 年成立以来，以差异化战略为经营战略，取得了良好的业绩，迅速成长为行业的领先者。然而，在行业进入成熟期后，企业的增长势头受到抑制，2002 年，为进一步提高企业的管理水平，开始引进日本丰田的精益生产方式，特别是对现场中的库存、等待、搬运、加工等七种浪费的存在有了比较清醒的认识，并且在实际工作中努力加以消除。但是随着活动的深入，发现现场中的浪费许多是由相关的管理工作引起的，而且难以度量。

三洋制冷早在 1996 年就在中央空调行业率先通过了 ISO 9001 质量管理体系认证，在质量管理上取得了非常良好的成绩。但是，一些质量损失仍然难以度量，比较难以从财务核算的角度上对质量体系的有效性进行测量，而在企业的日常管理活动中存在着许多无效的管理，其所造成的损失是难以测量的，因此常常作为正常的管理成本而不被发现，使企业的经营管理难以得到持续改进。为此，需要一种新的工具来发现这些质量成本和浪费，在经过反复比较后，三洋制冷选择了质量成本法来解决这一问题。

三洋制冷为了搞好质量成本工作，成立了以副总经理为组长的推进机构，各部门主管和推进人作为组员，成为工作推动的主力军。在对全体员工进行培训后，在财务部和品质部的推动下，以内部和外部损失成本为突破口，进行了许多的工作改善，推动质量成本工作的有序进行，取得了比较突出的成绩。

以生产现场中发生的质量问题为例，根据公司 ISO 9001 质量管理体系的要求，当出现质量问题时，由员工填写《工序质量反馈单》，经部长确认后，由品质人员给出处理意见。当员工按处理意见完成后，还需要填写《纠正预防措施表》，由品质人员确认。当确认为报废时，还需要填写《废品报告单》通知财务部和库房后，才能重新下料。在整个过程中，所造成的工时等损失，并没有单独核算，而是计入正常工时中。因此，按照这种方法，虽然质量体系得到维持运行，但是质量成本损失无法计算，更谈不上有的放矢地进行改善了。

在实施质量成本方法后，品质部把上述表格合并为《工序质量反馈处理单》一张表格，并重新规划了流程，首先，由制造人员填写“质量问题”以上的栏目，经部长确认后，交由品保人员填写“产生原因及解决措施”栏目，并进行质量责任判定，提出处理意见，交给责任部门及责任人签字，根据不同的处理意见，进行相应的流程处理。

(1) 处理意见为索赔时，生产人员直接持本单据财务联、仓库联到仓库重新换货，无须再开领料单。工时处理分两种情况：①如果没有进行生产，换料后生产按照正常生产填写工时；②如果已进行生产，换料后按照返工的工时处理流程进行。送回仓库的物品按《索赔物品管理规定》执行处理。

(2) 处理意见为返工、报废、改为他用时，由品质人员下达派工单号码，制造部根据派工单号码重新开具出库单，把派工单号码作为新的产品编号，到财务部签字后，到库房领料，并在重新生产或者返工作业完成后，由操作者填写处理记录，检查者填写检查结果，经品保确认后，到库房领料，并在重新生产或者返工作业完成后，由操作者填写处理记录，检查者填写检查结果，经品保确认后，由生产人员将本单据与生产工时记录单、停工工时记录单一同交给品保。品保人员将本单据财务联及相关工时记录单等直接转给财务，同时根据本单据作好日常台账登录，定期发送财务部。

其次，在实施一段时间比较成熟后，把业务流程程序化，把相关内容纳入到 ISO 9001 体系中，对文件进行了相应的修订。

独立的质量成本对于企业来说毫无意义，质量成本只有显示出特定领域方面的财务投入情况，并且要明确成本改进的机会，才有其存在的价值。因此，财务部在对一段时间内发生的质量成本进行了汇总统计后，由品质部组织相关部门共同进行分析，对损失金额较大的项目优先解决，拟定对策并推动实施，并进行检查和考核。如此经过多次循环，使问题逐步得到有效解决，也使降低成本工作的困局得到突破。通过上述改善，不仅使丰田精益生产方式能够更加深入地进行下去，而且使 ISO 9001 质量管理体系更加完善，更重要的是，使企业的降低成本工作得到贯彻实施，使企业在具有原来的差异化战略优势的同时，在成本上接近了主要竞争对手，为企业在竞争天平上投下了一颗重重的砝码，使企业获得了竞争优势。

第二节　商业环境变迁与企业成本管理

一、新制造环境与作业成本法

(一) 作业成本制度产生的时代背景

自 20 世纪 70 年代以来，随着西方发达国家高新技术广泛应用于生产领域，企业生产过程高度自动化、电脑化。另外，竞争日趋激烈，买方市场逐步形成，这就要求企业提供与众不同的、具有个性的产品或服务。企业经营所面临的环境使企业在制造产品和提供服务方面形成了以下特点，直接材料、直接人工成本在总成本中所占比重日益下降，制造费用所占的比重日益增加；许多企业不得不放弃大批量的生产方式，采用以顾客为导向，对顾客的要求能及时做出反应的弹性制造系统，并改用小批量、差异化产品生产方式，从而使生产过程的复杂程度大大增加。在新的制造环境下，许多人工操作已被机器取代，因此直接人工成本比例大大下降，固定制造费用大幅上升。产品成本结构的根本变化使得以工时或机器工时为基础的传统间接费用分配方法已不能准确提供产品成本信息，无法为管理决策和控制提供有用信息，无法使企业取得竞争优势。

(二) 作业成本制度基本原理

作业成本制度是一个以作业为基础的管理信息系统。作业的划分是从产品设计开始到物料供应，到生产工艺流程(各车间)的各个环节、质量检验、总装到发运、销售的全过程。通过对作业及作业成本的确认、计量，对各种主要的间接费用采用不同的间接费用分配率进行成本分配，最终计算出相对真实的产品成本。

1. 作业成本法的基本概念

为更好地理解作业成本法，首先必须理解有关资源、作业、成本动因等概念。

(1) 资源。从广义讲，资源(Resource)作为一个概念外延非常广泛，涵盖了企业所有价值载体，作业成本法把资源作为成本计算对象，是要在价值形成的最初形态上反映被最终产品吸纳的有意义的资源耗费价值。

在这个环节，成本计算要处理两个方面的问题：一是区分有用消耗和无用消耗；二是区别消耗资源的作业状况，看资源是如何被消耗的，找到资源动因。按资源动因把资源耗费价值分解计入吸纳这些资源的不同作业中。资源一般分为货币资源、材料资源、人力资源、动力资源等。

(2) 作业及作业中心。所谓作业，就是企业为提供一定量的产品或劳务所消耗的人力、技术、原材料、方法和环境等的集合体。资源耗费是成本被汇集到各作业的原因，而作业是汇集资源耗费的对象。企业经营过程中的每项环节，或是生产过程中的每道工序都可以视为一项作业。企业整个经营过程可以划分为许多不同的作业。作业的划分从产品设计开始到物料供应，从生产工艺流程的各个环节、质量检验、包装到发运销售的全过程。

一个企业往往有数以百计的作业，如不采用有效的分类方法，企业管理阶层很容易迷失在数据堆里。最常用的解决方法是把多个作业归入作业中心。相关的作业归入一个作业中心，例如，在一个顾客服务部门，作业包括处理顾客订单、解决产品问题以及提供顾客报告三项作业。作业中心就是顾客服务部门，它包括支持顾客的三项作业，即处理顾客订单、解决产品问题以及提供顾客报告。一个作业中心是相关作业的集合，它提供有关每项作业的成本信息，每项作业所耗资源的信息以及作业执行情况的信息。

作业中心既是成本汇集中心，也是责任考核中心。一般来说，作业中心是基于管理的目的而不是专门以成本计算为目的而设置或划定的。传统制造企业的经营过程被习惯地分为材料采购、产品生产和产品销售这三个环节，而按照作业成本计算理论，这三个环节都可以称为作业中心。将作业中心作为成本计算对象，有利于汇集资源耗费。

(3) 成本及成本动因。在作业成本法下，成本被定义为资源的耗用，而不是为获取资源而发生的支出。这样做有利于管理人员采取行动消除资源过剩或短缺，便于进行管理决策，因为资源的实际消耗量更能反映真实成本。

成本动因(Cost Drivers)，又译作成本驱动因素，是对导致成本发生及增加的、具有相同性质的某一类重要的事项进行的度量，是对作业的量化表现。成本动因通常选择作业活动耗用的资源的计量标准来进行度量，如质量检查次数、用电度数等。

根据作业成本法原理可以将成本动因分为资源动因和作业动因两类。

① 资源动因。资源动因是衡量资源消耗量与作业之间的关系的某种计量标准，它反映了消耗资源的起因，是资源费用归集到作业的依据。在分配过程中，由于资源是一项一项地分配到作业中去的，于是就产生了作业成本。将每个作业成本相加，就形成了作业成本库。

举例来说，假定质量检验部门有两大资源消耗：10 万元的工资薪金和 2 万元的原料，并且质量检验部门设有外购材料的检验、在产品的检验和产成品的检验三项作业。会计部门通过估计各作业消耗的人力把工资薪金分配到各作业。这个估计的人力就是工资薪金的资源动因。假定，人力的估计是由分配到每一作业的人数以及每一人在该作业上所花费的时间来决定。如果某部门五分之一的人员把他们 50%的时间花费在对外购材料进行检验，那么人力的 10%(=1/5×50%)的工资薪金，也就是 1 万元(=100 000×10%)就应分配到检验外购材料的作业。

作业成本法下一些典型的资源和资源动因见表 6-2。

表 6-2 制造企业部分典型的资源和资源动因表

资　源	资 源 动 因
人力	消耗劳动时间
动力	消耗动力数量
折旧	固定资产价值
房屋租金	使用面积
职工医疗保险	职工人数

② 作业动因。作业动因是指作业发生的原因，是将作业成本库中的成本分配到成本标准中去的依据，也是资源消耗与最终产出沟通的中介。例如，当检验外购材料被定义为一个作业时，则检验小时或检验次数就可成为一个作业动因。如果检验外购材料 A 所花的时间占总数的 30%，则作业检验外购材料成本的 30%就应归集到外购材料 A。

由此可以看出，资源动因连接着资源和作业，而作业动因连接着作业和产品。把资源分配到作业用的动因是资源动因；把作业成本分配到产品用的动因是作业动因。例如，工资是企业的一种资源，把工资分配到作业质量检验的依据是质量检验部门的员工数，这个员工数就是资源动因；把作业质量检验的全部成本按产品检验的次数分配到产品，则检验的次数就是作业动因。作业动因和资源动因也有混同的情况，当作业和产品一致时，这时的资源动因和作业动因就是一样的。

2. 作业成本法下的成本计算程序

作业成本法的理论基础是作业消耗资源，产品消耗作业。作业是成本计算的核心，而产品成本则是制造和传递产品所需全部作业的成本总和。成本计算的基本对象是作业。成本计算的基本步骤是首先将可以直接归集到产品中去的资源直接归集到产品成本，其次将不能直接归集到产品中去的按作业动因进行分配，最后再将各项作业所耗用的资源向产品(或其他成本计算对象)分配。

作业成本法产品成本计算程序如图 6.3 所示。

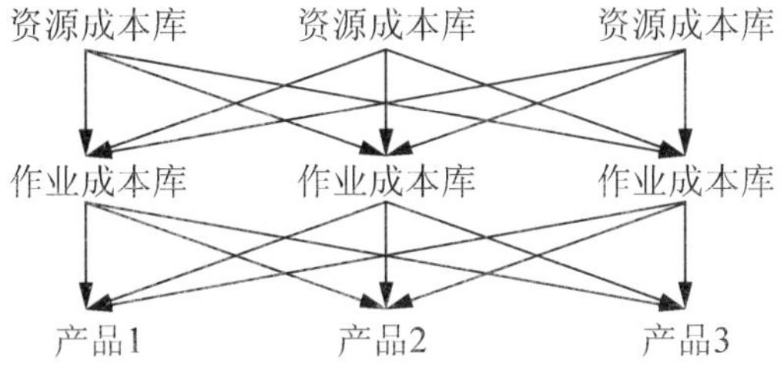

图 6.3 作业成本法计算程序

(三) 作业成本法的应用举例

【例 6-6】 某公司所投产的 A、B 两种产品当月全部完工，有关资料见表 6-3。

表 6-3 A、B 两种产品的生产及成本资料

项　　目	A 产品	B 产品
产量(件)	100	8 200
单位产品机器工时(小时/件)	3	2
单位产品直接材料成本(元/件)	95	90
单位产品直接人工成本(元/件)	50	55
制造费用总额(元)	395 800	

其中，制造费用是由四种作业所发生的，具体资料见表 6-4。

表 6-4 制造费用作业资料

作　　业	成本动因	作业成本(元)	A 产品(成本动因数)	B 产品(成本动因数)	合计(成本动因数)
机器调整准备	机器调整准备次数	16 000	10 次	6 次	16 次
生产订单	订单份数	62 000	15 份	10 份	25 份
机器运行	机器小时数	233 800	300 小时	16 400 小时	16 700 小时
质量检验	检验次数	84 000	30 次	20 次	50 次
合计		395 800			

根据上述资料，分别采用作业成本法和传统成本法计算 A、B 两种产品的单位成本。

(1) 采用传统完全成本法计算如下。(以机器小时为制造费用分配标准)

A 产品机器小时=3×100=300(小时)

B 产品机器小时=2×8 200=16 400(小时)

制造费用分配率$=\dfrac{395\ 800}{300+16\ 400}=23.70$(元/小时)

则 A 产品制造费用=23.70×300=7 110(元)

B 产品制造费用=395 800−7 110=388 690(元)

A 产品单位成本=95+50+$\frac{7110}{100}$=216.10(元)

B 产品单位成本=90+55+$\frac{388\ 690}{8\ 200}$=192.40(元)

根据上述分析与计算可编制产品成本计算表，见表 6-5。

表 6-5　传统成本法下 A、B 两种产品成本计算表

单位：元

成本项目	直接材料	直接人工	制造费用	总成本	产量(件)	单位成本
A 产品	9 500	5 000	7 110	21 610	100	216.10
B 产品	738 000	451 000	388 690	1 577 690	8 200	192.40

(2) 采用作业成本法计算如下。

首先计算各项作业动因分配率，见表 6-6。

表 6-6　作业动因分配率计算表

作　业	作业成本(元)	作业动因数	作业动因分配率
机器调整准备	16 000	16 次	1 000 元/次
生产订单	62 000	25 份	2 480 元/份
机器运行	233 800	16 700 小时	14 元/小时
质量检验	84 000	50 次	1 680 元/次

然后计算 A、B 两种产品消耗作业量的成本，见表 6-7。

表 6-7　A、B 两种产品消耗作业量成本

作　业	作业动因分配率	作业动因数		制造费用分配额(元)	
		A 产品	B 产品	A 产品	B 产品
机器调整准备	1 000 元/次	10 次	6 次	10 000	6 000
生产订单	2 480 元/份	15 份	10 份	37 200	24 800
机器运行	14 元/小时	300 小时	16 400 小时	4 200	229 600
质量检验	1 680 元/次	30 次	20 次	50 400	33 600
合计				101 800	294 000

最后计算 A、B 两种产品的单位成本，见表 6-8。

表 6-8　作业成本法下 A、B 两种产品成本计算表

单位：元

成本项目	直接材料	直接人工	制造费用	总成本	产量(件)	单位成本
A 产品	9 500	5 000	101 800	116 300	100	1 163
B 产品	738 000	451 000	294 000	1 483 000	8 200	180.85

$$A\text{产品单位成本}=95+50+\frac{101\,800}{100}=1\,163(\text{元})$$

$$B\text{产品单位成本}=90+55+\frac{294\,000}{8\,200}=180.85(\text{元})$$

本例说明，在传统成本法下，高产量、生产过程简单的产品成本计算结果显著高于作业成本法的计算结果，而低产量、生产过程复杂的产品的计算结果则恰恰相反。造成这种结果的根本原因在于后一类产品每件所消耗的间接费用显著高于前一类，而传统成本法却无法对此做出反应。

(四) 作业成本法的特点

作业成本法是一种全新的成本计算方法。与传统完全成本法和变动成本法相比，作业成本法主要有以下特点。

1. 以作业作为成本驱动因素

作业成本法以作业作为成本驱动因素计算成本。产品或者其他成本对象的成本计算均通过作业成本进行分配。正是由于作业成本法可以提供各项作业耗费的成本信息，因此使得管理人员展开作业管理并改善作业链成为可能。

2. 对间接计入费用的分配更为合理

与传统成本法相比，作业成本法的分配基础即成本动因发生了改变，它不再采用单一的数量分配基准，而是采用多元分配基准，并且集财务变量与非财务变量于一体，特别强调非财务变量(如调整准备次数、质量检验次数等)。因此，作业成本法所提供的间接计入费用信息要比传统成本计算法准确得多。

3. 作业成本法是更广泛的制造成本法

传统的完全成本法将许多成本项目列作期间费用，采用在发生当期直接计入当期损益的做法。在作业成本法下，对于营销、产品设计等领域发生的成本，只要与特定产品有关均通过有关作业分配至产品(或其他成本对象)中，这样所提供的成本信息更有利于企业进行定价等相关决策。

4. 所有成本均是变动的

在变动成本法下，有相当一部分成本因其在一定范围内不随产量(或机器小时等其他业务量)的变化而变化而被划为固定成本。但从作业成本法的观点来看，这部分成本虽然不随产量变化而变化，但却可能会随其他因素的变化而改变，这些因素包括产品的批次、企业生产能力的变动等。作业成本法将所有成本均视为变动的，这更有利于企业分析成本产生的动因，进而对成本进行有效控制。

虽然作业成本法有众多的优点，但是该方法并非完美无缺。因为该方法本身较为复杂，需要良好的专业技能，而且费时。因此，是否采用此方法要取决于企业生产过程的特点、财务人员的专业技术水平等。企业应根据成本效益原则判断是否采用作业成本法计算产品成本和进行作业管理。

二、环境成本

近三十年来，环境恶化严重威胁着人类的生存和发展，引起了人们的普遍关注。企业必须承担起为环境负责的义务，以实现经济的可持续发展。环境成本主要核算企业经营活动对环境造成的影响，这种影响贯穿企业的整个生产经营过程。关于环境成本的详细论述参见本书第 9 章内容。

习　题

一、单项选择题

1. 一般来说，应对直接材料价格差异应负责的部门是(　　)。

A. 生产部门　　B. 采购部门

C. 劳动人事部门　　D. 计划部门

2. 在成本差异分析中，变动制造费用分配率差异类似于(　　)。

A. 直接人工效率差异　　B. 直接材料用量差异

C. 直接材料价格差异　　D. 直接材料成本差异

3. 固定制造费用效率差异体现的是(　　)。

A. 实际工时与标准工时之间的差异

B. 实际工时与预算工时之间的差异

C. 预算工时与标准工时之间的差异

D. 实际分配率与标准分配率之间的差异

4. 如果直接人工实际工资率超过了标准工资率，但实际耗用工时低于标准工时，则直接人工的效率差异和工资率差异的性质是(　　)。

A. 效率差异为有利，工资率差异为不利

B. 效率差异为有利，工资率差异为有利

C. 效率差异为不利，工资率差异为不利

D. 效率差异为不利，工资率差异为有利

5. 下列关于正常标准成本的说法不正确的是(　　)。

A. 实施以后实际成本极有可能产生逆差

B. 应小于历史平均水平

C. 应大于理想的标准成本

D. 制定时不考虑难以避免的损耗和低效率等情况

6. 实际固定性制造费用脱离预算而形成的差异称为(　　)。

A. 能量差异　　B. 预算差异

C. 效率差异　　D. 生产能力利用差异

7. 下列关于标准成本的说法中，不正确的是(　　)。

A. 理想标准成本不能作为考核的依据

B. 在标准成本系统中，广泛使用现行标准成本

C. 现行标准成本可以成为评价实际成本的依据

D. 基本标准成本不宜用来直接评价工作效率和成本控制的有效性

8. 下列不影响人工效率差异的因素是(　　)。

A. 实际工资率　　B. 标准工资率

C. 实际工时　　D. 标准工时

9. 如果标准工时为 80 小时，实耗 100 小时，标准工资率每小时 5 元，实际工资率每小时 3 元，则人工效率差异应为(　　)。

A. 100 元(有利差异)　　B. 200 元(有利差异)

C. 100 元(不利差异)　　D. 60 元(不利差异)

10. 为评估和检查产品制造质量而发生的质量成本称为(　　)。

A. 预防成本　　B. 鉴定成本

C. 重新加工成本　　D. 失败成本

二、多项选择题

1. 下列说法不正确的是(　　)。

A. 员工都有主人翁意识，会积极配合成本控制

B. 成本控制系统不应该具有灵活性

C. 成本控制时，对所有的成本费用支出要一视同仁

D. 成本控制系统应该具有通用性

2. 关于成本控制的下列表述中，正确的是(　　)。

A. 成本控制制度会受到大多数员工的欢迎

B. 对数额很小的费用项目，控制可以从略

C. 不存在适用于所有企业的成本控制模式

D. 成本控制的根本目的是确定成本超支的责任人

3. 下列成本差异中，通常不属于生产部门责任的是(　　)。

A. 直接材料价格差异　　B. 直接人工工资率差异

C. 直接人工效率差异　　D. 变动制造费用效率差异

4. 以下关于作业成本计算法的表述，正确的是(　　)。

A. 作业成本计算法的理论依据是成本对象耗用作业，作业耗用资源

B. 作业成本的计算过程可以概括为资源—作业—产品

C. 作业成本法是一种独立于传统成本计算方法之外的一种新的成本计算方法

D. 实施作业成本法是一个庞大的系统工程，涉及方方面面

5. 以下关于成本动因的叙述，正确的是(　　)。

A. 成本动因也称成本驱动因素

B. 成本动因是指可以引起相关成本对象的总成本发生变动的因素

C. 引起作业成本变动的因素，称为资源动因

D. 引起产品成本变动的驱动因素，称为作业动因

6. 工资率差异形成的主要原因有(　　)。

A. 出勤率变化　　B. 加班和使用临时工

C. 新工人上岗太多　　D. 奖励制度未产生实效

三、判断题

1. 在变化了的制造环境下，传统的成本计算方法计算产品成本将会歪曲成本信息，甚至使成本信息完全丧失决策相关性。 ( )

2. 作业成本法下的成本项目是按照经济用途设置的。 ( )

3. 作业成本计算法下的产品成本是完全成本。 ( )

4. 资源即使被消耗，也不一定都是对形成最终产出有意义的消耗。 ( )

5. 作业成本法认为，产品直接消耗资源。 ( )

6. 作业成本法与传统成本计算方法两者虽然在整体框架上基本相同，制造费用也分为归集和分配两个过程，但其成本的归集点及分配的方法存在显著的差别。 ( )

7. 计算数量差异要以标准价格为基础。 ( )

8. 质量成本报表可以不用在各个会计期间终了时编制。 ( )

9. 销售服务部门的质量成本应控制严格，要在保证服务工作质量的前提下控制质量成本。 ( )

10. 低质量所发生的机会成本通常在会计系统中进行计量。 ( )

四、计算题

1. 某企业采用标准成本系统，本期生产领用甲、乙两种材料的实际耗用量分别为 1 500 公斤和 500 千克，实际单价分别为 2.50 元/千克和 8 元/千克，它们的标准耗用量分别为 1 300 公斤和 450 千克，标准单价分别为 3 元/千克和 7 元/千克。

要求：

计算下列指标：

(1) 直接材料成本差异。

(2) 直接材料价格差异。

(3) 直接材料用量差异。

2. 某公司本期预算固定制造费用为 5 000 元，预算工时为 2 000 小时，实际耗用工时 1 400 小时，实际固定制造费用为 5 600 元，标准工时为 2 100 小时。要求：计算固定制造费用成本差异。

3. 由于市场竞争的压力，城南制造厂需重新分析定价成本数据和定价策略。该厂到目前为止一直按直接人工小时及预定分配率分配制造费用，预计产量的直接人工小时为 50 000 小时。为了为定价提供更为可靠的成本资料，该厂准备采用作业成本法。通过分析制造费用，按同质归类，预计下年度制造费用见表 6-9。

表 6-9 预计下年度制造费用表

同质成本库	预计成本(元)	预计业务量
材料处理	100 000	材料搬运次数：1 000
设备维修保养	200 000	维修保养小时：1 000
质量检验	200 000	检验次数：5 000
合计	500 000	—

该厂目前正准备参加一项政府采购投标，该投标产品的预计成本及有关部门资料见表 6-10。

表 6-10　招投标产品预计成本表

直接材料	87 000 元	材料搬运次数	20
直接人工(1 000 小时)	40 000 元	机器维修保养小时	50
制造费用	?	检验次数	10
成本合计	?		

要求：

(1) 按直接人工小时分配制造费用，计算该投标总成本。如果该制造厂以完全制造成本加成 30%确定投标价，该项投标价是多少？

(2) 采用作业成本法分配制造费用，计算该投标总成本。如果该制造厂以完全制造成本加成 30%确定投标价，该项投标价是多少？

(3) 哪种制造费用分配方法提供的成本数据更适合于定价决策？为什么？

4. 某机械制造公司有一个多功能机加工部，为飞机部件提供专门机械加工处理服务。该部门产品成本采用分批成本计算，有两个直接成本项目直接材料和直接人工、一个间接制造费用成本库。以往间接制造费用一直按直接人工小时分配，如仍按以往做法，每一直接人工小时分配间接制造费用 115 元。

最近公司的产品设计、机械工程和会计等部门对生产过程进行考察，提出成本计算采用作业成本法。两项直接成本项目仍然保留，间接制造费用分为 5 个成本库，分别归集该部门 5 个作业项目成本，每个作业项目有一个负责人，负责成本预算管理。有关作业成本分配的资料见表 6-11。

表 6-11　作业成本信息表

作业项目	成本动因(分配基础)	分配率
材料整理准备	部件数	0.40 元/件
激光处理	转数	0.20 元/转
钻洗	机加工小时	20.00 元/小时
磨光	部件数	0.80 元/件
检试	检试件数	15.00 元/件

目前有两批产品正在生产过程中，有关资料见表 6-12 所示。

表 6-12　在产品成本信息表

项目	J511	J512
直接材料成本(元)	9 700	59 900
直接人工成本(元)	750	11 250
直接人工小时(小时)	25	375
批量(部件数)	500	2 000
激光处理(转数)	20 000	60 000
机加工时(小时)	150	1 050
检试件数(件)	10	200

要求：

(1) 按以往的成本计算方法，计算每批产品的生产总成本和产品单位成本。

(2) 采用作业成本法，计算每批产品的生产总成本和产品单位成本。

(3) 为什么以上两种计算方法的结果不同？这种不同对企业是否重要？

五、案例分析题

波特兰电力公司(Portland Power Company，PPC)是一家公用事业公司，其开单部(Billing Department，BD)为两类主要客户——居民户和商业户提供账户查询和账单打印服务。目前，开单部服务的账户有120 000个居民户和20 000个商业账户。

有两个因素正在影响PPC的获利能力，首先，电力行业的放松管制导致竞争加剧，收费更低，所以PPC必须找到降低经营成本的办法；其次，由于大规模房屋开发和购物中心的建设，PPC公司所在地区电力需求将上升。市场部估计下一年居民户的需求将上升大约50%，商业户的需求将上升10%。由于BD目前正在满负荷运转，它需要设法扩大运营能力，以满足预期增加的需求量。一个地方劳务局已提出以具有吸引力的更低成本(相对于目前成本)接管BD的职能，劳务局的方案是按每居民户3.5美元以及每商业户8.5美元提供BD的全部职能。我们可以看到，PPC公司的管理者面临着战略和经营的双重决策。为了做出更全面的决策，PPC的管理者需要对每一居民户和每一商业户的成本做出准确的估计。

成本数据：电信设备$58 520；计算机$178 000；监管人员$33 600；纸张$7 320；占用房屋空间$47 000；账户查询人工成本$118 400；复印机、打印机$55 000；收账单人工成本$67 500。

成本动因：查询次数——居民户18 000次(78.26%)，商业户5 000次(21.74%)。

将查询成本分配见表6-13。

表6-13　查询成本分配表

	成本/查询次数	查询次数	总成本	账户数	成本/账户数
居民户	$24.58	18 000	$442 440	120 000	$3.69
商业户	$24.58	5 000	$122 900	20 000	$6.15
合计	$24.58	23 000	$565 340	—	—

与BD有关的成本都是间接成本，因为它们不能以经济上可行的方法明确唯一的确认客户类型。BD采用传统的成本核算系统，以两类客户账户查询次数为基础分配所有间接支持成本。所有的成本都“捆”在一起，然后再按客户类型的查询次数分配。BD当月收到23 000次账户查询，所以每次查询成本是$565 340/23 000=$24.58，其中18 000个是居民账户查询，占查询总量的78.26%，因此居民账户承担了78.26%的支持成本，而商业账户承担21.74%的支持成本。居民户和商业户每个账户成本分别是3.69美元和6.15美元。假设你是BD的经理，并且知道不同准确度的商业账单需要的开单人工不同，而居民账单则没有区别，然而BD却分配78.26%成本到居民客户。对此你有什么想法呢？

第七章　业绩考核与评价

学习导航

业绩考核与评价是激励机制建设的重要内容，本章介绍了业绩评价的传统方法与EVA、平衡计分卡等现代业绩评价系统。

学习目标

通过本章学习，熟悉业绩评价流程与基本方法，对EVA业绩评价与平衡计分卡有较好理解。

导入案例

四川长虹(股票代码：600839)截至2007年年底，资产总额近180亿元，股东权益总额达到了93亿元。从公司年报中的数字看，四川长虹除2004年因应收账款坏账处理导致巨额亏损外，上市以来所有年度都在盈利。1997年四川长虹迎来了鼎盛时期，净利润达到了26亿元，但从1998年开始净利润持续下滑，到2000年四川长虹的净利润已经低于3亿元，之后(除2004年)净利润一直维持在1～2亿元左右。净利润的急速下降使得四川长虹2000—2007年的资产报酬率仅为1%左右。以传统指标度量企业业绩，管理层通常只会关心扣除了生产成本、费用以及债务利息等项目后，利润是否为正，而不重视企业使用投资者投入资本的成本，即常常忽略其生产经营所获得的收益是否能达到投资者的预期。事实上，任何资金都是有成本的，投资者将资金投入企业，等于是放弃了投资于其他项目所可能获得的收益，即机会成本。只有当企业的盈利水平超过了股东的机会成本时，股东的财富才真正地增加。因此，在衡量企业业绩时，有必要扣除全部资本的成本，剩余的才是企业为股东创造出的新价值。经济增加值计算的正是经营利润与全部资本成本的差额，其增减与股东财富的变化是一致的。自2000年以来，家电行业日渐成熟，市场竞争加剧，各企业的盈利空间已经非常有限；加上自身经营方面的原因，四川长虹的净资产收益率已连续8年低于国债利率。根据风险与收益相匹配的原则，四川长虹的经营业绩显然难以达到股东正常的投资回报预期。

思考

从报表数据看，四川长虹每年都在盈利(会计利润为正)，但其是否为股东创造出了新的价值呢？又是什么因素影响了企业新价值的创造？对管理层有何启示？

小看板

资产报酬率之类的传统企业业绩评价指标，均是以会计利润为基础的。本章将介绍一些新的业绩评价指标，以克服传统指标的缺陷。

第一节　业绩评价指标与流程

企业业绩是一定经营期间的企业经营效益和经营者业绩，是运用数理统计和运筹学的方法，通过建立综合评价指标体系，对照相应的评价标准，定量分析与定性分析相结合，对企业一定经营期间的经营效益和经营者业绩做出客观、公正和准确的综合评判。对企业进行业绩评价，一方面可以通过业绩评价目标和各层面的指标，使企业发展战略在组织内更加明确，便于企业所有者、经营者及企业内部员工理解企业发展战略目标，并将日常工作考核与企业的发展战略联系起来，促使企业管理者和员工目标一致地集中于改进企业的业绩。另一方面，企业业绩评价的结果可以作为企业所有者或政府建立激励机制的基础，以此来引导企业和经营者的经营行为。因此，一个良好的企业业绩评价系统能够帮助和协调决策过程，鼓励组织中的个体采取一致的行动。企业业绩评价系统作为管理控制系统的一部分，在整个企业管理系统中占重要的地位。

一、业绩评价方法及演进

(一) 业绩评价系统的构成

业绩评价系统是指企业(集团)为了达到预算(计划)目标，运用一些评价指标，采用特定的方法，对各子公司(责任中心)的预算(计划)执行情况进行评价的制度。该系统是由以下几部分构成的。

1. 业绩评价主体

业绩评价主体是业绩评价的组织者和实施者，即谁需要对客体进行评价。业绩的评价主体和监控主体一样，是一个多层次的主体，主要包括资产所有者、相关利益主体和政府部门等。

2. 业绩评价客体

评价客体，即评价的对象，包括企业整体、企业内部某一部门、管理者与员工。

3. 业绩评价目标

业绩评价目标代表着一个组织努力追求的一种预期的效果。业绩评价的目标是评价的立足点和目的地，是要通过评价来检验预算执行情况，也为进一步的奖惩提供依据。

4. 业绩评价指标

业绩评价指标是根据评价客体的特性和目标并按相关的评价原则来进行选择。这些评价指标由财务业绩定量评价指标和非财务业绩定性评价指标两大体系构成。

5. 业绩评价报告

评价报告是根据业绩评价结果编制、反映被评价企业业绩状况的文件，由报告正文和附件构成。

以上各构成部分之间的关系如图 7.1 所示。

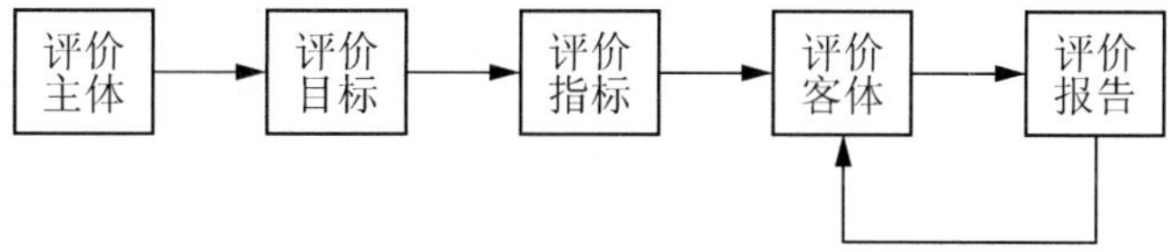

图 7.1　业绩评价系统

(二) 业绩评价方法

业绩评价的方法分为两大类：一类是定量分析法；一类是定性分析法。定性分析法主要是通过直接观察、实地调查、与相关人员座谈等形式达到收集相关资料、了解实际情况、查找原因等目的。定量分析法是通过数据的对比、换算等来查找预算(计划)差异原因的方法。本章重点介绍传统财务指标评价、杜邦财务分析法、沃尔比重评分法、经济附加值绩效评价、平衡计分卡法等企业业绩评价方法。

(三) 绩效评价的历史演进

对企业绩效的真正的评价是在人类社会进入资本主义社会，尤其是现代意义上的公司出现以后。导致公司绩效评价产生的根本原因是公司的所有权与经营权的分离，为了防止经营者侵犯所有者的利益，所有者需要借助相应的评价方式来考核经营者是否称职。企业绩效评价经历了若干时期，其中每一时期应用范围和领域以及指标体系都随着企业生产经营的发展变化以及所处的社会经济环境和管理要求的变化而不断发展变化。

1. 成绩绩效评价阶段(19 世纪初～20 世纪初)

早期企业绩效评价面临的环境是生产规模小、管理水平低、市场上产品供应不足，由于企业生产的产品“皇帝女儿不愁嫁”，对于经营者经营管理水平和能力考核，提高企业资源利用效率，主要侧重于从降低成本的角度进行，标准成本制度建立后的绩效评价主要以标准成本为依据，形成了标准成本绩效评价方法体系。

2. 财务绩效评价阶段(20 世纪初～20 世纪 90 年代)

随着社会分工的不断扩大和市场竞争的日渐激烈，单纯从成本的角度评价已经不能满足对企业经营管理者管理和企业经营绩效的评价要求，企业绩效评价逐步转向以综合考虑收入和成本的利润评价阶段。企业规模的扩大，资本的短缺也使得对于企业信用状况的评价成为企业资源运用绩效评价的一个重要内容。

20 世纪初，亚历山大•沃尔在《信用晴雨表》和财务报表比率分析指标中选择了七个财务比率指标对企业信用水平进行评分，这种综合评价企业财务效益的方法为企业绩效评价的发展开拓了思路。随着财务分析技术的不断丰富和发展，促进了财务综合分析和评价方法的出现，其中最有影响的是美国杜邦公司首创的杜邦财务分析法。杜邦财务分析法以投资报酬率为核心指标，该指标可分解为两个重要的财务指标即销售利润率和资产周转率，这三个指标共同为企业整体及部门的绩效评价提供了重要依据，标志着财务指标评价体系的基本形成。

第一次世界大战以后，西方主要国家市场形态和现代企业制度逐步完善，企业绩效评价思想和理论得到了不断发展和创新，出现了净资产回报率、每股收益率、现金流量和内部报酬率等财务绩效评价方法。20 世纪后半期，还出现了根据每股收益及其增长以及竞争对手相比的回报指标来确定对管理者的补偿。

20 世纪 80 年代末期，在美国经济萧条的环境下许多企业倒闭，但是许多企业倒闭前却是表现出了很好的财务业绩，由此，人们认识到，对于企业资源运用绩效的评价单纯从财务绩效评价是不够的，开始出现了以非财务指标评价企业绩效的探讨，主要的非财务指标包括产品生产周期、客户满意程度、维修成本等。非财务指标的引入对绩效评价体系来说是一大飞跃，但此时绩效评价体系的出发点仍然是企业内部的生产管理问题且仍依据财务指标对管理层进行激励。因此，这一时期是以财务指标为主、非财务指标为补充的财务绩效评价时期。

3. 绩效评价创新阶段(20 世纪 90 年代至今)

20 世纪 90 年代后，随着经济全球化和世界经济一体化进程的不断加快，企业间的竞争进一步加剧，使得越来越多的企业开始从战略高度考虑企业的长期目标和短期发展的契合问题，如何顺应环境变化，为企业战略管理服务成为绩效评价体系所面临的新课题。

为了更好地度量和评价企业的核心竞争力，一些西方国家的投资者、管理咨询师否定了过去单纯以利润和现金流等财务指标进行公司绩效评价的方法，而代之以企业价值最大化为目标，即企业现时和未来的判断标准是企业拥有知识资本和社会资源的多少，包括技术人才的多少、创新效率的高低、顾客认同程度的高低、市场占有率的多少、经营环境恶化程度的高低等，形成了财务指标与非财务指标相结合的绩效评价体系，如著名的业绩综合评价工具——平衡计分卡。

二、传统业绩评价指标体系与举例

传统业绩评价指标体系主要通过财务业绩指标来实现，财务业绩评价是指对企业一定期间的盈利能力、资产质量、债务风险和经营增长四个方面进行定量对比分析和评判。在比率分析法中，每一项财务分析指标都是从某一个特定的角度就企业某一方面的经营活动进行分析，它们都不足以全面评价企业的总体财务状况和经营业绩。为了弥补这一缺点，可将所有有关指标按其内在联系结合起来，对企业的偿债能力、盈利能力、营运能力(资产管理效率)等进行全面综合的分析，不仅研究其单一比率的强弱、好坏，而且还研究不同比率之间的互动关系。

(一) 主要的财务业绩指标

企业主要的财务业绩指标包括四个方面的内容：①偿债能力指标，即债务风险分析与评判，主要通过债务负担水平、资产负债结构或有负债情况、现金偿债能力等方面的财务指标，反映企业的债务水平、偿债能力及其面临的债务风险。偿债能力分析根据时间的长短不同具体又可以分为短期偿债能力分析和长期偿债能力分析。②盈利能力指标。企业盈利能力分析与评判主要通过资本及资产报酬水平、成本费用控制水平和经营现金流量状况等方面的财务指标，综合反映企业的投入产出水平以及盈利质量和现金保障状况。③资产营运能力指标。企业资产质量分析与评判主要通过资产周转速度、资产运行状态、资产结构以及资产有效性等方面的财务指标，综合反映企业所占用经济资源的利用效率、资产管理水平和资产的安全性。④企业成长能力指标。企业经营增长分析与评判主要通过销售增长、资本积累、效益变化以及技术投入等方面的财务指标，综合反映企业的经营增长水平及发展后劲。每一类指标包含的主要具体指标的含义、计算见表 7-1。

表 7-1　主要财务业绩指标

类别	指标名称	公式	备注
短期偿债能力	流动比率	流动资产/流动负债	公认合理比例为 2∶1
	速动比率	(流动资产−存货)/流动负债	公认合理比例为 1∶1
	现金流动负债比率	经营活动产生的现金流量净额/流动负债	一般应大于 40%
长期偿债能力	资产负债率	负债总额/资产总额	理想比率为 40%
	权益乘数	资产总额/股东权益	反映基本财务结构是否稳定
	有形净值债务率	负债总额/(股东权益−无形资产净值)	保守反映债务资本受到股东权益保障的程度
	已获利息倍数	息税前利润/利息费用	公认标准值为 3

续表

类别	指 标 名 称	公 式	备 注
盈利能力	总资产净利率	净利润/平均资产总额	反映运用全部资产获利的能力
	净资产收益率	净利润/平均净资产	体现自有资本获得净收益的能力
	销售毛利率	(销售收入-销售成本)/销售收入	毛利率越高，获利能力越高
	销售净利率	净利润/销售收入	衡量销售收入的收益水平
营运能力	存货周转率	销售成本/存货平均余额	说明存货的运营效率
	应收账款周转率	销售收入/应收账款平均余额	说明应收账款的运营效率
	流动资产周转率	销售收入/流动资产平均余额	说明流动资产的运营效率
	总资产周转率	销售收入/总资产平均余额	说明总资产的运营效率
成长能力	主营收入增长率	(本期主营业务收入-上期主营业务收入)/上期主营业务收入	反映主营业务收入增长情况
	净利润增长率	(本期净利润-上期净利润)/上期净利润	反映净利润增长情况
	利润留存率	(税后利润-应发股利)/税后利润	表明税后利润有多少用于留存收益和扩展经营

(二) 杜邦财务分析法

杜邦财务分析法是由美国杜邦公司创造的，又称为杜邦系统或杜邦财务体系分析。它是利用企业各个财务比率间的内在联系，通过对企业盈利能力、偿债能力、营运能力等内在关系的分析，使企业信息使用者更加深刻地来理解各个比率之间的内在关系，从而更全面地了解企业的财务状况。因此杜邦财务分析体系是对企业财务状况进行的综合分析，其作用是解释指标变动的原因和变动的趋势，为采取措施指明方向。它可以从两个方面进行分析，即本企业不同时期的分析(历史比较)和本企业与同行业的分析(行业比较)。杜邦财务分析体系的基本框架如图 7.2 所示。

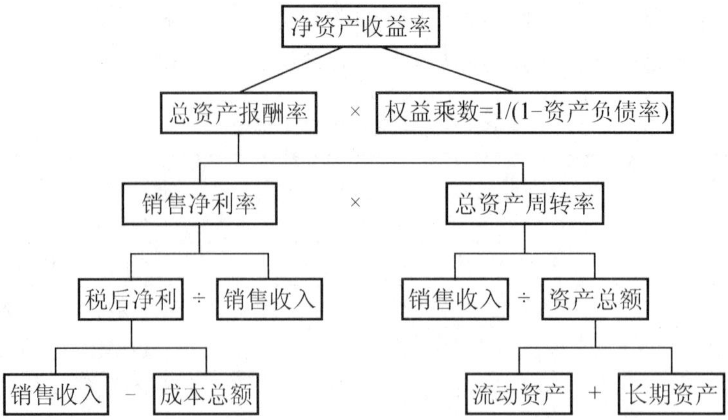

图 7.2　杜邦分析图

从杜邦分析图可知，该系统反映了以下几种重要的关系。

净资产收益率=净利润/平均净资产

=(净利润/平均资产总额)×(平均资产总额/平均净资产)

=总资产报酬率×权益乘数

=销售净利率×总资产周转率×权益乘数

通过以上指标之间的关系可以看出，净资产收益率是一个综合性极强的财务比率，是杜邦财务分析系统的核心。其他各项指标都是围绕这一核心，通过研究彼此之间的依存制约关系，而揭示企业的获利能力及其前因后果。

通过杜邦分析体系提供的财务信息，能够较好地解释指标变动的详细原因和趋势，这为进一步采取措施指明了方向，而且还为企业经理层优化经营结构和理财结构，提高企业偿债能力和经营效益提供了基本思路，即提高净资产收益率的根本途径在于扩大销售，改善经营结构，节约成本费用开支，合理配置资源，加速资金周转，优化资本结构，确立风险意识等。

(三) 沃尔比重评分法

沃尔比重评分法是指选定若干个财务比率，按其重要程度给定一个分值，即重要性系数，总合为 1。然后将实际比率与标准比率比较，评出每项指标的得分，最后对比综合系数与重要性系数以判明企业财务状况的优劣，这一方法也称为财务比率综合评分法，或者叫综合系数法。该方法最早是在 20 世纪初，由亚历山大·沃尔选择七项财务比率对企业的信用水平进行评分所使用的方法，所以也称为沃尔评分法。具体操作步骤如下：

(1) 选择七个财务比率。沃尔选择的七项财务比率分别为流动比率、净资产/负债、资产/固定资产、销售成本/存货、销售额/应收账款、销售额/固定资产、销售额/净资产。

(2) 确定各个比率分别在总评价中的比重，总比重为 100 分。沃尔给出的各个比率的比重分别为流动比率(25)、净资产/负债(25)、资产/固定资产(15)、销售成本/存货(10)、销售额/应收账款(10)、销售额/固定资产(10)、销售额/净资产(5)。

(3) 确定用来对比的标准比率，一般用行业平均值。沃尔给出的各个比率的标准值分别为流动比率(2.00)、净资产/负债(1.50)、资产/固定资产(2.50)、销售成本/存货(8.00)、销售额/应收账款(6.00)、销售额/固定资产(4.00)、销售额/净资产(3.00)。

(4) 利用财务报表计算某一企业各项指标的实际值。

(5) 分别计算七项财务比率的实际值与标准比率的比值，称为关系比率。

(6) 分别用关系比率乘以确定的各项财务比率的比重，得到各项财务比率的综合指数，再将各综合指数累加就得到了企业综合评分。

例如以下是用沃尔评分法给出 M 公司的财务状况评分的结果，见表 7-2。

表 7–2 M 公司沃尔评分结果

财务比率	比重 ①	标准比率 ②	实际比率 ③	相对比率 ④=③÷②	评分 ⑤=①×④
流动比率	25	2.00	2.33	1.17	29.25
净资产/负债	25	1.50	0.88	0.59	14.75
资产/固定资产	15	2.50	3.33	1.33	19.95
销售成本/存货	10	8.00	12	1.50	15.00

续表

财务比率	比重 ①	标准比率 ②	实际比率 ③	相对比率 ④=③÷②	评分 ⑤=①×④
销售额/应收账款	10	6.00	10	1.70	17.00
销售额/固定资产	10	4.00	2.66	0.67	6.70
销售额/净资产	5	3.00	1.63	0.54	2.70
合计	100	—	—		105.35

沃尔评分法综合了企业盈利能力指标、偿债能力指标和发展能力指标，是对企业绩效状况的一个全面评价，它显然比单一指标更科学、合理，但沃尔评分法也存在明显的缺点，主要有以下几点：

(1) 沃尔的评分法从理论上讲有一个明显的问题，就是未能证明为什么要选择这七个指标，而不是更多或更少些，或者选择别的财务比率，以及未能证明每个指标所占比重的合理性。这个问题至今仍然没有从理论上得到解决。

(2) 沃尔评分法从技术上讲也有一个问题，就是某一个指标严重异常时，会对总评分产生不合逻辑的重大影响。以流动比率为例，若标准值为 2，实际值为 4，则关系比率是 2，得分是 50；若实际值为 1，则关系比率就是 0.5，得分是 12.5。由此可见，财务比率提高一倍，评分增加 100%；而缩小一半，其评分只减少 50%。这个毛病是由财务比率与其比重相乘引起的。

(3) 沃尔评分法选取的指标主要侧重于偿债能力分析，对盈利能力和资金周转能力所涉较少。

尽管沃尔的方法在理论上还有待证明，在技术上也不完善，但由于它使用方便，所以在实践中被较为广泛地应用。

(四) 传统绩效评价指标体系的局限性

在工业经济时代，资本、土地等生产要素是较为稀缺的资源，企业的成败主要取决于所拥有的物质资本及其运用情况。为适应工业经济时代的需要，业绩评价指标从最早单一的成本耗费指标发展到获利能力、偿债能力、营运能力、发展能力等多项指标。这些指标反映了实物资本的运用情况和使用效率，能够促使企业对资源进行有效的配置。而在知识经济时代，物质资本的重要性在不断降低，智力资源的重要性相对提升，成为企业长期投资决策的主要内容。市场占有情况、员工素质等非财务因素已成为企业保持长期竞争优势的关键，由此，工业经济时代有效的传统绩效评价指标体系逐渐显露出明显的局限性，有以下几个方面。

1. 依赖的是历史信息，无法体现企业未来的发展状况

前述绩效评价指标的计算都是依据从财务报表中截取的数据，反映的是企业经营活动过去的故事，只能对企业过去的经营决策和经营活动的最终结果进行评价，取得的是滞后性指标，并没有向人们保证或承诺企业“明天会更好”，因此，缺乏对未来发展状况的体现。由于现代企业身处快速巨变的环境中，那种认为“未来是历史的必然延伸”的逻辑受到了巨大的挑战，而我们的决策总是面向未来的。

2. 财务指标反映的范围有局限性

传统业绩评价指标仅仅反映财务数据，而单凭财务数据往往无法了解管理层努力的效果和公司的内部经营状况。另外，财务报告数据本身也可能或多或少地受到会计准则的规定和管理层进行盈余管理的影响。特别是在如今的知识经济时代，企业价值创造不仅仅限于企业有形的资产，相反，企业价值更多地反映企业在市场中的地位和声誉、企业的品牌价值、顾客忠诚度、企业良好的市场渠道、企业的研究与开发能力、企业的人才素质及其培训等，而恰恰这些极为重要的无形资产无法在财务报表内体现，所以仅仅依赖财务数据往往无法对企业绩效做出准确的判断。

3. 可能造成短视行为，无法全面反映企业的长远利益

仅仅采用财务评价指标可能引发企业管理者急功近利的思想和短期投机的行为。如管理者为了实现短期绩效，从其自身利益最大化出发，可能会减少研究开发费用、职工培训费用、环境保护费用和市场调研费用等的支出，这就削弱了企业的长期竞争能力，对企业的长远发展埋下祸根。这种以牺牲长期价值创造为代价的短视行为可能导致企业组织资源的局部优化，而无法实现整体价值的最大化。

4. 未能有效考虑风险，无法正确反映企业目标

传统绩效评价指标体系无法有效衡量风险，往往使企业管理人员不顾风险的大小去追求最大利润。例如，两个项目同样投入 100 万元，本年获利同样是 10 万元，但其中一个项目获利已全部转化为现金，另一个项目则全部表现为应收账款，若不考虑风险的大小，则不能准确判断哪一个更符合企业目标。

三、基于 EVA 的业绩考核与评价

经济增加值(Economic Value Added，EVA)又称经济附加值，是美国思滕斯特(Sterm Stewart)咨询公司于 1982 年提出并实施的一套以经济增加值理念为基础的业绩评价方法、决策机制及激励报酬制度。它是基于税后经营净利润和产生这些利润所需资本投入的总成本的一种企业绩效评价方法。企业每年创造的经济增加值等于税后经营净利润与全部资本成本之间的差额。目前，许多世界知名的跨国公司如孟山都、宝洁、通用电气、联邦快递等都先后采用该方法评价企业及内部各业务部门的经营业绩，而可口可乐公司是较早在管理上应用 EVA 业绩评价方法而获得巨大成功的典范。1995 年，可口可乐公司首席执行官罗伯特·郭思达曾不无感慨地说：“我们非常高兴能够成为第一批采用 EVA 的公司。EVA 给了我们一个有用的工具，以便更好地管理每一个经营单位的业务；EVA 也给了我们一个可靠的原则，以便指导人们每天的行为。”

(一) EVA 的基本原理

EVA 是对企业利润进行适当调整后的经济价值指标，它是企业税后营业净利润减去全部资本成本后的净值，其基本模型为

$$经济增加值=税后经营利润-资本投入额\times加权平均资本成本率$$

其中，税后经营利润根据资产负债表进行调整而得，包括利息和其他与资金有关的偿付，而利息支付转化为收益后，也是要“扣税”的，这与会计报表中的净利润是不同的。

资本投入额既包括债务资本，也包括股东资本，这一指标是企业经营实际占用的资本额，它与总资产、净资产等概念不同。加权平均资本成本率是股权资本成本率与债权资本成本率的加权平均值。

上述模型表明，EVA 是超过资本成本的那部分价值，突出反映了股东价值的增量。企业不能单纯追求经营规模，更要注重自身价值的创作。因此，EVA 可以提供一种可靠的尺度来反映管理行为是否增加了股东财富，以及增加的数量。一般来说，如果 EVA 大于零，表明企业的营业收入扣除所有成本和费用后仍有剩余，该剩余收入属于股东，说明企业创造了价值或财富。EVA 的值越大，表明管理者的业绩越好，企业 EVA 持续增长意味着企业市场价值的不断增加和股东财富的增长，从而实现股东财富最大化的财务目标。相反，如果 EVA 小于零，说明企业不仅没有创造财富，甚至连资本市场以便预期收益(机会成本)都无法获得。

(二) EVA 的实质内涵

以 EVA 作为考核评价体系的目的是使经营者像所有者一样思考，使所有者和经营者的利益取向趋于一致。对经营者的奖励是它为所有者创造的增量价值的一部分，这样，经营者的利益便与所有者的利益挂钩，从而鼓励他们采取符合股东利益的行动，从而在很大程度上缓解因委托代理关系而产生的道德风险和逆向选择，最终降低管理成本。因此，EVA 的实质内涵可以用思滕斯特公司提出的 4M 来阐释。

1. 评级指标(Measurement)

在经济增加值的计算过程中，对传统收入概念进行一系列的调整，从而消除会计工作产生的异常状况，使其尽量与真实情况相吻合。例如，会计准则要求企业把研发费用计入当期成本，而经济增加值则把研发费用资本化并在适当的期间内分期摊销，反映了研发的长期经济效益，从而鼓励企业经营者进行新产品的开发。另外，资本化后的研发费用还要支付相应的资本费用，所以说经济增加值的调整是双向的，可以使业绩评价更趋于合理。

经济增加值通过将所有的资本成本纳入核算范围，表明了在一定时期内企业所创造财富的价值量。由于引入了可接受的最低投资回报的概念，股东得到的回报应当比期望得到的还要多，否则这个企业就没有存在的必要了。

2. 管理体系(Management)

由于经济增加值是全部生产力的度量指标体系，所以经济增加值能够取代其他财务和经营指标体系，并与决策程序相统一，形成完整的企业管理体系。在经济增加值体系下，管理决策的所有方面全部囊括其中，包括战略企划、资本分配、并购或撤资评估、年度计划制定，甚至每天的运作计划。经济增加值真正的作用在于将其广泛应用于企业管理中，包括企业的制度、工作程序和方法及一系列管理决策。建立在经济增加值基础上的管理体系密切关注于股东财富的创造，并以此指导公司决策的制定和营运管理，使其经营更加符合股东的利益。

3. 激励制度(Motivation)

目前许多针对管理人员的激励报偿计划过多地强调报偿，而对激励不够重视。无论奖金量是高还是低，都是通过每年讨价还价的预算计划确定的。在这种体制下，管理人员最强的动机是制定一个易于完成的预算任务并且因为奖金是有上限的，他们不会超出预算太多，否则会使来年的期望值太高，甚至使其信誉受损。

经济增加值体系提出现金奖励计划和内部杠杆收购计划来解决这一问题。现金奖励计划能够让员工像企业主那样得到报酬，而内部杠杆收购计划则可以使员工对企业的所有者关系真实化。经济增加值通过其奖励计划，使企业管理者在为股东着想的同时，也像股东一样得到报酬。经济增加值的奖励计划的主要特征包括五个，一是只对经济增加值的增加提供奖励；二是不设临界值和上限；三是按照计划目标设奖；四是设立将金库；五是不通过谈判，而是通过公式确定业绩指标。这样的奖励计划实际上会使管理者更关注企业绩效的改进。

4. 理念体系(Mindset)

大多数企业利用一系列的评价指标体系来评价企业的财务状况，例如用营业收入和市场份额的增长评价战略计划；用边际毛利或现金流来评价产品的获利能力；用资产报酬与目标利润比较来评价业务部门的经营业绩；部门经理的奖金一般是基于利润计划是否实现，一年兑现一次。这些不统一的标准、目标和术语导致了计划、战略实施以及决策的混乱。在经济增加值制度下，企业所有营运功能都从同一起点出发，为企业各部门员工提供了一条相互交流的渠道。经济增加值的引入给企业带来了一种新的观念，为各部门的交流合作提供了有利条件，为决策部门和营运部门建立了联系通道，并且根除了部门之间互有成见、互不信任的情况。

(三) EVA 的计算

前述基本模型很难直接用于 EVA 的计算，EVA 真正不同于传统会计利润概念之处在于，还需要以传统的会计方法作为基础对一些项目进行调整计算，增加或扣除某些项目，以消除根据会计准则编制的财务报表对企业真实情况的扭曲，具体计算过程如下。

经济增加值=税后经营利润-加权资本成本率×资本投入额

或：经济增加值= (资产利润率-加权资本成本率)×资本投入额

$$K_w = \frac{D_M}{D_M + E_M}(1-T)K_D + \frac{E_M}{D_M + E_M}K_E$$

式中，K_W ——加权资本成本率；

D_M ——负债总额的市场价值；

E_M ——所有者权益总额的市场价值；

T——所得税税率；

K_D——负债的税前成本率；

K_E——所有者权益的成本率。

公式中的税后经营利润是以报告期息税前利润为基础，主要经过下述调整得到的：税后净利润+利息费用+少数股东权益+本年商誉摊销+递延税款贷方余额的增加+其他准备金额的增加+资本化研究发展费用-资本化研究发展费用在本年的摊销。

公式中的资本投入额是以净营运资本为基础，主要经过下述调整得到的：股东权益合计+少数股东权益+递延税款贷方余额(借方余额则为负值)+各种准备金(坏账准备等)+累计商誉摊销+研发费用的资本化金额+借款总额(短期借款、长期借款)。

根据 Stern Stewart 咨询公司的研究，要精确计算经济增加值要进行的调整多达 120 多项。然而，在实际应用中，并不是每个公司都要进行所有这些调整。在大多数情况下，只需要进行 5～10 项重要的调整就可以达到相当的准确程度。一项调整是否重要可以按照下列原则来进行判断，①这项调整对 EVA 是否真有影响；②管理者是否能够影响与这项调整相关的支出；③这项调整对执行者来说是否容易理解；④调整所需的资料是否容易取得。一个子公司在计算经济增加值时，决定需要进行哪些调整，不进行哪些调整，最终目的是要在简便与准确之间达到一种平衡。

表 7-3 展示了某公司的 EVA 计算过程。

表 7-3 EVA 计算示例

单位：元

损益表信息：		
净销售额	20 000.00	
销售成本	12 000.00	
管理成本	6 000.00	
经营净利润	2 000.00	
其他收入	120.00	
EBIT	2 120.00	
经营税费	927.00	
税后经营利润	1 193.00	
资产负债表信息：		
净营运资本	2 500.00	
固定资产净额	3 500.00	
其他资产	337.00	
资本投入额	6 337.00	
加权资本成本率		15%
资产利润率	税后经营利润/资本投入额	18.83%
溢价	资产利润率-加权资本成本率	3.83%
EVA	溢价×资本投入额	242.45

(四) 对 EVA 的评价

运用 EVA 指标衡量子公司业绩和公司投资者价值是否增加的基本思路如下，公司的投资者可以自由地将他们投资于公司的资本变现，并将其投资于其他资产。因此，公司投资者从公司至少应获得其投资的机会成本。这意味着从经营利润中扣除按权益的经济价值计算的资本的机会成本后，才是股东从经营活动中得到的增值收益。EVA 的优点主要是能将公司整体利益与公司业绩紧密联系在一起，避免决策次优化，并减少传统会计指标对经济效率的扭曲。

EVA 的缺点主要有难于反映规模差异；财务导向上可能会导致财务操纵；过分强调现实效果，出现生产经营上的短期行为。结果使得管理者不愿意投资于创新性产品。因为这些创新性投资项目具有共同的经济特征，相关联的成本或费用，至少部分地被确认；产生的利润或收入，要在很久以后才会被确认。因此，由于在可预见的会计期间本部门 EVA 可能较低，管理者多不愿从事创新活动。

第二节　平衡计分卡

单纯从财务指标的角度对绩效进行评价并不能整体评价企业竞争实力和经营业绩。20 世纪 90 年代以来，理论和实务界逐渐认识到一个好的绩效评价体系应该与企业战略目标紧密联系在一起，不仅从财务角度对企业的绩效进行评价，还要从非财务的角度对企业营运进行评价。平衡计分卡就是在这种背景下被开发出来的一种绩效评价工具，它打破了传统的以单一财务指标评价和考核企业经营业绩的做法，经过长期的发展，形成了兼顾企业短期目标与长期目标、财务目标与非财务目标、外部衡量与内部业绩等方面，从财务、客户、内部经营过程和学习与成长等多个角度综合衡量企业经营业绩的一种战略管理方法体系。

一、平衡计分卡的概念

平衡计分卡(Balanced Score Card，简称 BSC)是由卡普兰(Robert S.Kaplan)和诺顿(David D.Norton)于 1992 年率先提出的，目前已经得到广泛的运用。作为一种管理方法的平衡记分卡，首先认为企业是由多种利益主体组成的利益集合体，因此，企业应该向包括员工、供应商、顾客、社区、股东等多种利益的集团负责，企业在经营过程中应该关注和实现与其相关的各种利益主体的目标；其次，将注意力主要放在组织目标的实现方面。平衡计分卡以公司战略为导向，寻找能够驱动战略成功的关键因素，并建立与之密切联系的指标体系来衡量战略实施过程，并进行必要的修改以维持战略的持续成功。

平衡计分卡主要通过财务与非财务考核手段之间的互相补充使绩效考核的地位上升到组织的战略层面，使之成为组织战略的实施工具，同时也是在定量评价和定性评价之间、客观评价和主观评价之间、指标的前馈指导和后馈控制之间、组织的短期增长与长期增长之间、组织的各个利益相关者之间寻求平衡的基础上完成的绩效管理与战略实施过程。平衡计分卡将战略置于中心地位，并使管理者看到公司绩效的广度和总额。

二、平衡计分卡的基本框架

平衡计分卡把企业的使命和战略转变为目标和各种指标，它并不是对传统战略和评估方法的否定，而是对其进行进一步的发展和改善。在保留财务层面的基础上，平衡计分卡又加上顾客、内部经营、革新和学习三个方面。平衡计分卡通过四大指标体系的设计来阐明和沟通企业战略，促使个人、部门和企业的行动方案达成一致和协调，以实现企业价值最大化和长期发展的目标。平衡计分卡的基本框架如图 7.3 所示。

平衡计分卡通过因果关系提供了把战略转化成可操作内容的一个框架。根据这种关系，对企业的战略目标进行划分，可以形成实现企业战略目标的几个子目标，这些子目标是各个部门的目标，同样各中级目标或者评价指标可以根据因果关系继续细分直至最终形成可以指导个人行动的绩效指标和目标。例如，利用资本回报率可以指定财务方面的一项计分卡衡量方法，这一方法的使用可能使现有客户重复购买和增加购买量。因此，客户满意度被纳入平衡计分卡的客户方面，它将对资本回报率产生重大的影响。但是，企业如何才能获得顾客的青睐呢？对顾客偏好的分析结果显示，顾客很重视产品的按时交付和高质量。因此，准时交付率和质量的提高将带来顾客青睐的上升，准时交付率和质量指标被纳入平衡记分卡的内部经营方面。而要提高准时交付率，则需要在企业内部经营过程方面进行一系列的改善，包括对于各种流程的重组和优化，采用更好的信息系统等；要提高质量需要加强全面质量管理，而要从根本上提高准时交付率和质量，则需要企业及其员工的学习来实现。只有将提高质量和准时交付率的各种方法作为一种制度或者形成员工的自发行为时，才可以说这个企业是有生命力的，企业的长远活力才有保障。

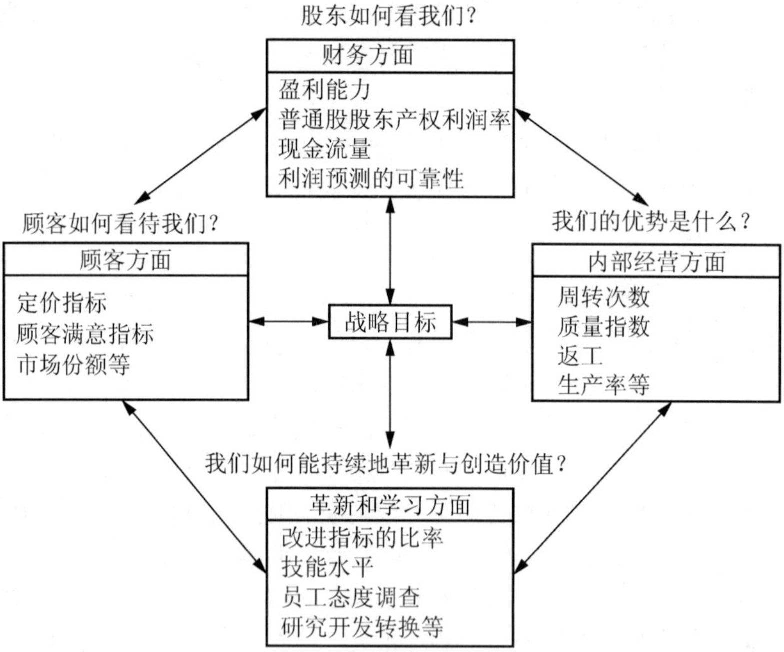

图 7.3　平衡计分卡的框架

三、平衡计分卡实施步骤

从以上的介绍中我们应该明确平衡计分卡对于企业来说不只是一套业绩指标，更重要的是一个战略管理的系统，它的制定与实施是一个复杂的系统，需要综合考虑诸多因素，并获得企业中从最高层管理人员到实际操作员工的全面支持。编制一套完整有效的平衡计分卡，关键在于将企业的战略目标同实现战略的各种驱动因素很好地结合起来。一般而言，平衡计分卡的编制应遵循以下七个步骤：

(1) 明确公司的使命及战略目标。企业首先应建立使命与战略，应当简单明了，并对各部门都有实际意义，使每一部门都可以采用一些绩效衡量指标去完成公司的使命与战略。

(2) 成立平衡计分卡领导小组，解释企业的使命及战略目标，并建立财务、顾客、内部经营、革新与学习四个方面的具体目标。

(3) 绩效指标体系的设计与建立。依据企业战略目标，结合企业的长短期发展需要，为上述四类具体目标找到最具有意义的衡量指标，并对所设计的指标进行自上而下的交流。征询各方面的意见，使所设计的指标体系达到平衡，从而能够全面地反映和代表企业的战略目标。

(4) 加强企业内部沟通和教育。利用各种沟通渠道，如定期或不定期的刊物、信件、公告栏、标语和会议等让各层人员了解企业的使命及战略目标，同时也让他们知道业绩评价系统。

(5) 确定每个年度、季度及月度的绩效衡量指标的具体数字，并将其与企业的计划和预算相结合。

(6) 将企业的激励制度同平衡计分卡相挂钩。只有这样才能使平衡计分卡落到实处，真正地发挥作用。

(7) 考虑员工反馈的意见，修正平衡计分卡的具体指标并改进企业战略。只有经过反复改进才能使平衡计分卡更好地为企业战略目标服务。

一般来说，上述步骤中最难的是明确企业的使命和战略目标。企业战略的制定已经成为现代企业管理中的一个重要组成部分，制定企业战略需要经历一系列的分析过程，并综合考虑外部环境及自身能力。目前，最常用的方法是美国学者波特提出的 SWOT 分析法。在 SWOT 分析中，S 指 Strength，W 指 Weakness，O 代表 Opportunity，T 代表 Threat，SWOT 分析就是针对企业自身所具有的优势和劣势，以及所面临的机会和威胁，并对其进行深入分析，为企业制定合适的战略。

四、对平衡计分卡的评价

(一) 平衡计分卡绩效评价体系的优点

平衡计分卡从创立到现在的实践，其优越性得到了充分的验证，与传统的绩效评价体系相比，平衡计分卡的优点突出表现在以下几个方面。

1. 实现了财务指标与非财务指标的平衡

在平衡计分卡中既包括财务指标，如营业收入、利润率、现金流量等，又包括非财务指标，如顾客满意度、顾客保持程度、创新能力、员工培训次数等。

2. 揭示了企业价值创造的动因

平衡计分卡所包括的财务、顾客、内部经营、革新与学习四个方面之间具有因果关系，根据这一关系，企业在针对不良绩效进行事后分析时，就能够很容易地查找到产生问题的根本原因，在事前预算与事中控制时，也能从根本处入手，针对薄弱环节采取有效的措施，从而能够保证财务指标的实现，切实提高企业的真实绩效。

3. 有助于企业战略管理的实施

通过建立平衡计分卡，将企业的远景与战略转化为一系列相互联系的衡量指标，确保企业各个层面了解长期的战略，促使各级部门采取有利于实现远景和战略的行动，将部门及个人目标与企业长期战略紧密联系在一起，从而加快企业战略目标的实现。

(二) 平衡计分卡绩效评价体系的缺点

1. 绩效评价内容方面

平衡计分卡只分析了财务、顾客、内部经营、革新与学习四个方面，但影响企业绩效的因素并不止这四个方面。

2. 绩效评价各方面的权重问题

平衡计分卡绩效评价体系指出了影响绩效的四个方面(财务、顾客、内部经营、革新与学习)，也指出了各方面的一些具体指标。但平衡计分卡并没有给出各个方面在整个体系中应占有的分值或比重，更没有给出在某个方面中的各个具体指标的计分比例。因此导致平衡计分卡在实际操作中无法区分评价企业绩效指标的重要程度，使评价结果的客观性受到一定程度的影响。

3. 绩效考核指标间的内在联系方面

平衡计分卡只分析了四个方面的因果联系，而没有具体分析四个方面下属的各个具体指标间的关系，这就可能导致平衡计分卡在实际运用中由于这四个方面下属的多个指标间的内在联系的不确定，致使在绩效评价中理不清头绪、分不清轻重，造成管理上的混乱。通过对多重指标间的关系的划分也容易引起争议，导致有关利益关系人之间的不和谐。

4. 关键绩效指标的创建和量化方面

平衡计分卡需要从四个角度制定指标对绩效进行考核，财务角度的绩效指标比较容易创立和量化，但其他三个角度的指标就需要企业的管理层根据企业战略和运营的主要业务、外部环境加以仔细斟酌。有些重要指标很难量化，如员工满意度方面的指标，需要搜集大量信息，并且要经过充分的加工后才有实用价值，这就对企业信息传递和反馈系统提出了很高的要求。

5. 平衡计分卡建立的成本方面

平衡计分卡的编制和分解工作量很大，除要求对于战略的深刻理解外，还需要消耗大量精力和时间识别不同层面的关键成功因素及衡量标准，把它分解到部门和个人，并找出恰当的指标。平衡计分卡往往通过部门来分解指标，但很多项目又是跨部门的，指标很难细化到每个人，为此企业需要付出较大的代价。因此平衡计分卡建立的成本较高，工作量较大。

习　　题

一、单项选择题

1. 在下列财务业绩评价指标中，属于企业获利能力基本指标的是(　　)。

A. 营业利润增长率　　B. 总资产报酬率

C. 总资产周转率　　D. 资本保值增值率

2. (　　)把企业的使命和战略转变为目标和各种指标，它并不是对传统战略和评估方法的否定，而是对其进一步的发展和改进。

A. 剩余收益　　B. EVA

C. 业绩金字塔　　D. 平衡计分卡

3. 平衡记分卡是一种系统的绩效考核技术，从财务角度、(　　)角度、内部流程角度及学习与发展角度四个方面对企业的经营绩效进行考核。

A. 客户　　B. 外部流程

C. 员工个人　　D. 职业发展

4. 产权比率与权益乘数的关系是(　　)。

A. 产权比率×权益乘数=1

B. 权益乘数=1/1(1−产权比率)

C. 权益乘数=(1+产权比率)/产权比率

D. 权益乘数=1+产权比率

5. 其他条件不变的情况下，如果企业过度提高现金比率，可能导致的结果是(　　)。

A. 财务风险加大　　B. 获得能力提高

C. 营运效率提高　　D. 机会成本增加

6. 其他条件不变的情况下，下列经济业务可能导致总资产报酬率下降的是(　　)。

A. 用银行存款支付一笔销售费用

B. 用银行存款购入一台设备

C. 将可转换债券转换为优先股

D. 用银行存款归还银行借款

7. 用于评价企业盈利能力的总资产报酬率指标中的“报酬”是指(　　)。

A. 息税前利润　　B. 营业利润

C. 利润总额　　D. 净利润

8. 下列各项中，不会影响流动比率的业务是(　　)。

A. 用现金购买短期债券　　B. 现金购买固定资产

C. 用存货进行对外长期投资　　D. 从银行取得长期借款

9. 下列各项中，可能导致企业资产负债率变化的经济业务是(　　)。

A. 收回应收账款

B. 用现金购买债券

C. 接受所有者投资转入的固定资产

D. 以固定资产对外投资(按账面价值作价)

10. 某企业2014年主营业务收入净额为36 000万元，流动资产平均余额为4 000万元，固定资产平均余额为8 000万元。假定没有其他资产，则该企业2014年的总资产周转率为(　　)。

A. 3.0　　　　B. 3.4

C. 2.9　　　　D. 3.2

二、简答题

1. 业绩评价的意义是什么？

2. 企业的业绩评价系统有哪些内容？

3. 传统的绩效评价方法主要有哪几种？

4. EVA与传统会计利润的区别是什么？

5. 以EVA作为评价企业业绩的工具，其优势主要表现在哪里？

6. 平衡计分卡系统的主要思想是什么？其中体现的平衡观点是什么？

三、计算分析题

1. 某公司流动资产由速动资产和存货构成，年初存货为145万元，年初应收账款为125万元，年末流动比率为3，年末速动比率为1.5，存货周转率为4次，年末流动资产余额为270万元，一年按360天计算。

要求：

(1) 计算该公司流动负债的年末余额。

(2) 计算该公司存货的年末余额和年平均余额。

(3) 计算该公司本年的销货成本。

(4) 假定本年赊销净额为960万元，应收账款以外的其他速动资产忽略不计，计算该公司应收账款的周转期。

2. 某商业企业2014年度赊销收入净额为2 000万元，销售成本为1 600万元；年初、年末应收账款余额分别为200万元和400万元；年初、年末存货余额分别为200万元和600万元；年末速动比率为1.2，年末现金比率为0.7。假定该企业流动资产由速动资产和存货组成，速动资产由应收账款和现金类资产组成，一年按360天计算。

要求：

(1) 计算2014年应收账款的周转天数。

(2) 计算2014年存货的周转天数。

(3) 计算2014年年末流动负债的余额和速动资产的余额。

(4) 计算2014年年末的流动比率。

3. 已知MT公司2010年年初所有者权益总额为1 500万元，该年的资本保值增值率为125%(该年度没有出现引起所有者权益变化的客观因素)，2013年年初负债总额为4 000万元，所有者权益是负债的1.5倍，该年的资本积累率为150%，年末资产负债率为0.25，负债的平均利率为10%，全年固定成本总额为975万元，净利润为1 005万元，适用的企业所得税税率为33%。

要求：根据上述资料，计算 MT 公司的下列指标。

(1) 2010 年年末的所有者权益总额。

(2) 2013 年年初的所有者权益总额。

(3) 2013 年年初的资产负债率。

(4) 2013 年年末的所有者权益总额和负债总额。

(5) 2013 年年末的产权比率。

(6) 2013 年的所有者权益平均余额和负债平均余额。

(7) 2013 年的息税前利润。

(8) 2013 年的总资产报酬率。

(9) 2013 年已获的利息倍数。

(10) 2014 年经营杠杆系数、财务杠杆系数和复合杠杆系数。

四、案例分析题

1. 公司简介及实施背景

飞利浦，1891 年成立于荷兰，主要生产照明、家庭电器、医疗系统方面的产品，是一家大型跨国公司。但是在 2001 年，公司净亏损超过 9 亿美元，销售额下降 20%。在产品线方面，飞利浦产品线拉得过长，多元化进入领域较多，飞利浦在营销方面也显得止步不前。同时，飞利浦在全球业务管理中采用的高度自治的业务模式也使得其在管理费用方面的支出比其他跨国公司高出许多。在这种情况下，公司开始实施平衡计分卡。

2. 平衡计分卡的实施

在具体实施前，飞利浦首先进行的工作是员工辅导。飞利浦中国用了近 3 年的时间对集团公司和在中国的多家公司、办事处的近 2 万名员工逐层进行辅导。实施中，最为烦琐但最关键的是将战略目标分解量化为数字指标。第一层次分解发生在公司最高层，地区总裁和各个分管工作的副总裁根据自己的职责和以往业绩，确定 3 年内的长期发展目标和 1 年内的短期目标，同时按照重要程度一一列举了要达到这些目标的关键成功指标(Critical Success Indicators， CSI)，而且量化了要完成每一个 CSI 的关键绩效考核指标(Key Performance Indicators， KPI)。飞利浦逐层进行诸如此类的分解，直到每个基层员工，而且在每层分解中，财务结果、客户满意度、组织管理流程和个人能力这四个基本方面都必须包括在内。

3. 平衡计分卡的层次

飞利浦运用了一套全球统一的战略分解流程，保证所有的经理和员工都聚集在关键目标和首要任务上。高级管理层从设定年度运作目标和目标值开始，把它们分解到整个组织的各个层次，最终落实到全球各分支结构和事业单位。飞利浦为其平衡计分卡设定了三个层次，①战略回顾计分卡；②运作计分卡；③经营单位计分卡，后来又引进了第四层次的计分卡即员工个人计分卡。为了确保上一层次计分卡能够和下一层次计分卡紧密联系，公司指定了平衡计分卡的指导标准，要求所有高层次的关键成功因素必须通过指标与低层的计分卡联系起来。为了达到这个要求，企业规定了以下三个原则，①包容——低层目标必须能体现出高层目标，这样才能实现高层目标；②持续——关键成功因素必须通过各层计分卡相互关联，低层目标的循环周期不应长于高层目标；③强劲——满足低层关键成功因素的同时应该确保并实现甚至超越高层目标。在计分卡从高层到低层时，目标的数量和复杂度都应相应地降低。

4. 平衡计分卡的四个方面

飞利浦首先在四个方面确认了关键成功因素(Critical Success Factor， CSF)：①能力方面，包括领导力、团队合作、知识和技术；②流程方面，飞利浦称之为绩效驱动因素；③客户方面，也就是飞利浦的价值定位；④财务方面，包括生产力、企业成长和价值。各经营单位为其平衡计分卡的四个方面都制定了关键成功因素。管理团队一起讨论并最终决定哪些关键成功因素使他们区别于竞争对手。各经营单位都为自己的关键成功因素明确了关键绩效指标。它们量化了对流程与结果之间关系的臆测，明确了绩效的流程驱动因素。而一旦找出了当前和期望绩效之间的差距后，他们分别设定当年、两年后和四年后的绩效目标。设定这些目标主要基于对客户基数、市场大小、品牌价值、创新能力等多个因素的分析以达到世界级绩效的要求。各经营单位四个方面的绩效指标的例子如下，①财务——盈利、运营收入和现金流、运营资金和库存周转率；②顾客——市场份额、客户调查排名、重复订单和客户投诉；③流程——流程周期(缩短比例率)、工程改变数量、设备利用率、订单相应时间和流程能力；④革新与学习——领导能力、每位员工的培训天数、参与质量改进小组的工作。各事业单位每个季度都用这些平衡计分卡指标来评价它们的绩效，特别关注客户和流程这两个方面的关键成功因素及在目标之间建立的紧密联系。飞利浦在定义关键成功要素、每个方面的目标、绩效指标和目标值上投入了大量的精力，并对经营单位的平衡计分卡及其取得的成果进行季度性回顾。

5. 平衡计分卡的运作

飞利浦在运作平衡计分卡时，将其和全面质量管理相结合，以保持平衡计分卡持续循环的动力。在飞利浦，平衡计分卡有着一个持续的循环系统，计划(Plan)—执行(Do)—核查(Check)—改善(Act)，简称为PDCA循环圈。从管理层到员工层的关键绩效考核指标被确定的同时，每个关键绩效考核指标的PDCA周期也同时确定下来。平衡计分卡使员工全力关注于重要的工作，并理解绩效的驱动因素。在公司每月的管理例会上，平衡计分卡都是一个例行话题，管理层都会抽出时间查看各个部门关键绩效考核指标的完成情况。飞利浦高级管理团队运用平衡计分卡指导每个季度的全球管理回顾，并把它作为一个机制鼓励持续改进和组织学习。

6. 实施效果

飞利浦运用平衡计分卡明晰了企业的远景和战略，进一步突了出飞利浦的发展重点。多种非核心业务被出售，不具备良好发展前景或不适合公司发展的业务也都被剥离，多项传统业务被外包出去。飞利浦将重心放在增长最快、利润最大的业务上，即高科技领域，以适应信息社会的发展。经过一系列的努力，2003年度业绩报告显示，飞利浦已基本恢复盈利。平衡计分卡给飞利浦全球集团带来的价值是它创建了一个全球沟通系统，使得所有分支机构都能够分享最佳实践，共同协作并解决问题。平衡计分卡方法对飞利浦的文化变革流程也起到了很大的作用，使飞利浦转变成了一个学习氛围更加浓厚的学习型组织。

要求：根据该案例谈谈对平衡计分卡的认识。

第四篇　管理会计前沿

第八章　战略管理会计

学习导航

战略管理会计在传统管理会计的基础上，逐渐发展起一系列比较完善的战略管理会计方法。

学习目标

通过本章学习，了解战略管理会计的产生和发展，熟悉战略管理会计的主要方法即价值链分析法、战略成本动因分析法、竞争对手分析法等。

导入案例

耐克起源于 1962 年，由菲尔·耐特首创，当时命名为“蓝丝带体育”，20 世纪 70 年代正式更名为 Nick，1980 年它初步超过阿迪达斯，在美国运动鞋业内坐上头把交椅，占据约 50%的美国市场份额。从那时起，耐克开始实行积极进取的市场活动，签约顶级运动员，并创造了“只管去做”(Just Do It)这一口号。耐克将它的运动鞋定位为具有创新设计与技术、高价位的高品质产品。耐克凭借丰富的产品类型以及杰出的设计，在 2000 年占据了超过 39%的美国运动鞋市场，几乎是阿迪达斯市场份额的两倍。从 20 世纪 70 年代开始，耐克就从一家产品导向的公司逐渐转变为一家市场导向的公司。它在全球范围内运营，在公司内部设计高技术和高品质的产品，在低成本的国家生产，再成功地通过营销建立起作为青少年亚文化标志的品牌。耐克的独特资源包括专利产品和商标、品牌声誉、公司文化和公司独特的人力资产。

请分析耐克如何在其资源和实力的基础上发展成竞争优势?

提醒：

从生产、销售、市场和产品开发等方面分析耐克的价值链。

小看板

价值链分析已成为一种用来全面分析企业的竞争优势，帮助企业制定、实施和检测企业竞争战略的方法。

第一节　战略管理会计概述

一、战略管理会计的形成与演进

20 世纪 50 年代以前，大多数企业的经营处于一个相对稳定的外部环境中，这时管理会计的主要功能是向内部管理人员提供有助于经营决策的相关信息，并未关注企业的外部环境及其变化。随着科学技术以及社会生产力的迅猛发展，企业内外部环境发生了剧烈变化，企业的管理思维、管理方式随之发生了深刻的变革，对管理会计的理论与方法提出了新的要求和挑战。尤其是进入了创新时代后，需求结构从传统的大批量、标准化、为满足基本消费品需求的生产过渡为小批量、高质量的、满足个性化需求的生产；科学技术水平发展推动产品与制造工艺的发展，加剧了企业间的竞争。现代化通信与交通的发展，全球市场的开放，为企业提供了新的机遇，为资本输出、跨国经营、全球化生产创造了条件，同时也给企业带来了巨大的竞争风险。垄断行为、环境污染等这些由于企业过分追求利益最大化而造成的负面影响引发了社会、政府、民间组织、顾客对企业的不满，企业必须面对来自外部的压力甚至法律的制约。为适应这一时代的特征，各企业纷纷改变管理方式，从仅要求遵循规章制度的刚性管理转变为以人为本的柔性管理，建立弹性制造系统，采用全面质量管理，实行小量多样化的生产，以满足顾客多样化、高质量的需求。灵捷制造系统(Agile Manufacturing System)的出现更是集中先进的生产制造技术、动态的组织结构、快捷的网络技术，以及高素质的、协作良好的员工等优势，旨在打造快速适应市场的制造体系。

为了顺应上述发展趋势，战略管理应运而生。它以强调外部环境的影响、重视内外协调和面向未来等特点，在短短二十几年间已为世界 500 强中的许多企业所采用，旨在寻求企业持之以恒的竞争优势，帮助企业在提高内部效率的前提下，对抗来自外部的越来越多难以预料却又生死攸关的挑战。就如 20 世纪 40 年代盛行的成本会计未能把 20 世纪 50 年代已开始流行的决策分析理念纳入其体系，从而管理会计因其决策相关性而取代成本会计成为一种新的决策指导一样，战略管理这一新的理论的蓬勃发展，使人们开始重新审视现行管理会计的理论与方法，并普遍认为其缺乏战略相关性，不能为战略管理提供强有力的决策分析信息支持。因此，自 20 世纪 80 年代以来，人们开始将战略的因素引入管理会计的理论与方法中，并将其逐步推向战略管理会计(SMA)的新阶段。发展战略管理会计成为现行管理会计理论与方法的一个非常必然的发展阶段。

二、战略管理会计的含义

“战略管理会计”一词的首创者是被公认为战略管理会计之父的英国学者赛门斯(R. R. Simmonds)提出的。在他 1981 年出版的《战略成本分析——从管理会计到战略会计的演进》一书中将战略管理会计定义为“用来构建与监督企业战略的有关企业及其竞争对手的管理会计数据的提供与分析”。我国在 20 世纪 80 年代就对管理会计的发展较为关注的余绪缨教授认为，战略管理会计是为企业战略管理服务的会计，它可从战略的高度，围绕企业、顾客和竞争对手组成“战略三角”，既提供顾客和竞争对手具有战略相关性的外向型信息，也对本企业的内部信息进行战略审视，帮助企业决策层知己知彼地进行战略的制定和实施，借以最大限度地促进本企业价值链的改进与完善，保持并不断创造竞争优势，以促进企业长足、健康的发展。

本书认为，战略管理会计是适合于企业战略管理需要的管理会计信息系统和重要的决策工具，即服务于战略比较、战略选择和战略决策的一种新型管理会计，它是管理会计向战略管理领域的延伸和渗透。具体而言，战略管理会计是会计人员运用专门方法，为企业提供企业内部和企业外部市场以及竞争者的信息，通过战略分析、比较和选择，帮助企业管理当局制定、实施战略计划以取得竞争优势的手段。

三、战略管理会计的基本内容

从战略管理会计的发展过程和特点来看，战略管理会计的体系内容应该是围绕着战略管理展开的，主要包括以下五个方面的内容。

(一) 制定战略管理目标

战略管理会计首先要协助企业管理者制定战略目标。企业的战略目标可以分为三个层次即公司总体战略目标、经营竞争战略目标、品牌战略目标。公司总体战略目标主要是确定经营防线和业务范围方面的目标；经营竞争战略目标主要研究的是产品和服务在市场上竞争的目标问题；品牌战略目标所要明确的是在实施经营竞争战略过程中，当产品具有很强的同质性、消费者面对纷繁复杂的产品信息往往无法做出正确的选择时，企业应该主要依靠品牌战略定位来确立竞争优势。

(二) 战略管理会计信息系统

战略管理会计信息系统指收集、加工和提供战略管理信息资料的技术和方法体系。战略管理会计信息系统提供的信息主要包括有关企业基本情况的说明信息；对企业分析、预测以及与竞争对手进行比较的信息；客户方面的信息；对竞争对手的分析、评价及发展趋势进行预测的信息；政府政策、市场情况、国际形势及可能影响到企业发展方面的信息；企业自愿披露的其他信息等。战略管理会计信息的来源除了企业内部的财务部门外，还包括市场、技术、人事等部门，以及企业外部的政府机关、金融机构、中介顾问、大众媒体等。

(三) 战略成本管理

成本管理是企业管理中的一个重要组成部分。在成本管理中导入战略管理思想，实现战略意义上的功能拓展，便形成战略成本管理。在战略思想指导下，战略成本管理关注成本管理战略环境、战略规划、战略实施和战略绩效，可表达为不同战略选择下如何组织成本管理。战略成本管理与传统的成本管理相比存在很大区别，具体见表 8-1。

表 8-1　战略成本管理与传统成本管理的区别

传统成本管理会计战略管理会计
(1) 目标不同 以降低成本为目标/局部性/具体性以企业战略为目标/全局性/竞争型
(2) 范围不同 较狭窄(考虑近期的成本效益原则)/较长远(考虑长期的战略效益)
(3) 时间不同 短期的(每月、每季、每年)/长期的(产品生命周期)
(4) 效果不同 暂时性/直接性长期性/间接性
(5) 对象不同 表层面/直接成本动因深层次/表现在质量、时间、服务、技术创新等方面的动因
(6) 概念不同 仅指产品的短期成本质量成本、责任成本、作业成本等
(7) 重点不同 重视成本结果信息/事后信息重视成本过程信息/实时信息
(8) 观念不同 注重内部成本管理，较少联系宏观政策/注重外部环境，分析企业的市场定位，政策、外部竞争对手、环境资源等，提供预警信息，及时调整企业竞争战略。难以超越本会计主体的范围

战略成本管理的基本框架是对成本驱动因素运用价值链分析工具，明确成本管理在企业战略中的功能定位。价值链分析、战略定位分析、成本动因分析构成了战略成本管理的基本内容。

(四) 战略投资决策

传统的管理会计采用项目的净现值或者内部收益率等方法作为评价投资项目是否可行的标准，这种评价方法都是建立在成本和收益可以量化的基础上。而战略管理会计将成本和收益分为五类：①可以直接用货币表示的；②可以换算为货币表示的；③不能用货币表示的；④传统管理会计没有考虑某个项目的接受与否是否与公司的整体战略相吻合，如一家公司为了短期效益应客户要求生产了一批质量较低的产品，尽管接受这个订单在经济上是可行的，却可能影响公司在顾客心目中注重质量的形象，从而可能削弱企业的竞争优势，这实际上也是接受该订单的一种成本，只是这种成本不能得到量化或货币化；⑤传统管理会计没有充分考虑风险在项目执行中的影响。

(五) 战略绩效评价

战略绩效评价是战略管理会计的重要组成部分。从战略管理的角度来看，绩效评价是连接战略目标和日常经营活动的桥梁。良好的绩效评价体系可以将企业的战略目标具体化，并且有效地引导管理的行为。关于战略绩效评价的方法和内容在业绩评价里详细讲解，这里就不再重复。

第二节 战略管理会计的主要方法

作为一门新兴的学科，战略管理会计在传统管理会计的基础上，逐渐发展起一系列比较完善的战略管理会计方法，如价值链分析法、战略成本动因分析法、竞争对手分析等。随着战略管理会计研究的持续拓展以及实务的不断发展，战略管理会计将更多地吸取相关学科的最新研究与实务方法的精华，逐步壮大战略管理会计的方法体系。

一、价值链分析

在20世纪80年代中期美国学者波特提出了著名的价值链理论，将企业的经营活动定义为一条由一系列相互关联的价值增值活动组成的链条，链条上的所有环节分为基本增值活动和辅助增值活动，每一项活动都有不同的成本投入并带来相应的价值增值。实质上，现代企业可以看成是为满足顾客需要而建立的一系列有序作业的集合体。在诸如产品设计、工作准备、市场营销、存货收发等作业之间，形成一个始于供应商、经过企业内部、最后为顾客提供产品的作业链，所以现代企业就是一个由此及彼、由内到外的作业链。

在战略管理会计中，企业从战略角度进行价值链分析，可以从企业内部了解价值产生的全过程，也可以从行业价值链分析中了解自己与上下游价值链之间的关系，通过对竞争对手价值链的分析来了解自己与竞争对手的差异。通过以上价值链的分析，最后再来决定企业应采取的竞争战略。

(一) 企业内部价值链分析

企业内部价值链中的作业可以分为可增加价值的作业和不增加价值的作业，因此优化价值链就是要尽可能消除不增值的作业，同时对可增加价值的作业也要尽可能地提高其运作效率，并减少其对资源的占用和消耗。优化内部价值链要求会计人员协助企业管理人员做好以下工作，找出能够产生顾客价值的主要作业；剔除不增加顾客价值的作业；决定最佳的竞争优势策略。无论采用什么方法，企业都应始终围绕增加顾客价值这一中心，对顾客需求做出迅速反应。如果企业在优化内部价值链方面取得优于竞争对手的成果，就能更好地满足顾客需求，即赢得竞争优势。

(1) 价值链成本分析。找出企业价值产生的主要作业活动，企业内部价值链的主要作业活动一般包括新产品研发、产品设计、原材料购买、生产制造、仓储运输、销售与顾客服务。但每个公司根据其竞争优势所采用的价值链，并不一定包括上述的所有作业活动。

(2) 内部差异价值分析。企业内部差异价值分析的主要步骤：首先，找出产生顾客价值的主要作业活动；其次，评估增加顾客价值的各种差异化策略。

【例 8-1】 从战略管理会计角度进行的零部件自制与外购的综合决策案例。

已知：某计算机信息公司是北卡罗来纳州德海姆地区的一家小型企业，由于公司在服务和可靠性方面有很好的信誉，因此顾客在不断增长，该公司所需要零部件的采购成本是500 美元，其中价值 300 美元的部分也可以自制，自制的单位材料成本是 190 美元，每月的人工和设备成本是 55 000 美元，该公司目前拟进行该部分零部件是自制还是外购的决策。

如果该公司自制零部件，还拟将营销、运送货物和服务外包给德海姆的另一家公司 JBM 公司，这样每月可为该公司节约成本 175 000 美元，外包的合同价在每月平均销售 600 台计算机的基础上，每台的价格是 130 美元。该公司对此利用价值链、竞争能力等分析进行最终的综合决策。

该公司利用价值链分析确定，产业价值链包括设计、原材料采购、零部件的形成、计算机装配、销售、最终用户六个环节。除上述资料外，该公司目前的主要作业生产是将从外部电子公司购入的零部件和少量的金属加工件装配成产品，装配的单位成本是 250 美元。依据上述资料，该公司据此编制的产业价值链分析见表 8-2。

表 8-2 计算机信息公司的价值链分析

价值作业 \ 方案		维持目前状况(外购零部件)	自制零部件(同时外包销售、货物运送和服务)
设计		该公司与此价值链无关	该公司与此价值链无关
原材料采购		该公司与此价值链无关	该公司与此价值链无关
零部件	外购的零部件	采购这些零部件的单位成本是 200 美元	采购这些零部件的单位成本是 200 美元
	即可自制又可外购	采购这些零部件的单位成本是 300 美元	该公司的单位生产人工成本为 190 美元，外加每月固定费用 55 000 美元
装配		单位成本为 250 美元	单位成本为 250 美元
销售、运输和售后服务		每月成本为 17 500 美元	外包给 JBM 公司，单位成本为 130 美元

要求： 分别按传统管理会计和战略管理会计的方法为该企业作出零部件是自制还是外购的决策。

分析过程如下：

依据题意，假设该公司的月销售量为 600 台，按照传统管理会计的计算，两方案的相关成本计算如下。

方案一的相关成本=300×600+175 000=355 000(美元)

方案二的相关成本=(190+130)×600+55 000=247 000(美元)

计算结果表明，该公司应选择方案二，这样可以使该公司每月节约成本 108 000 美元。

从战略管理会计的角度看，该公司必须结合公司的竞争战略情况进行综合考虑。

首先，该公司认为销售之所以不断增长的原因是顾客满足于该公司的服务和可靠性，这是该公司的优势，如果将该公司的销售、货物运送和服务外包给其他公司是不明智的，这样做有可能会降低该公司的市场份额。

其次，如果该公司变外购零部件为自制零部件，这样就会使该公司走向与其他制造商进行低成本竞争的道路，而该公司的规模较小，若与产业价值链该环节中已经存在并富有竞争力的大公司相互竞争，该公司实行低成本竞争成功的可能性不大，因为这不是该公司的优势所在。

因此，从战略管理会计的角度来看，应选择方案一。但该方案的成本较高，应予以高度重视，经过进一步的分析，该公司确定了成本高的相关作业，从而为采取措施降低成本提供了依据。另外通过上述分析对该公司的竞争优势和劣势予以充分揭露，这为公司的战略修订与决策提供了重要的信息。

(二) 行业价值链分析

每一个企业从最初原材料投入到最终产品到达消费者手中，要经过一条较长的价值链，企业本身即位于这一行业价值链的某个阶段。行业价值链分析能让企业明确自己在行业价值链中的地位，分析用上下游价值链的各种可能性，以实现最佳的行业价值以造纸行业价值链系统的简图为例进行分析，如图 8.1 所示。

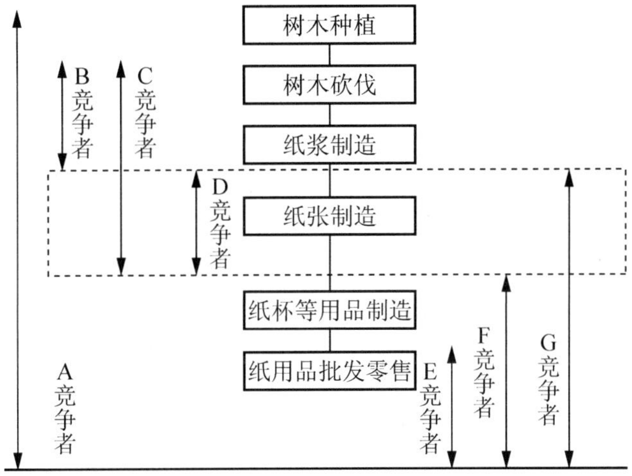

图 8.1 造纸行业价值链

图 8.1 中共列出了七位竞争者。A 公司的经营范围最广，包括整个行业价值链，是该产业中最大最全的企业；B 公司进行专业的树木砍伐和纸浆制造，属于上游企业；C 公司是产业中的中心企业(造纸)，向其上游延伸包括树木砍伐和纸浆制造；D 公司是一种高度专业化的造纸企业，在整个产业中居于中心地位；E 公司的经营范围只包括最下游的批发零售至最终消费者；F 公司是产业中的下游业，专门从事纸制品销售；G 公司是产业中的中心企业，向其下游延伸到纸制品的加工和销售。

由于在行业(产业)价值链中各个企业所处位置、作业链不同，所以采取的策略也就不同，如上游企业宜以产品为中心，通过技术、组织、管理等方面的不断创新，使企业生产出具有鲜明特色的优质产品，以此扩大销售，增加产品的顾客价值，取得高于竞争对手的盈利，并应注意与其相关企业的互利协作，做出自制或外购的战略决策。下游企业则应以顾客为中心，原因在于纸制品的需求量是和不同顾客群体的文化修养、兴趣和爱好直接相关的，企业必须做到有的放矢，从而开拓销售渠道。

行业价值链中的B、C、D、E、F、G公司也可以利用产业价值链分析决定其向上游或下游的并购策略。同时也可以利用产业价值链分析去确定每一作业活动的成本动因，并对供应商和主要顾客加以分析，找出最佳的竞争策略。A公司对每一阶段的产业价值链作业活动进行分析，可以看出哪一活动较具有竞争力，哪一活动的价值较低，以便决定将其外包或者将一些价值低的作业活动予以出售等策略。

行业价值链分析对企业在进入某一市场时，如何选择入口以及在现有市场中如何制定外包、并购、整合策略等，都有极其重要的指导作用。它反映了企业与供应商及销售渠道的价值链之间的相互依存关系，企业可以通过考察供应商或销售渠道对每项活动成本的影响，来识别这种相互依存关系。

供应商价值链和企业价值链之间的各种关系为企业增强其竞争优势提供了有利条件，战略管理会计主张，会计人员应分析企业上游供应商的价值链，通过影响供应商的价值链结构，或者通过改善和供应商价值链之间的关系，使企业和供应商双方受益。有时企业应提高成本即提高付给供应商的价格，以弥补供应商的成本，这就需要会计人员做具体的成本和利润分析，以确定这一行为是否有利可图，并确定企业与供应商谈判时应遵循的标准。

(三) 竞争对手价值链分析

行业中往往存在生产同类或相似产品的竞争者，与企业处于同一价值链环节，或者跨越价值链的整个环节。对竞争对手进行价值链分析，就是要通过对竞争对手的价值链进行调查、分析和模拟，测出竞争对手的成本，并与之进行比较，制定出能够战胜竞争对手的战略。价值链分析是确定竞争对手的基本工具，也是运用战略管理会计制定本企业竞争策略的基础。竞争策略主要有低成本策略和差异性策略。采用低成本策略的企业可采用低价格来扩大市场占有率，差异化策略主要是使消费者认为本企业的产品或服务的某项特性优于其他企业。会计人员应制作本企业与主要竞争对手的价值链成本分析比较表，找出与竞争对手在作业活动上的差异，扬长避短，选择适合本企业的竞争策略。

成衣工业的整个产业价值链如图8.2所示。假设成衣产业存在A、B、C、D、E、F六个竞争者。

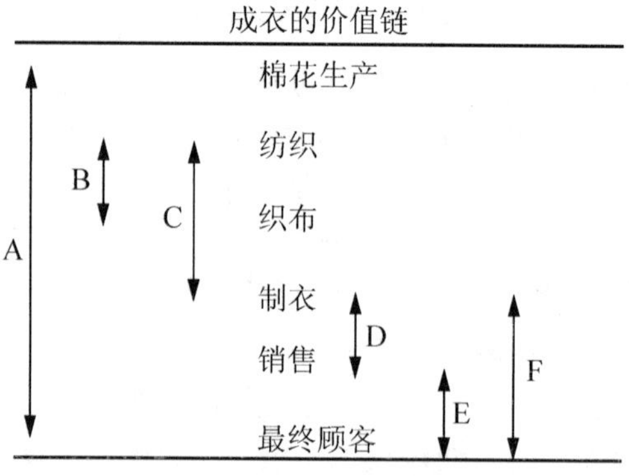

图8.2 成衣产业的价值链示意图

从图8.2可看出，竞争者A是一个高度综合的企业，其经营范围覆盖成衣的整个产业价值链，B、C、D、E、F则处于成衣产业价值链的不同环节，其中B、C可视为产业中的上游企业，其提供的各环节产品并没有被最终用户所消费；D、E、F 可视为产业中的下游企业，其产品为最终的用户所消费。对于上游的所有企业，应以产品为中心，通过技术、组织、管理等方面的不断创新以及自身作业链的不断优化，力求在新产品、新工艺的开拓和原有产品的改进上不断取得新的突破，使企业的产品不断优化，新产品不断涌现，从而取得差异化或低成本的竞争优势。对于下游的所有企业，应以用户为中心，了解不同用户的不同文化素质、兴趣和爱好，进而了解用户的不同特点和需求，以便及时调整生产，提供用户所需的产品，从而不断拓展企业的销售渠道和细分市场，不断提高企业的市场占有率。除进行上述分析外，每个企业的战略定位更不能忽视。对于竞争者 A，它可以根据按市场价格调整的内部转移价格计算出各个环节的投资收益率，通过分析，A 就会发现，企业生产的哪个环节收益高，哪个环节的收益低，哪个环节具有竞争的优势，这样 A 就可作出自制或外购或退出某一环节或拓展某一环节的决策。至于竞争者 B、C、D、E 和 F，也可以通过产业价值链分析找到企业自身的发展方向。

假设 D 企业通过分析发现自己的投资收益率偏低，与自己的竞争对手相比，自己的价值链中成本偏高，原因如下：①产量低，规模小，而自己的竞争者却达到了经济规模。在这种情况下，D 就有必要考虑横向并购的战略决策问题。②进行成本动因分析后，发现在最终消费者所支付的成衣成本价值中，材料成本价值过高，而企业的供应商和销售商的边际利润率都高于 D 企业，说明该企业的纵向规模未达到合适的水平，这时 D 就有必要考虑进行纵向拓展决策，从而将自己的经营领域扩展到自己的供应商和顾客。③发现本企业的产品销售不畅，产品积压，原因是销售渠道不合理，在这种情况下，企业应重新考虑自己的顾客群，从而改变销售渠道，开辟新的目标市场。

二、战略成本动因分析

成本动因是引起成本发生变化的原因，多个成本动因结合起来决定一项既定活动的成本，一项价值活动的相对成本地位取决于它相对于重要成本动因的地位。对成本动因的细致划分难以穷尽，但从战略高度看，影响成本发生深刻变化的是那些具有普遍意义的、更具有战略意义的成本动因，如规模经济、生产能力利用模式、价值活动之间的联系及其相互关系、时机选择、企业政策、地理位置等，这些成本动因对企业的成本发生持久的影响。企业特点不同，具有战略意义的成本动因也会有所不同，这些成本动因或多或少都能够置于企业的控制之下。识别每种价值活动的成本动因能够明确相对成本地位形成和变化的原因，为改善价值活动和强化成本控制提供有效的途径。由于企业的特点、条件不同，在进行成本动因分析时，除了要认识一般的成本动因外，还需要结合企业的实际情况，分析对企业影响重大的成本动因。目前理论界公认的观点认为从战略的角度，成本动因可以分为结构性成本动因和操作性成本动因两类。

(一) 结构性成本动因分析

结构性成本动因是指与企业基础经济结构有关的成本驱动因素。一般形成结构性成本动因的因素主要有规模、范围、经验、技术、厂址和复杂性等内容。

(1) 规模，即企业规模，它可以通过企业在生产和研究开发等方面投入资金量的多少来反映。如果企业规模适度，则有利于成本降低，形成经济规模；如果企业规模过大，扩张过度，则会导致成本的上升，虽然具有相当的规模，但不经济。

(2) 范围，即业务范围，它是企业进行纵向合并的程度，也就是企业跨越产业价值链的长度。企业纵向整合程度的强弱会对成本产生正负双面影响，如果业务范围扩张适度，可降低成本，带来整合效益；相反，如果业务范围扩张过度，则会使成本提高，效益下滑。因此从战略的高度分析成本动因并进行评价，就显得尤为重要。而企业的横向合并则更多地与企业的规模及复杂性相关。

(3) 经验，即经验积累，它是指单位产品所需时间随着工人熟练程度的不断加强而逐渐减少的现象。通常工人经验积累程度越高，操作也就越熟练，单位产品成本就会呈下降趋势，这就是所说的学习曲线或称经验曲线效应。一般学习效应在企业初建时尤为明显，成熟企业的学习效应相对来说不够明显；价格敏感性强的企业，学习效应显著，它可以带动需求，加大产量，进而降低成本。

(4) 技术，是指企业价值链的每一环节中运用的处理技术，它反映企业生产工艺技术的水平和能力。通常先进的技术和技术水平会使成本降低，但开发与应用技术会以付出较高的成本为代价且存在被淘汰的风险。因此实际应用中，应在技术革新成本与所获利益之间进行权衡并作出正确的决策。

(5) 厂址，指厂址的选择与确定。企业所处地理位置的好坏对企业的影响是多方面的，既有直接影响也有间接影响。如果企业所处地理位置优越，则需为此付出较高的成本代价，但这可能有利于企业扩大销售量，这种影响有可能导致企业成本的降低；否则，就会得出相反的结论。因此，企业在选择厂址时应在成本和利益之间作出权衡。

(6) 复杂性，即生产的复杂性，它是指企业向顾客能够提供多宽范围的系列产品或服务。这涉及企业的横向整合程度。

综上所述，结构性成本动因具有以下基本特征，第一，结构性成本动因一旦确定常常难以变动，对企业的影响持久而深远；第二，结构性成本动因常常发生在生产开始之前，其支出属于资本性支出，构成了以后生产产品的长期变动成本；第三，结构性成本动因并不是程度越高越好，这类成本动因存在一个适度的问题，把握不好，就会使成本上升。

(二) 操作性成本动因

操作性成本动因又称为执行性成本动因，它是指企业在具体操作过程中所引发的成本。这类成本与企业的生产经营过程密切相连，通常包括员工的参与感、全面质量管理、生产能力的利用、工厂的布局、产品设计、关系等。

(1) 员工的参与感，即员工的责任感，指员工参与企业持续改善的程度。企业生产经营过程中，员工的责任感与企业成本的高低密切相关，企业要降低成本必须调动全体员工的积极性，否则员工的消极反映将是成本上升的重要因素。

(2) 全面质量管理，指与产品相关的质量。实际中，质量与成本密不可分，二者既对立又统一，企业应在质量与成本之间权衡，从而实现质量成本最优、企业效益最大的目的。

(3) 生产能力的利用，指在企业建设规模既定的前提下生产能力的利用程度，包括员工能力、机器能力和管理能力的利用，以及各种能力的组合是否最优。企业生产经营过程中，各种能力的利用程度越高越好，这样有助于成本的降低。

(4) 工厂的布局，指工厂布局的效率，即按照目前的标准考虑企业目前布局的效率如何，从成本的角度考虑是否存在不合理之处。

(5) 产品设计，是指所设计的产品工艺的复杂性和可接受性。复杂性是指产品工艺的设计是否合理；可接受性是指所设计的产品是否容易操作并掌握。这些部分与成本直接相连。

(6) 关系，是指企业与供应商和客户之间的关系。企业作业分析应拓展到供应商和客户，可以将供应商和客户视为企业作业的一个组成部分，尽量优化作业链，从而提高价值链。

综上所述，操作性成本动因具有以下基本特征，第一，操作性成本动因是在结构性成本动因决定之后才成立的成本动因；第二，通常操作性成本动因的程度越高越好，对各种情况掌握得越准，分析得越透，将越有助于加强企业的成本管理。

显然，结构性成本动因与企业的战略定位密切相关。通过结构性成本动因分析，有助于企业做出横向规模和纵向规模的战略决策；而分析操作性成本动因则有助于企业加强内部成本管理，可以确保战略目标的实现。

三、竞争对手分析

战略管理会计的主要特点之一是其超越了会计主体的限制，可以在与竞争对手对比的基础上提供比较性的管理会计信息。企业要取得竞争优势，便需要了解竞争对手，分析竞争对手。

分析竞争对手首先应明确谁是企业真正的竞争对手。

企业实际的和潜在的竞争对手包括向目标市场提供相似产品或服务的企业、经营具有相互替代性的同类产品或服务的企业、在市场上试图改变或影响消费者的消费习惯和消费倾向的企业等。在第一类竞争对手之间，由于产品的性能相同且基本稳定，它们之间的竞争主要表现在价格和服务质量上，竞争的核心是成本和营销手段。第二类和第三类竞争涉及消费者的消费习惯和消费能力，价格的差异会使消费者在不同的消费品市场之间转移。分析竞争对手应该以第一类竞争对手之间的分析为主，其中又以最具有竞争力的对手分析为主。

分析竞争对手的价值链是确定竞争对手在竞争中的相对地位的基本工具，在明确所要分析的竞争对手之后，分析竞争对手的重要步骤是识别竞争对手的价值链，判断竞争对手是怎样进行价值活动的。对竞争对手的价值链分析与企业对自己价值链的分析过程相同。

在实践中，由于没有竞争对手的直接信息，要评估竞争对手的价值链和成本通常极其困难。如何取得竞争对手的资料，需要采用一定的方法，具体方法如下：

(1) 根据竞争对手在公开市场购买中间产品的市场价格评估相对的成本差异。

(2) 根据汇率的相对变动判断海外竞争对手的成本变动趋势。

(3) 根据竞争对手生产场所的地理位置和销售渠道计算其在特定市场的销售成本。

(4) 根据竞争对手的技术设备判断竞争对手的生产效率。

(5) 根据竞争对手的生产能力和市场份额判断竞争对手的生产能力利用率。

(6) 通过与竞争对手的分销商、供应商以及其他人士交谈来评估竞争对手的某些价值活动的成本。

(7) 根据竞争对手公开的财务报告、行业分析报告、内部刊物等资料提供的数据对竞争对手的成本和价值链情况作出判断。

(8) 委托专门的咨询服务公司调查评估竞争对手。

习　题

一、多项选择题

1. 战略管理会计形成的原因是(　　)。
   A. 科学和生产力的发展　B. 消费者需求的变化
   C. 市场的开放　D. 以人为本柔性管理的出现
2. 战略管理会计的特征有(　　)。
   A. 外向型　B. 信息的全方位、多元化
   C. 注重动因分析　D. 注重全面、综合的管理
3. 战略管理会计的基本内容是(　　)。
   A. 制定战略管理目标　B. 战略管理会计信息系统
   C. 战略成本管理　D. 战略投资决策
   E. 战略绩效评价
4. 战略管理会计的主要方法是(　　)。
   A. 行业价值链分析　B. 企业内部价值链分析
   C. 竞争对手价值链分析　D. 成本动因
5. 企业内部价值链分析可以分为(　　)。
   A. 内部价值链成本分析　B. 内部差异价值分析
   C. 增值作业价值分析　D. 不增值价值分析

二、简答题

1. 什么是战略管理会计？你怎样认识它和企业战略管理的关系？
2. 战略管理会计的基本内容包括哪些重要方面？
3. 价值链分析的目的是什么？

三、案例分析题

以下是上海汽车股份有限公司的招股说明书的摘要。

(1) 原材料供应的风险。公司所属上海汽车齿轮总厂生产的桑塔纳轿车变速器的主要原材料为优质合金钢材，其中大部分由上海第五钢铁(集团)有限公司等国内钢铁企业提供，部分从国外进口，因此，钢材价格高低以及是否能够及时供应生产所需的优质钢材，将影响公司的生产经营。

(2) 对主要客户的依赖。公司生产的变速器，主要供应给上海大众汽车有限公司，为桑塔纳汽车配套。上海大众汽车有限公司对该产品的需求量也将直接影响公司的生产经营。

(3) 产品价格方面的限制。由于公司生产的变速器主要为桑塔纳汽车配套，所以桑塔纳轿车市场价格的高低也会对公司所生产变速器价格产生间接影响。目前国内轿车市场已逐步变为买方市场，价格竞争日趋激烈，所以公司产品的售价将受到较大限制。

(4) 产品结构过度集中的风险。企业的产品主要是轿车配件，这样，公司的产品结构相对集中。因此，轿车市场不景气，尤其是桑塔纳轿车的销路不畅时，公司的经营会受到一定的影响。

(5) 行业内部竞争的风险。目前全国生产轿车零配件的企业较多，相互之间存在竞争。虽然上海汽车齿轮总厂在行业竞争中占有较大优势，但随着其他厂家不断提高生产技术水平，可能对公司形成竞争压力。

……

上海汽车齿轮总厂是目前国内最大的变速器生产企业，各项技术经济指标在全国同行中居领先地位，连续三年获得德国大众质量体系评审 A 级，并于 1994 年通过了 ISO 9002 质量认证，而国内其他齿轮厂无论生产规模还是技术水平都达不到上海大众汽车有限公司对齿轮产品的要求。

要求：利用以上资料，对上海汽车股份有限公司进行竞争优势分析和价值链分析，并为公司的进一步发展提供建议。

第九章 环境管理会计

学习导航

在传统的会计系统中，考虑的是内部环境成本。外部环境成本则因隐藏在其他的费用项目中，甚至没有反映在会计系统中，因而未能得到决策者的关注。本章从企业活动的投资、生产、生产后三个方面总结了目前国内外所研究的环境管理会计方法。

学习目标

通过本章学习，明确环境管理会计在经济新常态下的重要地位，熟悉环境管理会计的基本方法。

导入案例

英国—荷兰合资的壳牌(Shell)石油公司是世界七大石油巨子之一。在 20 世纪 90 年代中期它所面临的一个决策是如何处置 20 年前启用的开采石油的巨大的海上钻井平台。存在两个方案，将平台深埋海底或是在近海岸将其解体后处置(生态处置)。它经过决策程序得出的结论，认为前一方案成本小，而后者涉及较大的环境风险且成本高。不过，有科学家警告说，采用前一方案，平台将慢慢分解，有毒的残余物质将渗透到海底。1995 年夏天 Shell 召开了一个低调的新闻发布会，宣布将把平台拖往北海炸毁并沉入海底。可是当 6 月份 Shell 开始用拖轮拖平台时，却遇到了绿色和平组织“彩虹卫士”号的阻拦。4 名志愿人员站到平台上，进行抗议。英国政府派小型武装赶到，试图驱散绿色和平组织人员。因为 Shell 的此项决策并未违法，政府要保护企业能在法律范围内实现其目的。但是此时，绿色和平组织已通过网络系统和高技术的卫星通信系统将消息发布到全世界。几小时后这就成了世界主流媒体的头条新闻。消息传开后，消费者开始抵制 Shell 的以汽油为主的零售产品。德国消费者转而购买其他品牌的石油以示对 Shell 的平台决策的不满，一周之内，Shell 公司在德国和欧洲大陆其他国家的零售额就下降了 30%，相当于数千万美元，远远超过了较为昂贵的生态处置方案的成本。此时，对于 Shell 公司而言，推行绿色和平组织支持的方案的成本，比起不推行所丧失的现金流量是微不足道的。几天内，Shell 公司转而选择了在陆地分解平台，将顶部进行回收利用的方案，而 Shell 公司的总裁则在各国的国家电台上道歉，承认对公众的意识和关注存在误解。你是如何理解企业决策经济最优的?

提醒：

成本最优与环境最优如何权衡?

小看板

短期决策成本最优已不能成为企业经济最优的最佳选择方案。

第一节　环境管理会计概述

一、环境管理会计的产生与发展

(一) 环境管理会计产生的背景

进入工业社会以来，由于人类在生产活动中无限制地滥用资源，随意向外界环境排放污染物，导致了环境的不断恶化。近三十年来，环境恶化严重威胁着人类的生存和发展，引起了人们的普遍关注。从 20 世纪 70 年代起，在环境经济学的指导下，许多国家的政府纷纷采用法律手段和经济手段对滥用资源的行为进行干预。1989 年，皮尔斯(Pearce)在《绿色经济蓝图》中首次阐明将环境因素融入政府的政策和企业经营之中的重要性。政府对环境的管理，除依靠法律和经济手段，还依赖环境技术的进步，即由尾端治理技术向综合治理技术转化，实现全面控制，鼓励企业推行清洁生产技术，减少对环境的不良影响。此时，企业的利益关系人环保意识高涨，对企业环境责任的期望值增加。为此，企业必须承担起为环境负责的义务，有效利用资源，减少对环境的不良影响，将环境目标融入企业的战略目标、经营决策和会计等信息系统中。这样，环境管理会计应运而生。

(二) 环境管理会计的发展演进

管理会计是伴随着环境会计的发展而不断演进的，因此，对其发展的回顾，必然同时兼备考察环境会计的发展。20 世纪 70 年代正是第一次环保革命时期，从 1971 年起，一些企业有意识地披露其在社会责任方面的信息，由此引起了一些学者对社会会计问题的探讨。从 20 世纪 90 年代起，在布伦特兰报告和联合国《21 世纪议程》的推动下，对环境会计问题的研究进一步深入。联合国(1992)下属跨国公司与管理分部、经济与社会发展署发了一分报告，讨论了当前的环境会计问题、跨国公司的实践，并提出了可持续发展会计模式的发展趋势和计量国民收入账户中的环境影响问题。Schaltegge(1996)提出了环境会计的框架，揭示了环境会计与生态会计的关系。

进入 20 世纪 90 年代以后，各国政府关于环境管理的策略发生了改变，开始推行预防性的综合环境管理手段，强调与企业之间的合作。企业界也表现出积极的配合。在这种情况下，企业决策中如何考虑环境因素、如何实施与环境有关的企业管理等问题逐渐为人们所重视，对环境管理会计的研究也开始了。美国环保总局(USEPA)于 1995 年颁布的《作为企业管理工具的环境会计入门》中提出基本的环境会计概念，并对其内涵进行了界定。2000 年，还公布了其对环境绩效和财务绩效关系进行研究的结果，在《绿色股利——企业环境绩效与财务绩效的关系》中，对如何通过环境战略改进企业的财务绩效进行了探讨，并提出了推行环境战略以增加企业价值的建议。加拿大特许会计师协会(CICA)于 1997 年在《环境角度的全部成本会计》中，对全部成本会计法的本质、范围及应用加以明确，特别是提出了内部成本和外部成本的计量和信息的取得方法，为环境成本会计的发展提供了指南。

虽然环境管理会计是近年来迅速发展起来的管理会计学的新领域，目前尚未形成各国一致公认的理论与方法体系，但美欧等发达经济体都根据各自的特殊实际提出了各种适合自己环境管理需要的理论与方法系统，并以各种强制的或非强制的手段促使企业在不同程度上将其运用于环境管理实践中，取得了令人瞩目的成功。

二、环境管理会计的概念

环境管理会计的理解，存在各种各样的定义或解释，其中几种代表性的观点见表 9-1。

表 9-1 环境管理会计概念

权威组织机构	观　点
美国环境保护署	美国环境保护署虽没有给出明确的定义，但是，在其报告中曾称环境会计可以在国民收入会计、财务会计和管理会计等不同背景下使用。在管理会计的背景下使用环境会计概念，指将环境成本与环境绩效的信息用于企业的经营决策中
加拿大会计师协会	加拿大管理会计师协会在《管理会计指南》第 40 号中指出，环境管理会计是对环境成本进行确认、计量和分配，将环境成本融入企业的经营决策中，并在此后将有关信息传递给公司的利益关系人的过程

续表

权威组织机构	观　点
国际会计师联合会	国际会计师联合会(IFAC)认为，环境管理会计是利用会计和相关信息为内部管理提供支持，其定义是生成、分析并利用财务和非财务信息以优化公司环境和经济绩效，实现可持续经营的系统
联合国	满足组织内部进行传统决策和环境决策的需要，而对实物流信息(如材料、水和能源流量等)、环境成本信息和其他货币信息进行的确认、收集、估计，编制内部报表和利用其进行决策

尽管提法不同，但在环境管理会计要为企业的管理决策提供面向未来的信息(包括财务信息和非财务信息)这一观点上则是相同的。

那么，应如何理解环境管理会计的概念呢？首先了解一下管理会计的定义。管理会计指在当代市场经济条件下，以强化企业内部经营管理、实现最佳经济效益为最终目的，以现代企业经营活动及其价值表现为对象，通过对财务等信息的深加工和再利用，实现对经济过程的预测、规划、控制、责任考核等职能的一个会计分支。实质上，环境管理会计与管理会计在内涵上具有相似之处，只不过前者更强调适应组织经济目标的转变和为环境管理服务方面，它是在环境问题严重、环境管理成为企业管理的一个重要构成的形势下，为促进企业的可持续性和改进生态经济效率而由管理会计与环境管理相结合而发展起来的。在环境管理战略中，管理者需要考虑与环境相关项目的投资决策、产品的定价、废物的管理、资源的利用、员工绩效的评价等方面。环境管理战略能否成功，很大程度上取决于所获得信息的质量。然而，现有的管理会计系统未充分确认环境成本、未全面考虑投资信息，无法使管理者做出相关决策，从而需要环境管理会计对现有管理会计系统进行改进和拓展。尽管如此，环境管理会计与传统意义上的管理会计仍存在一些主要的差异，如环境管理会计特别强调环境成本的重要性，不仅包括环境和其他成本信息，也包括诸如材料、水资源和能源等实物流量的信息，又如环境管理会计信息可以用于各种类型的企业管理决策中，但更适用于将产生重大环境影响的管理决策之中。环境管理会计一方面对传统会计系统进行修正，主要以货币形式计量与环境有关活动对企业的财务影响；另一方面则采用非财务指标反映企业的活动对环境的影响(环境绩效)，帮助企业管理者进行相关决策，从而实现环境效率和经济效率的统一，最终为实现企业经营可持续性服务。

联合国在对环境管理会计进行定义的同时，也提出了其内涵的框架(表 9-2)。

表 9-2　环境管理会计内涵

<table>
<tr><th colspan="2">货币单位核算</th><th colspan="2">实物单位核算</th></tr>
<tr><td rowspan="2">传统会计</td><td colspan="2">环境管理会计(EMA)</td><td rowspan="2">其他评估手段</td></tr>
<tr><td>货币计量环境管理会计(MEMA)</td><td>实物计量环境管理会计(PEMA)</td></tr>
<tr><td colspan="4">企业层次的数据</td></tr>
<tr><td>传统簿记</td><td>账簿和成本会计资料转换出环境信息的部分</td><td>企业的物质、能源和水流动的实物流量的余额</td><td>生产计划系统、存货会计系统</td></tr>
</table>

续表

货币单位核算		实物单位核算	
业务流程/成本中心和成本对象/产品层次上的数据			
成本会计	作业基础的物质流成本会计	业务流和产品基础的物质流量余额	其他环境评估、量和评价手段
在企业的应用			
供内部统计、计算指标、节约额、预算和投资评价用	供内部统计、计算指标、节约额、预算和投资评价环境成本用	供内部环境管理系统、绩效评价和标杆管理使用	用于企业内部其他的清洁生产项目生态设计
外部财务报告	环境支出、投资和负债的对外披露	对外报告(环境报表、企业环境报告、可持续性报告等)	向统计机构、当地政府等机构提供的其他外部报告
在国民经济的应用			
供统计机构计算的国民收入	在国民收入统计中计算行业的投资、年度环境成本和外部性	国家资源会计(国家、地区和部门的实物流量余额)	

资料来源：United Nation Division for Sustainable Development: Environmental Management Accounting Procedures andPrinciples, UN, 2001

由表 9-2 可以清楚地看出，环境管理会计在以货币计量的方面和传统管理会计相比具有较大的共性，而在实物计量方面和环境管理方面存在较大的共性。

三、环境成本会计

环境成本会计是环境管理会计的一个重要组成部分。环境成本会计要对环境成本信息进行确认、加工、分析、利用和报告，以供决策使用。但环境成本的确认计量属于理论探讨，在这里只做一个简要介绍。

环境成本主要是由于企业经营活动对环境造成的影响引起的，这种影响贯穿于企业的整个生产经营过程。根据环境经济学的分类方法，可将环境成本分为外部环境成本和内部环境成本。外部环境成本(社会成本)指的是成本的发生与某一主体的环境影响有关但却由发生成本或获得利益以外的主体承担的成本。某一活动对环境造成了影响，而产生影响的企业却不为此承担责任(通常外部不经济性指的就是外部成本)，如企业排污对下游水系造成了影响，产生了环境成本，但按目前的法律体系，企业却不负担这部分成本。外部成本减少了经济的总体效益，但这在产生外部成本的主体的传统的会计领域中是不反映的。内部成本则是在发生成本的主体里进行会计反映的成本，如按当前法律体系应由企业支付的排污费等。内部成本与外部成本之间的界限并不是固定的。随着环境问题压力的增大，一些政府正试图将外部成本内部化，随着污染者付费的原则(Poluter Pays Pricipal，3P 原则)的实施，一些外部成本将转为内部成本，这种转化极大地影响了管理者所做的决策。

环境成本的确定可以为企业提供相关的环境信息，同其他信息一样，环境信息也会对企业决策的制定产生影响。深化环境会计研究与应用的关键也是如何对这些有用的信息进行分析整理，从而确定环境成本。对于这个问题可以通过两个途径进行解决，一是将外部成本内部化，二是内部环境成本进行归集与分配。

四、环境会计的绩效评价

环境绩效评价是旨在以持续的方式向管理当局提供相关和可验证的信息，以确定企业的环境绩效是否符合组织的管理当局所制定的标准的内部过程和管理工具，主要包括帮助了解企业的环境绩效，提供有意义的环境报告；确定重要的环境影响和目标；提供部门间进行绩效比较的信息；为组织内不同的团体和个人提供激励机制及提供投资评价的参考指标。

大量研究表明，企业的环境绩效与财务绩效之间存在一定的正相关关系。企业一旦把环境目标作为其战略目标后，就必须实施。通过遵守法规，企业减少了违法的罚款，减少了环境风险和负债；通过在决策中综合考虑环境因素，企业进行产品设计，为其他企业进入市场设置了绿色壁垒，从而增加自己的市场份额，创造价值；通过综合考虑环境绩效，企业实现可持续战略目标，创造了长期的价值。

环境绩效评价指标和体系在业绩评价一章里将作详细讲解。

第二节　环境管理会计方法与应用

一、环境管理会计方法

随着环境问题的日益严重，尽管学术界对环境管理会计基本理论的研究越来越深入，但将其从理论落实到企业应用实施的具体方法的研究，尚处于初步阶段。环境管理会计的方法是在环境管理会计理论结构的指导下，借鉴相关管理会计方法与环境管理方法，从环境管理会计实践中总结出来的各种应用方法。综观目前国内外组织机构及学术界对环境管理会计方法的研究，概括性来讲，主要表现为从现代环境管理的综合观点出发，借鉴吸收了其他相关学科的研究方法和手段，与传统管理会计方法相结合，形成环境管理会计独特的方法。如将可持续发展概念引入对企业目标的研究中，提出将财务目标扩展到环境和社会目标，利用环境经济学关于社会成本和私人成本的分类以及外部成本内部化的观点，提出了全部成本计算法，借鉴现代管理和现代管理会计的方法，研究利用作业成本计算与作业成本管理、质量成本计算和质量成本管理如何对环境成本进行分析和控制，利用环境影响评价的寿命周期评价方法，提出生命周期成本计算法用于环境成本的分析与控制等。

具体来讲，本章从企业活动的投资、生产、生产后三个方面来总结目前国内外所研究的环境管理会计方法。

(一) 投资方面的环境管理会计方法

综合学术界对环境管理会计的研究，应用于企业投资方面的方法主要有以下几种：

(1) 全部成本评价法(Total Cost Assessment，TCA)。全部成本评价法是由美国环保局新泽西分局为了鼓励采取预防污染的投资而设计的。它是在资本预算分析中综合考虑环境成本的一种方法，是对项目的全部成本和收益所进行的长期综合的财务分析。对全部成本评价法研究比较深的当属 Tellus Institute，它与 USEPA 合作设计的 P2/Finance 财务软件使企业在进行投资评价时使用TCA时很大程度地简化了投资分析工作。美国环保局对不同企业的22项投资决策进行的案例研究表明，对比传统的分析方法，全部成本评价法提供了较为显著的结果。

(2) 利益关系人价值分析法(Stakeholders Value Assessment, SVA)。在现代企业管理中，利益关系人成为企业经营活动越来重要的影响因素。而随着地球环境的恶化，社会不再把单纯追求经济增长作为社会进步的目标，而是以可持续发展为目标，这就意味着利益关系人的目标也发生了转变。由实践经验来看，企业相关利益关系人的价值观与期望直接或间接影响着投资决策的成功与否，他们对企业的资本项目产生着日益深刻的影响，使决策的不确定性增大。由 Bennnet.M 和 James.Peter(1998)构建的利益关系人价值分析法(Stakeholders Value Assessment)指的是在决策中预先考虑利益关系人为方案所定的价值，将财务分析和非财务分析综合在一起，为决策提供支持，了解方案的全部价值而避免不确定性的影响。利益关系人价值分析法主要包括三个部分，①模型的输入数据，这需要综合考虑利益关系人的目标，公司的战略目标，利益关系人的价值、决策方案、方案的业绩数据；②模型的决策与分析子模型，包括财务分析模型、多标准决策模型和敏感性分析模型；③模型输出以供风险和战略管理决策使用，包括成本效益比例、敏感性分析报告等，最终选出利益关系人价值最大的决策。

(3) 多标准评价法(Multi-Criteria Assessment，MCA)。多标准评价法可以帮助公司系统地根据不同的或不可计量的多重标准评价方案。首先要选出重要的目标并给予相应的权重，再根据不同的标准对被选方案打分，最后加权计量出方案的总体分数，从中选出较好方案。加拿大安大略公司曾采用多标准评价法，从内部成本、环境业绩(包括外部影响和成本)、资源使用效率、社会和经济利益和财务及经营的可行性等多个指标对投资方案进行评价。

(二) 生产方面的环境管理会计方法

(1) 作业成本法。起源于美国的作业成本法最初被引入会计领域是为了寻求一种更科学的间接费用分配方法。1941年美国会计学家埃里克·科勒教授在《会计论坛》杂志发表论文首次对作业、作业账户设置等问题进行了讨论，这被称为作业成本法的萌芽。乔治·斯拖布是第二位研究作业成本法的学者，他在其著作中提出了一系列的作业成本观念。随后，在1988年哈佛大学的罗宾·库珀与罗伯特·卡普兰一起对作业成本法的现实意义、运作程序、成本动因选择、成本库的建立等重要问题进行了全面深入的分析，奠定了作业成本法研究的基石。而卡普兰教授本人被认为是作业成本法的集大成者。

作业成本计法是指按作业对环境成本进行归集并将成本分配到有关的产品或流程上的方法。采用作业成本法对环境成本进行分配的开端首推 AT&T 公司，此后经过 USEPA 的大力推动，作业成本法在西方发达国家有了更广范围的应用。

(2) 物质流成本核算法。物质流成本核算法是由德国阿鲁克斯布鲁克经营环境研究所提出的一种新兴方法。它是环境管理会计中一种重要的能够合理核算和反映生产过程中废弃物和资源浪费的会计方法；它是一种旨在转变传统的成本计算方法，将产品的成本和费用在产品与废弃物之间进行准确分配的方法。

(三) 生产后方面环境管理会计方法

1. 环境成本效益分析法

成本—效益分析方法的概念首次出现在 19 世纪法国经济学家朱乐斯·帕帕特的著作中，其后，这一概念被意大利经济学家帕累托重新界定。到 1940 年，美国经济学家尼古拉斯·卡尔德和约翰·希克斯对前人的理论加以提炼，形成了成本—效益分析的理论基础即卡尔德—希克斯准则。环境成本效益分析法就是对某个企业、项目或产品的环境效益进行核算的同时，也要核算它们的环境成本，将成本和效益放在一起进行综合评价，以衡量它们的好坏。环境成本效益分析法在生产后方面的应用是通过核算产品在生产结束后的使用过程、废弃过程中的环境效益、环境成本，以此为依据来评价此产品是否能够达到一定的环保标准。美国的环保局就常通过运用环境成本效益分析法的核算结果为参考依据，制定一些新的法律中的污染物排放标准。如 1990 年美国新的《清洁空气法》，就是先做一个成本效益的分析，然后开始实行控制二氧化硫排放的方法。

2. 生命周期评价法

生命周期评价法是企业可用于核算评价生产后阶段的主要方法。它是基于生命周期的思想，将产品在使用、回收/分解阶段可能发生的环境影响纳入产品的生产成本评价的考虑范围之内，将其量化为环境成本，并将其正确分配归集为企业的内部成本。

二、环境管理会计应用

在环境问题的讨论日趋白热化的今天，环境管理会计受到越来越多的关注，不论是从整个社会发展的视角，还是从企业自身发展的衡量来看，环境管理方法的应用都具有非常重大的意义。

对于环境管理会计方法的实务应用，国外主要是大型企业与政府或国际性组织合作完成的。通过实际应用，进一步总结、概括企业环境管理会计的成功经验，修正现有理论，以形成较为科学合理的环境管理会计方法。国际上较早的应用研究当属美国环保局(USEPA)，1995 年，USEPA 通过对美国电话电报公司(AT&T)进行环境会计的应用发布了实施“绿色会计”的案例研究报告，该报告阐明对企业主要采用了作业成本法(ABC)进行环境会计核算。再一个著名的案例就是前面提到的关于加拿大安大略水电厂(Ontario Hydro)在决策中所采用的完全成本会计(Full Cost Accounting，FCA)。这两个案例主要都是强调在企业的计划和决策中对环境成本的计量与管理方法。在 1997 年，USEPA 委托休斯顿大学与墨西哥湾可持续发展工商理事会(BCSD-GM)合作，对 5 家实施环境会计制度的化工与石油公司进行了为时一年的基准研究，比较了其使用的环境会计方法前后的效果，达到了使参与研究的公司对其环境成本、环境收益的计量方法有所改进研究的目的。

德国和日本也是成功应用环境管理会计较早的国家之一。1996 年，德国联邦环境部和联邦环保局总结了一系列案例研究成果，颁布了一套环境管理会计的手册，讨论环境成本的分配方法，鼓励公司采取其建议的方法，并取得一些成功的经验。德国奥格斯堡(Augsburg)大学管理与环境协会(IMU)设立了“生态效率—材料流动会计”的项目。该项目提出了通过流量管理(Flow Management)的方法减轻环境压力和降低成本，同时提高经济效率和环境效率。1999 年，日本经济产业部委托产业环境管理协会进行环境工作发展的促进调查，对德国发明的物质流成本会计(MFCA)进行详细研究后，于 2001 年导入 4 家企业并获得成功。2002 年 6 月，日本经济产业部发布《环境管理会计指导手册》推进环境管理会计在企业中的应用，2003 年与德国、英国和美国组成 MFCA 联合协作组织，2004 年开始向日本全国普及，2007 年日本政府向 ISO 国际标准化认证组织提出 MFCA 国际标准认证方案。到 2009 年为止，日本企业导入 MFCA 的企业已经超过 100 家。

此外，许多学者的应用研究也取得了一定成果，如 Schaltegger 和 Muller 以一个污染预防设施(焚化炉)的环境成本的确认和分配过程为例，对如何应用作业成本法计算预防污染的成本作了详细的阐述。下面对环境管理会计方法的应用进行案例分析。

(一) BSO/ORIGIN 应用控制成本法计算外部成本

该案例主要是说明如何利用控制成本法对环境影响进行货币化，以产生可靠的外部成本信息。BSO/ORGIN 是荷兰最大的软件顾问公司，成立于 1976 年，主要向企业、政府和跨国组织提供自动化和信息咨询服务。由于环境因素的复杂性，该公司采用了替代方法(控制成本法)来计算环境污染的成本，即通过计算比较容易地将污染控制在既定标准下，用环境控制技术的安装、运行和维护成本来替代难以计量的环境损害成本。其目的不在于精确地计量，而在于指出成本的大小顺序。该公司主要根据现有的关于最优环境质量的社会标准计量削减污染措施的边际成本。在该案例中，先根据荷兰当地有关的环境法规及标准分别计算氧化物等污染排放的单位成本，再根据各种物质的排放量汇总计算出向大气进行排放的环境影响成本。

(二) 安大略水电厂应用完全成本会计法进行决策

安大略水电厂是北美最大的电力公司，是加拿大第一家公布年度环境报告的企业。公司一直把环境责任和管理作为公司的政策之一。1993 年该公司成立了可持续能源开发(SED)工作组，下设完全成本会计小组。1995 年制订了公司完全成本会计法指南，指出 FCA 目标、推行 FCA 的原因、使用 FCA 的计划分配了职责和任务，并制订了到 1997 年的实施计划。在内部环境成本方面，公司指南里指出 130 多种环境支出的环境要素，通过对工厂员工的访谈、取得公司内部或其他工厂的资料等多种渠道手工收集成本数据，利用环境支出指南和经验，对环境成本进行确认和分配。对于外部环境成本，该公司从 1992 年起将损害函数法用于计量外部成本，因为这种方法提供的环境成本更能代表特定的地理位置上特定地点的环境影响。在货币化前，首先收集特定地点的环境和健康数据，并应用环境模型方法，对交通、排放物的化学变化、可能受影响的受体等因素进行估计，以确定物理影响，如致死率、致病率等，再应用经济计量模型将其货币化。1994 年 SED 发布了决策标准，使得通过运用完全成本法核算环境成本用于评价投资决策。除了用于投资评价外，FCA 还用于公司综合资源计划(CIRP)和地方综合资源计划两类计划中。

(三) 施乐公司生命周期成本核算

施乐有限公司(Xerox Limited)是施乐总公司(Xerox Corporation)的子公司，推进“以质量领先”的公司文化，并设立质量改进小组，试图将全面质量管理方法应用到环境管理中。该小组以物质供应中心为对象，对物质供应链进行成本计算(即生命周期成本计算)，分析可削减成本的环节。施乐有限公司的核心业务是制造复印机，然后出租而不是销售，这意味着在租赁期结束后，复印机要归回施乐有限公司。以前，这些复印机的包装各种各样，客户在返回这些复印机时很少能够重新利用这些包装，客户必须对这些包装进行处置。在租赁期结束后，客户又必须重新购置新包装，以便返回复印机，而这些包装也不能再次用于包装其他机器。这意味着施乐有限公司损失了原来的包装成本，还得承担包装的处置成本。后来施乐有限公司发明了标准包装，应用了适用于所有产品类型的两种包装，既可用于新机器的运输，也可用于旧机器的回收。整个物流链的成本分析表明，与先前的系统相比，新的包装大大降低了成本，物流链的效率也得到了提高。新系统在降低成本的同时，减少了包装时间。

(四) BFI 公司环境绩效评价

Browning-Ferris Industries(BFI)是美国的一家固体废物处理公司，拥有 37 000 名员工。20 世纪 80 年代，公司决定改变经营策略，并任命美国环保局的前官员威廉(William)为总裁。他决定把社会对公司环境责任的要求看做是 BFI 的新机遇，而不是对抗，为此改变了公司文化，制定了新的任务宣言，把符合环境法规的要求作为一个重要因素。

公司首先设计了环境责任意识和守法工具(ACT)，制定业绩指标。这些目标考虑了公司的核心目标，也考虑了当地的特殊目标，并对公司的三大类经营业务分别制定了 ACT 目标，同时还提供了全面的培训。公司的高级管理人员认识到，要使该战略转变得到实施，必须将环境业绩直接与员工的奖金相联系。

员工的工资中的奖金计算考虑了符合环境目标的因素，并设计了环境系数表，见表 9-3。

表 9-3　BFI 公司的环境系数表

环境目标上获得的分数	部门环境系数
95～100	1.00
90～94	0.90
85～89	0.8
80～84	0.7
75～79	0.5
70～74	0.2
70 以下	0

该表将在环境符合性方面所获得的分数转化为环境系数。分数在 70～74 分的员工只能得到与财务和收入目标联系的奖金的 20%，分数在 70 分以下则得不到奖励。如对收集固体废物的经理而言，其奖金计算如下，奖金上限为基本工资的 50%，其奖励计划包括财务指标(45%)、收入质量指标(15%)和非财务指标(40%)三个指标。财务指标包括部门收入的增长率(15%)和部门付息纳税前收益(30%)。将实际的指标与上年指标对比，计算出实际业绩的百分比，再乘以奖金的上限，计算出财务指标上应得的奖金。收入质量指标为单位废物的收入和成本，也用同样方式计算应得奖金。二者的合计数乘以环境系数所得结果如果在环境业绩方面未能达到 70 分以上，则无论其财务目标和收入目标完成得如何好，也得不到这部分的奖金，以此方法来鼓励员工在环境保护开支和增加收益之间进行权衡。非财务指标如顾客的留住率等，与环境业绩没有直接联系，所以单独计算并加到前面计算所得的奖金数上。

该奖励制度鼓励员工全面考虑公司的所有目标，其优越性在于避免员工只关注一两个目标，而忽视其他目标，同时鼓励经理人员在计划和预算时考虑环保责任，而不是等到出现问题时才考虑如何解决。该评价系统有助于帮助改善企业在公众中的形象，从而影响企业的营业额，最终影响财务业绩。如果员工环境分数低于 70，不仅得不到财务和收入目标的奖金，还可能被辞退，从而使员工认识到环境业绩既影响公司的业绩也影响其自身的业绩。

综合国内外学术界的研究来看，关于环境管理会计应用研究所选案例企业一般是大的或对环境敏感的机构，还有一些跨国公司。虽然现有的案例研究具有一定的现实意义，但是要归纳总结出有效的环境管理会计整体性方法，对占大多数的中小型企业及发展中国家的企业进行案例分析才是最重要的。这对于分析不同背景下的企业环境问题并提供解决方法，从而为不同的企业提供环境管理会计实施的理论指导，是非常必要的。

通过梳理国内外环境管理会计研究文献可以看出，环境管理会计研究已经取得一定的理论与实践成果。而从应用的角度看，主要研究文献基本集中于短期决策，一般都是探讨可能如何应用。但是，对于一些考虑环境因素的长期投资决策工具，战略规划和控制如何应用环境成本信息，如何有效地控环境成本，如何构建财务绩效与环境绩效和谐统一的企业绩效评价体系，使改善环境效成为企业日常经营活动的一个组成部分，如何实现企业环境管理战略，乃至实现企业的可持续发展战略等问题，以及企业如何实施环境管理会计，实施环境管理会计对企业信息系统的要求，如何将环境会计信息系统与企业的生态信息系统加以整合，如何将环境管理会计与实施环境管理体系有机地结合起来等众多问题，都有待研究者进一步研究。

习　　题

一、多项选择题

1. 环境管理会计方法包括(　　)。

　A. 投资方面的方法　　B. 生产过程中的方法

　C. 生产后的方法　　D. 筹资方法

2. 投资方面的环境管理会计方法有(　　)。

　A. 变动成本评价法　　B. 利益关系人价值分析法

　C. 多标准评价法　　D. 全部成本评价法

3. 环境管理会计的作用是(　　)。

　A. 满足企业内部成本核算　　B. 有助于资本预算

　C. 有助于绩效评价　　D. 有助于环境管理系统的完善

　E. 有助于环境核算

4. 环境成本按照环境经济学可以分为(　　)。

　A. 环保成本　　B. 外部环境成本

　C.　赔偿金　　D. 内部环境成本

5. 环境成本的计量方法有(　　)。

A. 恢复费用法　　B. 防护费用法

C. 市场价值法　　D. 人力资本法或收入损失法

二、简答题

1. 与传统管理会计相比，环境管理会计的特点有哪些？

2. 试论在我国实行环境管理会计将会对企业有何影响？

3. 企业的环境成本应该包括哪些内容？

三、案例分析题

菲律宾登记在册的碾米厂就有9 486家，碾米工业由于稻壳的环境影响而面对较大压力。现有处理稻壳的方法主要是倾倒在空地焚烧，不仅会产生温室效应，而且烟尘也会造成空气污染，危害人体健康。到2006年，随着水稻产量的增加，稻壳也增长到每年3百万吨。菲律宾采用命令和控制性环境法规来减少由于倾倒和焚烧稻壳所产生的环境与社会影响，但是实施效果不好。作为一个补充办法，政府帮助中小型碾米厂研究和开发稻壳处理技术和增加清洁生产投资，并开发EMA来改进信息战略。Oliver公司是一家家族式碾米厂，2004年其与水稻研究所合作改革了稻壳处理办法。该企业成为在菲律宾最先采取自愿行动来消除由于倾倒和焚烧稻壳导致的环境和社会影响的企业之一，并通过使用EMA证实了该行动能够带来潜在的经济、环境和社会效益。

要求：查阅资料，了解和分析Oliver公司在EMA帮助下是如何自愿采用清洁生产技术的？

附　　录

附录一　资金时间价值

1 元复利终值、现值及 1 元年金终值、现值系数表分别见附表 1-1、附表 1-2、附表 1-3、附表 1-4。

附表 1-1　1 元复利终值

期 数	1%	2%	3%	4%	5%	6%	7%	8%	9%	10%
1	1.0100	1.0200	1.0300	1.0400	1.0500	1.0600	1.0700	1.0800	1.0900	1.1000
2	1.0201	1.0404	1.0609	1.0816	1.1025	1.1236	1.1449	1.1664	1.1881	1.2100
3	1.0303	1.0612	1.0927	1.1249	1.1576	1.1910	1.2250	1.2597	1.2950	1.3310
4	1.0406	1.0824	1.1255	1.1699	1.2155	1.2625	1.3108	1.3605	1.4116	1.4641
5	1.0510	1.1041	1.1593	1.2167	1.2763	1.3382	1.4026	1.4693	1.5386	1.6105
6	1.0615	1.1262	1.1941	1.2653	1.3401	1.4185	1.5007	1.5809	1.6771	1.7716
7	1.0721	1.1487	1.2299	1.3159	1.4071	1.5036	1.6058	1.7138	1.8280	1.9487
8	1.0829	1.1717	1.2668	1.3686	1.4775	1.5938	1.7182	1.8509	1.9926	2.1436
9	1.0937	1.1951	1.3048	1.4233	1.5513	1.6895	1.8385	1.9990	2.1719	2.3579
10	1.1046	1.2190	1.3439	1.4802	1.6289	1.7908	1.9672	2.1589	2.3674	2.5937
11	1.1157	1.2434	1.3842	1.5395	1.7103	1.8983	2.1049	2.3316	2.5804	2.8531
12	1.1268	1.2682	1.4258	1.6010	1.7959	2.0122	2.2522	2.5182	2.8127	3.1384
13	1.1381	1.2936	1.4685	1.6651	1.8856	2.1329	2.4098	2.7196	3.0658	3.4523
14	1.1495	1.3195	1.5126	1.7317	1.9799	2.2609	2.5785	2.9372	3.3417	3.7975
15	1.1610	1.3459	1.5580	1.8009	2.0789	2.3966	2.7590	3.1722	3.6425	4.1772
16	1.1726	1.3728	1.6047	1.8730	2.1829	2.5404	2.9522	3.4259	3.9703	4.5950
17	1.1843	1.4002	1.6528	1.9479	2.2920	2.6928	3.1588	3.7000	4.3276	5.0545
18	1.1961	1.4282	1.7024	2.0258	2.4066	2.8543	3.3799	3.9960	4.7171	5.5599
19	1.2081	1.4568	1.7535	2.1068	2.5270	3.0256	3.6165	4.3157	5.1417	6.1159
20	1.2202	1.4859	1.8061	2.1911	2.6533	3.2071	3.8697	4.6610	5.6044	6.7275
21	1.2324	1.5157	1.8603	2.2788	2.7860	3.3996	4.1406	5.0338	6.1088	7.4002
22	1.2447	1.5460	1.9161	2.3699	2.9253	3.6035	4.4304	5.4365	6.6586	8.1403
23	1.2572	1.5769	1.9736	2.4647	3.0715	3.8197	4.7405	5.8715	7.2579	8.2543
24	1.2697	1.6084	2.0328	2.5633	3.2251	4.0489	5.0724	6.3412	7.9111	9.8497
25	1.2824	1.6406	2.0938	2.6658	3.3864	4.2919	5.4274	6.8485	8.6231	10.835
26	1.2953	1.6734	2.1566	2.7725	3.5557	4.5494	5.8074	7.3964	9.3992	11.918
27	1.3082	1.7069	2.2213	2.8834	3.7335	4.8823	6.2139	7.9881	10.245	13.110
28	1.3213	1.7410	2.2879	2.9987	3.9201	5.1117	6.6488	8.6271	11.167	14.421
29	1.3345	1.7758	2.3566	3.1187	4.1161	5.4184	7.1143	9.3173	12.172	15.863
30	1.3478	1.8114	2.4273	3.2434	4.3219	5.7435	7.6123	10.063	13.268	17.449
40	1.4889	2.2080	3.2620	4.8010	7.0400	10.286	14.794	21.725	31.408	45.259
50	1.6446	2.6916	4.3839	7.1067	11.467	18.420	29.457	46.902	74.358	117.39
60	1.8167	3.2810	5.8916	10.520	18.679	32.988	57.946	101.26	176.03	304.48

系数表

系数表

期数	12%	14%	15%	16%	18%	20%	24%	28%	32%	36%
1	1.1200	1.1400	1.1500	1.1600	1.1800	1.2000	1.2400	1.2800	1.3200	1.3600
2	1.2544	1.2996	1.3225	1.3456	1.3924	1.4400	1.5376	1.6384	1.7424	1.8496
3	1.4049	1.4815	1.5209	1.5609	1.6430	1.7280	1.9066	2.0872	2.3000	2.5155
4	1.5735	1.6890	1.7490	1.8106	1.9388	2.0736	2.3642	2.6844	3.0360	3.4210
5	1.7623	1.9254	2.0114	2.1003	2.2878	2.4883	2.9316	3.4360	4.0075	4.6526
6	1.9738	2.1950	2.3131	2.4364	2.6996	2.9860	3.6352	4.3980	5.2899	6.3275
7	2.2107	2.5023	2.6600	2.8262	3.1855	3.5832	4.5077	5.6295	6.9826	8.6054
8	2.4760	2.8526	3.0590	3.2784	3.7589	4.2998	5.5895	7.2058	9.2170	11.703
9	2.7731	3.2519	3.5179	3.8030	4.4355	5.1598	6.9310	9.2234	12.166	15.917
10	3.1058	3.7072	4.0456	4.4114	5.2338	6.1917	8.5944	11.806	16.060	21.647
11	3.4785	4.2262	4.6524	5.1173	6.1759	7.4301	10.657	15.112	21.199	29.439
12	3.8960	4.8179	5.3503	5.9360	7.2876	8.9161	13.215	19.343	27.983	40.037
13	4.3635	5.4924	6.1528	6.8858	8.5994	10.699	16.386	24.759	36.937	54.451
14	4.8871	6.2613	7.0757	7.9875	10.147	12.839	20.319	31.691	48.757	74.053
15	5.4736	7.1379	8.1371	9.2655	11.974	15.407	25.196	40.565	64.359	100.71
16	6.1304	8.1372	9.3576	10.748	14.129	18.488	31.243	51.923	84.954	136.97
17	6.8660	9.2765	10.761	12.468	16.672	22.186	38.741	66.461	112.14	186.28
18	7.6900	10.575	12.375	14.463	19.673	26.623	48.039	86.071	148.02	253.34
19	8.6128	12.056	14.232	16.777	23.214	31.948	59.568	108.89	195.39	344.54
20	9.6463	13.743	16.367	19.461	27.393	38.338	73.864	139.38	257.92	468.57
21	10.804	15.668	18.822	22.574	32.324	46.005	91.592	178.41	340.45	637.26
22	12.100	17.861	21.645	26.186	38.142	55.206	113.57	228.36	449.39	866.67
23	13.552	20.362	24.891	30.376	45.008	66.247	140.83	292.30	593.20	1178.7
24	15.179	23.212	28.625	35.236	53.109	79.497	174.63	374.14	783.02	1603.0
25	17.000	26.462	32.919	40.874	62.669	95.396	216.54	478.90	1033.6	2180.1
26	19.040	30.167	37.857	47.414	73.949	114.48	268.51	613.00	1364.3	2964.9
27	21.325	34.390	43.535	55.000	87.260	137.37	332.95	784.64	1800.9	4032.3
28	23.884	39.204	50.066	63.800	102.97	164.84	412.86	1004.3	2377.2	5483.9
29	26.750	44.693	57.575	74.009	121.50	197.81	511.95	1285.6	3137.9	7458.1
30	29.960	50.950	66.212	85.850	143.37	237.38	634.82	1645.5	4142.1	10143.
40	93.051	188.83	267.86	378.72	750.38	1469.8	5455.9	19427	66521	*
50	289.00	700.23	1083.7	1670.7	3927.4	9100.4	46890	*	*	*
60	897.60	2595.9	4384.0	7370.2	20555.	56348.	*	*	*	*

*>99999

附表 1-2　1 元复利现值

期数	1%	2%	3%	4%	5%	6%	7%	8%	9%	10%
1	.9901	.9804	.9709	.9615	.9524	.9434	.9346	.9259	.9174	.9091
2	.9803	.9712	.9426	.9246	.9070	.8900	.8734	.8573	.8417	.8264
3	.9706	.9423	.9151	.8890	.8638	.8396	.8163	.7938	.7722	.7513
4	.9610	.9238	.8885	.8548	.8227	.7921	.7629	.7350	.7084	.6830
5	.9515	.9057	.8626	.8219	.7835	.7473	.7130	.6806	.6499	.6209
6	.9420	.8880	.8375	.7903	.7462	.7050	.6663	.6302	.5963	.5645
7	.9327	.8606	.8131	.7599	.7107	.6651	.6227	.5835	.5470	.5132
8	.9235	.8535	.7874	.7307	.6768	.6274	.5820	.5403	.5019	.4665
9	.9143	.8368	.7664	.7026	.6446	.5919	.5439	.5002	.4604	.4241
10	.9053	.8203	.7441	.6756	.6139	.5584	.5083	.4632	.4224	.3855
11	.8963	.8043	.7224	.6496	.5847	.5268	.4751	.4289	3875	3505
12	.8874	.7885	.7014	.6246	.5568	.4970	.4440	.3971	.3555	.3186
13	.8787	.7730	.6810	.6006	.5303	.4688	.4150	.3677	.3262	.2897
14	.8700	.7579	.6611	.5775	.5051	.4423	.3878	.3405	.2992	.2633
15	.8613	.7430	.6419	.5553	.4810	.4173	.3624	.3152	.2745	.2394
16	.8528	.7284	.6232	.5339	.4581	.3936	.3387	.2919	.2519	.2176
17	.8444	.7142	.6050	.5134	.4363	.3714	.3166	.2703	.2311	.1978
18	.8360	.7002	.5874	.4936	.4155	.3503	.2959	.2502	.2120	.1799
19	.8277	.6864	.5703	.4746	.3957	.3305	.2765	.2317	.1945	.1635
20	.8195	.6730	.5537	.4564	.3769	.3118	.2584	.2145	.1784	.1486
21	.8114	.6598	.5375	.4388	.3589	.2942	.2415	.1987	.1637	.1351
22	.8034	.6468	.5219	.4220	.3418	.2775	.2257	.1839	.1502	.1228
23	.7954	.6342	.5067	.4057	.3256	.2618	.2109	.1703	.1378	.1117
24	.7876	.6217	.4919	.3901	.3101	.2470	.1971	.1577	.1264	.1015
25	.7798	.6095	.4776	.3751	.2953	.2330	.1842	.1460	.1160	.0923
26	.7720	.5976	.4637	.3604	.2812	.2198	.1722	.1352	.1064	.0839
27	.7644	.5859	.4502	.3468	.2678	.2074	.1609	.1252	.0976	.0763
28	.7568	.5744	.4371	.3335	.2551	.1956	.1504	.1159	.0895	.0693
29	.7493	.5631	.4243	.3207	.2429	.1846	.1406	.1073	.0822	.0630
30	.7419	.5521	.4120	.3083	.2314	.1741	.1314	.0994	.0754	.0573
35	.7059	.5000	.3554	.2534	.1813	.1301	.0937	.0676	.0490	.0356
40	.6717	.4529	.3066	.2083	.1420	.0972	.0668	.0460	.0318	.0221
45	.6491	.4102	.2644	.1712	.1113	.0727	.0476	.0313	.0207	.0137
50	.6080	.3715	.2281	.1407	.0872	.0543	.0339	.0213	.0134	.0085
55	.5785	.3365	.1968	.1157	.0683	.0406	.0242	.0145	.0087	.0053

系数表

期数	12%	14%	15%	16%	18%	20%	24%	28%	32%	36%
1	.8929	.8772	.8696	.8621	.8475	.8333	.8065	.7813	.7576	.7353
2	.7972	.7695	.7561	.7432	.7182	.6944	.6504	.6104	.5739	.5407
3	.7118	.6750	.6575	.6407	.6086	.5787	.5245	.4768	.4348	.3975
4	.6355	.5921	.5718	.5523	.5158	.4823	.4230	.3725	.3294	.2923
5	.5674	.5194	.4972	.4762	.4371	.4019	.3411	.2910	.2495	.2149
6	.5066	.4556	.4323	.4104	.3704	.3349	.2751	.2274	.1890	.1580
7	.4523	.3996	.3759	.3538	.3139	.2791	.2218	.1776	.1432	.1162
8	.4039	.3506	.3269	.3050	.2660	.2326	.1789	.1388	.1085	.0854
9	.3606	.3075	.2843	.2630	.2255	.1938	.1443	.1084	.0822	.0628
10	.3220	.2697	.2472	.2267	.1911	.1615	.1164	.0847	.0623	.0462
11	.2875	.2366	.2149	.1954	.1619	.1346	.0938	.0662	.0472	.0340
12	.2567	.2076	.1869	.1685	.1373	.1122	.0557	.0517	.0357	.0250
13	.2292	.1821	.1625	.1452	.1163	.0935	.0610	.0404	.0271	.0184
14	.2046	.1597	.1413	.1252	.0985	.0779	.0492	.0316	.0205	.0135
15	.1827	.1401	.1229	.1079	.0835	.0649	.0397	.0247	.0155	.0099
16	.1631	.1229	.1069	.0980	.0709	.0541	.0320	.0193	.0118	.0073
17	.1456	.1078	.0929	.0802	.0600	.0451	.0259	.0150	.0089	.0054
18	.1300	.0946	.0808	.0691	.0508	.0376	.0208	.0118	.0068	.0039
19	.1161	.0829	.0703	.0596	.0431	.0313	.0168	.0092	.0051	.0029
20	.1037	.0728	.0611	.0514	.0365	.0261	.0135	.0072	.0039	.0021
21	.0926	.0638	.0531	.0443	.0309	.0217	.0109	.0056	.0029	.0016
22	.0826	.0560	.0462	.0382	.0262	.0181	.0088	.0044	.0022	.0012
23	.0738	.0491	.0402	.0329	.0222	.0151	.0071	.0034	.0017	.0008
24	.0659	.0431	.0349	.0284	.0188	.0126	.0057	.0027	.0013	.0006
25	.0588	.0378	.0304	.0245	.0160	.0105	.0046	.0021	.0010	.0005
26	.0525	.0331	.0264	.0211	.0135	.0087	.0037	.0016	.0007	.0003
27	.0469	.0291	.0230	.0182	.0115	.0073	.0030	.0013	.0006	.0002
28	.0419	.0255	.0200	.0157	.0097	.0061	.0024	.0010	.0004	.0002
29	.0374	.0224	.0174	.0135	.0082	.0051	.0020	.0008	.0003	.0001
30	.0334	.0196	.0151	.0116	.0070	.0042	.0016	.0006	.0002	.0001
35	.0189	.0102	.0075	.0055	.0030	.0017	.0005	.0002	.0001	*
40	.0107	.0053	.0037	.0026	.0013	.0007	.0002	.0001	*	*
45	.0061	.0027	.0019	.0013	.0006	.0003	.0001	*	*	*
50	.0035	.0014	.0009	.0006	.0003	.0001	*	*	*	*
55	.0020	.0007	.0005	.0003	.0001	*	*	*	*	*

*<.0001

附表 1-3　1 元年金终值

期数	1%	2%	3%	4%	5%	6%	7%	8%	9%	10%
1	1.0000	1.0000	1.0000	1.0000	1.0000	1.0000	1.0000	1.0000	1.0000	1.0000
2	2.0100	2.0200	2.0300	2.0400	2.0500	2.0600	2.0700	2.0800	2.0900	2.1000
3	3.0301	3.0604	3.0909	3.1216	3.1525	3.1836	3.2149	3.2464	3.2781	3.3100
4	4.0604	4.1216	4.1836	4.2465	4.3101	4.3746	4.4399	4.5061	4.5731	4.6410
5	5.1010	5.2040	5.3091	5.4163	5.5256	5.6371	5.7507	5.8666	5.9847	6.1051
6	6.1520	6.3081	6.4684	6.6330	6.8019	6.9753	7.1533	7.3359	7.5233	7.7156
7	7.2135	7.4343	7.6625	7.8983	8.1420	8.3938	8.6540	8.9228	9.2004	9.4872
8	8.2857	8.5830	8.8923	9.2142	9.5491	9.8975	10.260	10.637	11.028	11.436
9	9.3685	9.7546	10.159	10.583	11.027	11.491	11.978	12.488	13.021	13.579
10	10.462	10.950	11.464	12.006	12.578	13.181	13.816	14.487	15.193	15.937
11	11.567	12.169	12.808	13.486	14.207	14.972	15.784	16.645	17.560	18.531
12	12.683	13.412	14.192	15.026	15.917	16.870	17.888	18.977	20.141	21.384
13	13.809	14.680	15.618	16.627	17.713	18.882	20.141	21.495	22.953	24.523
14	14.947	15.974	17.086	18.292	19.599	21.015	22.550	24.214	26.019	27.975
15	16.097	17.293	18.599	20.024	21.579	23.276	25.129	27.152	29.361	31.772
16	17.258	18.639	20.157	21.825	23.657	25.673	27.888	30.324	33.003	35.950
17	18.430	20.012	21.762	23.698	25.840	28.213	30.840	33.750	36.974	40.545
18	19.615	21.412	23.414	25.645	28.132	30.906	33.999	37.450	41.301	45.599
19	20.811	22.841	25.117	27.671	30.539	33.760	37.379	41.446	46.018	51.159
20	22.019	24.297	26.870	29.778	33.066	36.786	40.995	45.752	51.160	57.275
21	23.239	25.783	28.676	31.969	35.719	39.993	44.865	50.423	56.765	64.002
22	24.472	27.299	30.537	34.248	38.505	43.392	49.006	55.457	62.873	71.403
23	25.716	28.845	32.453	36.618	41.430	46.996	53.436	60.883	69.532	79.543
24	26.973	30.422	34.426	39.083	44.502	50.816	58.177	66.765	76.790	88.497
25	28.243	32.030	36.459	41.646	47.727	54.863	63.249	73.106	84.701	98.347
26	29.526	33.671	38.553	44.312	51.113	59.156	68.676	79.954	93.324	109.18
27	30.821	35.344	40.710	47.084	54.669	63.706	74.484	87.351	102.72	121.10
28	32.129	37.051	42.931	49.968	58.403	68.528	80.698	95.339	112.97	134.21
29	33.450	38.792	45.219	52.966	62.323	73.640	87.347	103.97	124.14	148.63
30	34.785	40.568	47.575	56.085	66.439	79.058	94.461	113.28	136.31	164.49
40	48.886	60.402	75.401	95.026	120.80	154.76	199.64	259.06	337.88	442.59
50	64.463	84.579	112.80	152.67	209.35	290.34	406.53	573.77	815.08	1163.9
60	81.670	114.05	163.05	237.99	353.58	533.13	813.52	1253.2	1944.8	3034.8

系数表

期数	12%	14%	15%	16%	18%	20%	24%	28%	32%	36%
1	1.0000	1.0000	1.0000	1.0000	1.0000	1.0000	1.0000	1.0000	1.0000	1.0000
2	2.1200	2.1400	2.1500	2.1600	2.1800	2.2000	2.2400	2.2800	2.3200	2.3600
3	3.3744	3.4396	3.4725	3.5056	3.5724	3.6400	3.7776	3.9184	3.0624	3.2096
4	4.7793	4.9211	4.9934	5.0665	5.2154	5.3680	5.6842	6.0156	6.3624	6.7251
5	6.3528	6.6101	6.7424	6.8771	7.1542	7.4416	8.0484	8.6999	9.3983	10.146
6	8.1152	8.5355	8.7537	8.9775	9.4420	9.9299	10.980	12.136	13.406	14.799
7	10.089	10.730	11.067	11.414	12.142	12.916	14.615	16.534	18.696	21.126
8	12.300	13.233	13.727	14.240	15.327	16.499	19.123	22.163	25.678	29.732
9	14.776	16.085	16.786	17.519	19.086	20.799	24.712	29.369	34.895	41.435
10	17.549	19.337	20.304	21.321	23.521	25.959	31.643	38.593	47.062	57.352
11	20.655	23.045	24.349	25.733	28.755	32.150	40.238	50.398	63.122	78.998
12	24.133	27.271	29.002	30.850	34.931	39.581	50.895	65.510	84.320	108.44
13	28.029	32.089	34.352	36.786	42.219	48.497	64.110	84.853	112.30	148.47
14	32.393	37.581	40.505	43.672	50.818	59.196	80.496	109.61	149.24	202.93
15	37.280	43.842	47.580	51.660	60.965	72.035	100.82	141.30	198.00	276.98
16	42.753	50.980	55.717	60.925	72.939	87.442	126.01	181.87	262.36	377.69
17	48.884	59.118	65.075	71.673	87.068	105.93	157.25	233.79	347.31	514.66
18	55.750	68.394	75.836	84.141	103.74	128.12	195.99	300.25	459.45	770.94
19	63.440	78.969	88.212	98.603	123.41	154.74	244.03	385.32	607.47	954.28
20	72.052	91.025	102.44	115.38	146.63	186.69	303.60	494.21	802.86	1298.8
21	81.699	104.77	118.81	134.84	174.02	225.03	377.46	633.59	1060.8	1767.4
22	92.503	120.44	137.63	157.41	206.34	271.03	469.06	812.00	1401.2	2404.7
23	104.60	138.30	159.28	183.60	244.49	326.24	582.63	1040.4	1850.6	3271.3
24	118.16	158.66	184.17	213.98	289.49	392.48	723.46	1332.7	2443.8	4450.0
25	133.33	181.87	212.79	249.21	342.60	471.98	898.09	1706.8	3226.8	6053.0
26	150.33	208.33	245.71	290.09	405.27	567.38	1114.6	2185.7	4260.4	8233.1
27	169.37	238.50	283.57	337.50	479.22	681.85	1383.1	2798.7	5624.8	11198.0
28	190.70	272.89	327.10	392.50	566.48	819.22	1716.1	3583.3	7425.7	15230.3
29	214.58	312.09	377.17	456.30	669.45	984.07	2129.0	4587.7	9802.9	20714.2
30	241.33	356.79	434.75	530.31	790.95	1181.9	2640.9	5873.2	12941.	28172.3
40	767.09	1342.0	1779.1	2360.8	4163.2	7343.2	22729.	69377.	*	*
50	2400.0	4994.5	7217.7	10436.	21813.	45497.	*	*	*	*
60	7471.6	18535.	29220.	46058.	*	*	*	*	*	*

*>99999

附表 1-4 1 元年金现值

期数	1%	2%	3%	4%	5%	6%	7%	8%	9%
1	0.9901	0.9804	0.9709	0.9615	0.9524	0.9434	0.9346	0.9259	0.9174
2	1.9704	1.9416	1.9135	1.8861	1.8594	1.8334	1.8080	1.7833	1.7591
3	2.9410	2.8839	2.8286	2.7751	2.7232	2.6730	2.6243	2.5771	2.5313
4	3.9020	3.8077	3.7171	3.6299	3.5460	3.4651	3.3872	3.3121	3.2397
5	4.8534	4.7135	4.5797	4.4518	4.3295	4.2124	4.1002	3.9927	3.8897
6	5.7955	5.6014	5.4172	5.2421	5.0757	4.9173	4.7665	4.6229	4.4859
7	6.7282	6.4720	6.2303	6.0021	5.7864	5.5824	5.3893	5.2064	5.0330
8	7.6517	7.3255	7.0197	6.7327	6.4632	6.2098	5.9713	5.7466	5.5348
9	8.5660	8.1622	7.7861	7.4353	7.1078	6.8017	6.5152	6.2469	5.9952
10	9.4713	8.9826	8.5302	8.1109	7.7217	7..3601	7.0236	6.7101	6.4177
11	10.3676	9.7868	9.2526	8.7605	8.3064	7.8869	7.4987	7.1390	6.8052
12	11.2551	10.5753	9.9540	9.3851	8.8633	8.3838	7.9427	7.5361	7.1607
13	12.1337	11.3484	10.6350	9.9856	9.3936	8.8527	8.3577	7.9038	7.4869
14	13.0037	12.1062	11.2961	10.5631	9.8986	9.2950	8.7455	8.2442	7.7862
15	13.8651	12.8493	11.9379	11.1184	10.3797	9.7122	9.1079	8.5595	8..0607
16	14.7179	13.5777	12.5611	11.6523	10.8378	10.1059	9.4466	8.8514	8.3126
17	15.5623	14.2919	13.1661	12.1657	11.2741	10.4773	9.7632	9.1216	8.5436
18	16.3983	14.9920	13.7535	12.6896	11.6896	10.8276	10.0591	9.3719	8.7556
19	17.2260	15.6785	14.3238	13.1339	12.0853	11.1581	10.3356	9.6036	8.9601
20	18.0456	16.3514	14.8775	13.5903	12.4622	11.4699	10.5940	9.8181	9.1285
21	18.8570	17.0112	15.4150	14.0292	12.8212	11.7641	10.8355	10.0168	9.02922
22	19.6604	17.6580	15.9369	14.4511	13.4886	12.3034	11.0612	10.2007	9.4424
23	20.4558	18.2922	16.4436	14.8568	13.4886	12.3034	11.2722	10.3711	9.5802
24	21.2434	18.9139	16.9355	15.2470	13.7986	12.5504	11.4693	10.5288	9.7066
25	22.0232	19.5235	17.4131	15.6221	14.0939	12.7834	11.6536	10.6748	9.8226
26	22.7952	20.1210	17.8768	15.9828	14.3752	13.0032	11.8258	10.8100	9.9290
27	23.5596	20.7059	18.3270	16.3296	14.6430	13.2105	11.9867	10.9352	10.0266
28	24.3164	21.2813	18.7641	16.6631	14.8981	13.4062	12.1371	11.0511	10.1161
29	25.0658	21.8444	19.1885	16.9837	15.1411	13.5907	12.2777	11.1584	10.1983
30	25.8077	22.3965	19.6004	17.2920	15.3725	13.7648	12.4090	11.2578	10.2737
35	29.4086	24.9986	21.4872	18.6646	16.3742	14.4982	12.9477	11.6546	10.5668
40	32.8347	27.3555	23.1148	19.7928	17.1591	15.0463	13.3317	11.9246	10.7574
45	36.0945	29.4902	24.5187	20.7200	17.7741	15.4558	13.6055	12.1084	10.8812
50	39.1961	31.4236	25.7298	21.4822	18.2559	15.7619	13.8007	12.2335	10.9617
55	42.1472	33.1748	26.7744	22.1086	18.6335	15.9905	13.9399	12.3186	11.0140

系数表

期数	10%	12%	14%	15%	16%	18%	20%	24%	28%	32%
1	0.9091	0.8929	0.8772	0.8696	0.8621	0.8475	0.8333	0.8065	0.7813	0.7576
2	1.7355	1.6901	1.6467	1.6257	1.6052	1.5656	1.5278	1.4568	1.3916	1.3315
3	2.4869	2.4018	2.3216	2.2832	2.2459	2.1743	2.1065	1.9813	1.8684	1.7663
4	3.1699	3.0373	2.9173	2.8550	2.7982	2.6901	2.5887	2.4043	2.2410	2.0957
5	3.7908	3.6048	3.4331	3.3522	3.2743	3.1272	2.9906	2.7454	2.5320	2.3452
6	4.3553	4.1114	3.8887	3.7845	3.6847	3.4976	3.3255	3.0205	2.7594	2.5342
7	4.8684	4.5638	4.2882	4.1604	4.0386	3.8115	3.6046	3.2423	2.9370	2.6775
8	5.3349	4.9676	4.6389	4.4873	4.3436	4.0776	3.8372	3.4212	3.0758	2.7860
9	5.7590	5.3282	4.9164	4.7716	4.6065	4.3030	4.0310	3.5655	3.1842	2.8681
10	6.1446	5.6502	5.2161	5.0188	4.8332	4.4941	4.1925	3.6819	3.2689	2.9304
11	6.4951	5.9377	5.4527	5.2337	5.0286	4.6560	4.3271	3.7757	3.3351	2.9776
12	6.8137	6.1944	5.6603	5.4206	5.1971	4.7932	4.4392	3.8514	3.3868	3.0133
13	7.1034	6.4235	5.8424	5.5831	5.3423	4.9095	4.5327	3.9124	3.4272	3.0404
14	7.3667	6.6282	6.0021	5.7245	5.4675	5.0081	4.6106	3.9616	3.4587	3.0609
15	7.6061	6.8109	6.1422	5.8474	5.5755	5.0916	4.6755	4.0013	3.4834	3.0764
16	7.8237	6.9740	6.2651	5.9542	5.6685	5.1624	4.7296	4.0333	3.5026	3.0882
17	8.0216	7.1196	6.3729	6.0472	5.7487	5.2223	4.7746	4.0591	3.5177	3.0971
18	8.0216	7.2497	6.4674	6.1280	5.8178	5.2732	4.8122	4.0799	3.5294	3.1039
19	8.3649	7.3658	6.5504	6.1982	5.8775	5.3162	4.8435	4.0967	3.5386	3.1090
20	8.5136	7.4694	6.6231	6.2593	5.9288	5.3527	4.8696	4.1103	3.5458	3.1129
21	8.6487	7.5620	6.6870	6.3125	5.9731	5.3837	4.8913	4.1212	3.5514	3.1158
22	8.7715	7.6446	6.7429	6.3587	6.0113	5.4099	4.9094	4.1300	3.5558	3.1180
23	8.8832	7.7184	6.7921	6.3988	6.0442	5.3421	4.9245	4.1371	3.5592	3.1197
24	8.9847	7.7843	6.8351	6.4338	6.0726	5.4509	4.9371	4.1428	3.5619	3.1210
25	9.0770	7.8431	6.8729	6.4641	6.0971	5.4669	4.9476	4.1474	3.5640	3.1220
26	9.1609	7.8957	6.9061	6.4906	6.1182	5.4804	4.9563	4.1511	3.5656	3.1227
27	9.2372	7.9426	6.9352	6.5135	6.1364	5.4919	4.9636	4.1542	3.5669	3.1233
28	9.3066	7.9844	6.9607	6.5335	6.1520	5.5016	4.9697	4.1566	3.5679	3.1237
29	9.3696	8.0218	6.9830	6.5509	6.1656	5.5098	4.9747	4.1585	3.5687	3.1240
30	9.4269	8.0552	7.0027	6.5660	6.1772	5.5166	4.9789	4.1601	3.5693	3.1242
35	9.6442	8.1755	7.0700	6.6166	6.2153	5.5386	4.9915	4.1644	3.5708	3.1248
40	9.7791	8.2438	7.1050	6.6418	6.2335	5.5482	4.9966	4.1659	3.5712	3.1250
45	9.8628	8.2825	7.1232	6.6543	6.2421	5.5523	4.9986	4.1664	3.5714	3.1250
50	9.9148	8.3045	7.1327	6.6605	6.2463	5.5541	4.9995	4.1666	3.5714	3.1250
55	9.9471	8.3170	7.1376	6.6636	6.2482	5.5549	4.9998	4.1666	3.5714	3.1250

附录二　混合成本分解的 Excel 应用

1．启动 Excel 表，将实验数据录入 Excel 工作表，如下图所示。

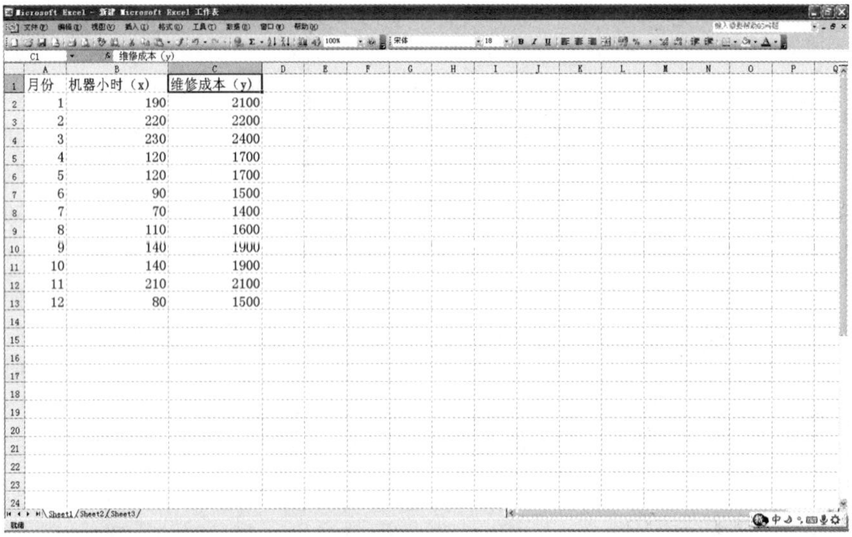

月份	机器小时（x）	维修成本（y）
1	190	2100
2	220	2200
3	230	2400
4	120	1700
5	120	1700
6	90	1500
7	70	1400
8	110	1600
9	140	1900
10	140	1900
11	210	2100
12	80	1500

2．在菜单栏的“插入”选项中选择“图表”命令。在弹出的“图表类型”对话框中选择“XY 散点图”选项，出现下图。

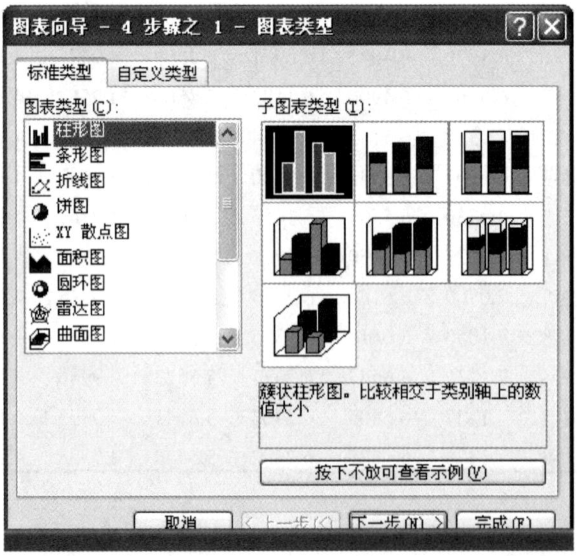

3．单击“XY 散点图”选项，出现下图。

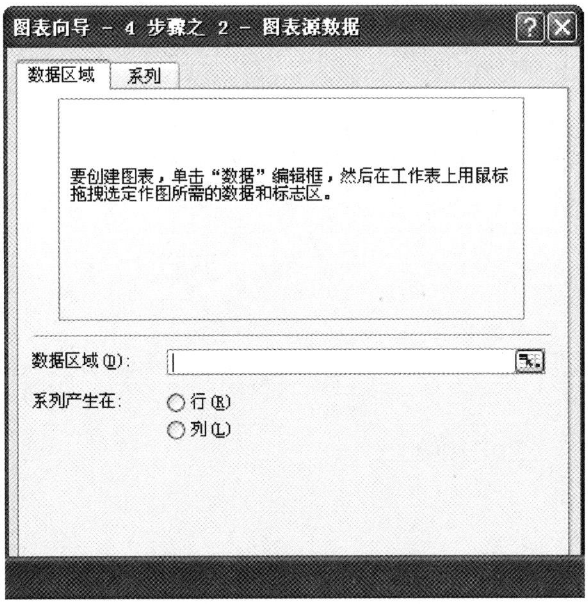

4．单击“系列”选项，出现下图。

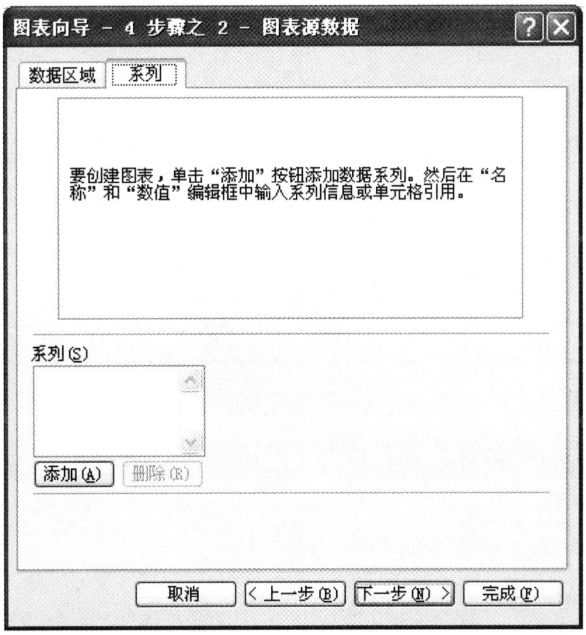

5．单击“添加”选项后，在X值中，把鼠标放在X值后面的框中，然后选中Excel表中的X数据；在Y值中，把鼠标放在Y值后面的框中，然后选中Excel表中的Y数据，出现下图。

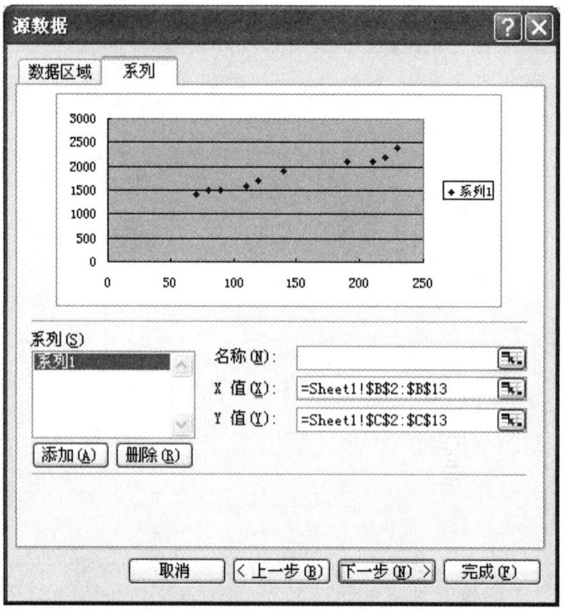

6．在上图中单击“下一步”按钮，再单击“标题”选项，并在下面出现的图框中，分别输入下图中的文字。

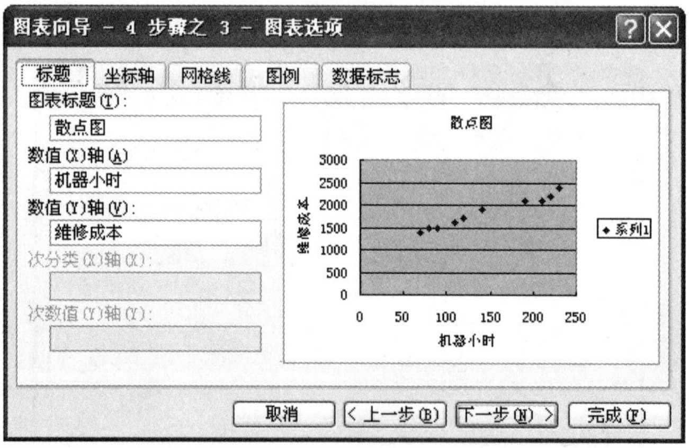

7．在上图中单击“下一步”按钮，出现下图。

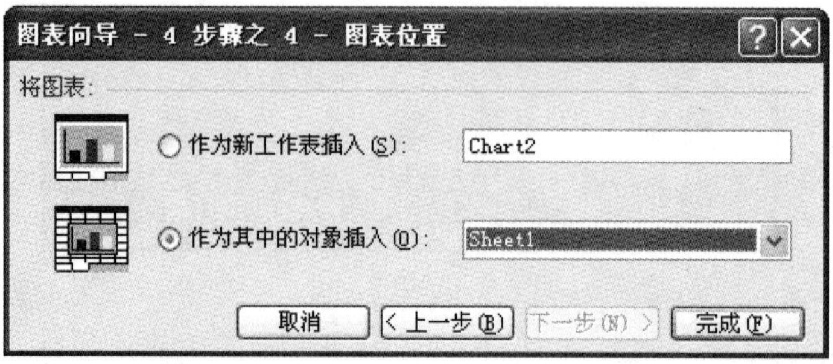

8. 在上图中单击“完成”选项，出现下图。

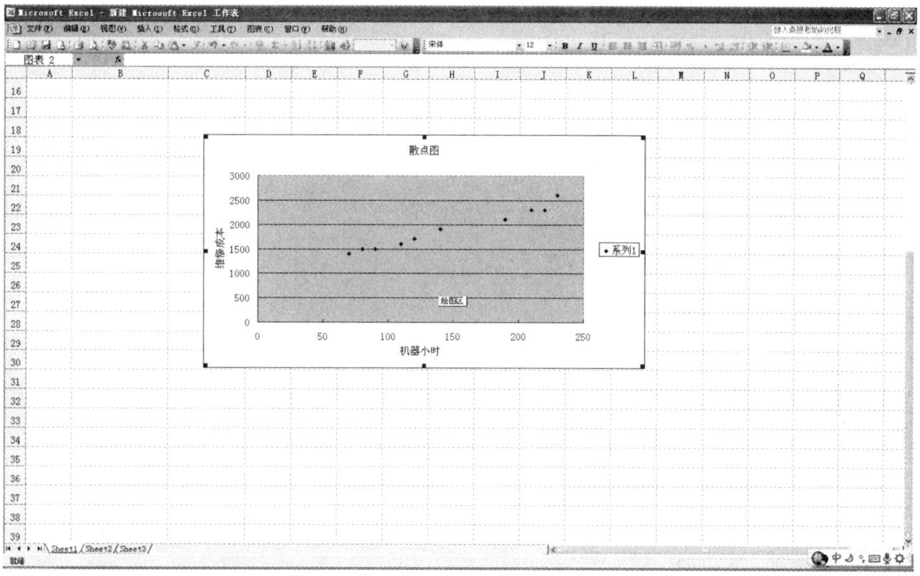

9. 在上图中，把鼠标放在任意一个散点上，单击右键，再单击出现的“添加趋势线”后，出现下图。

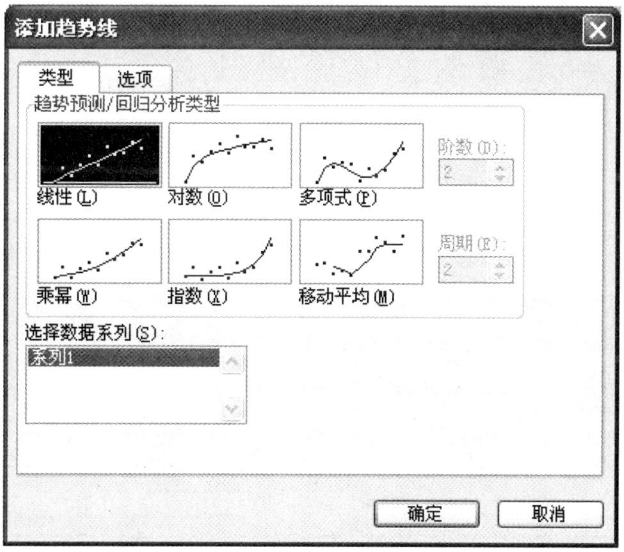

10．在上图中选择“选线性(L)”，单击“确定”按钮，出现下图。

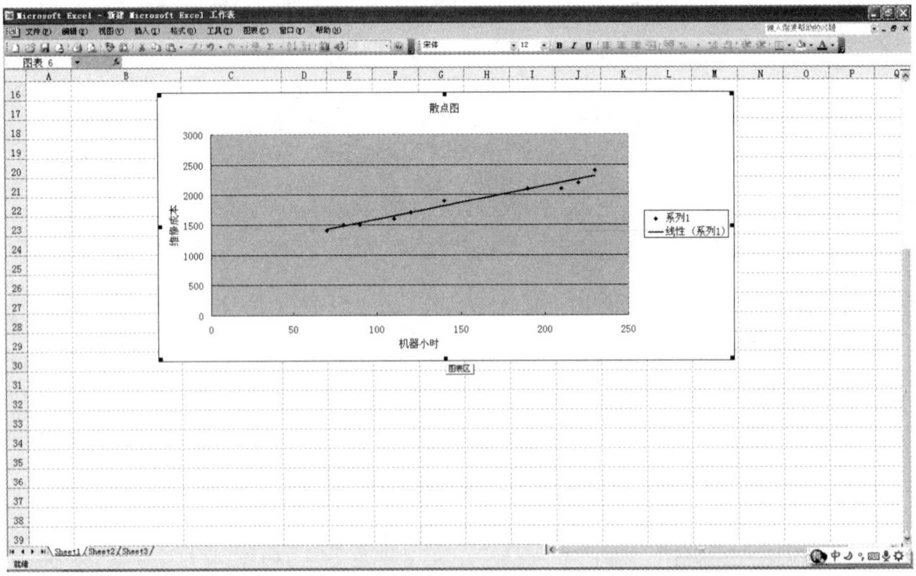

11．在上图中，把鼠标放在趋势线上，右击，再单击出现的趋势线格式，出现下图。

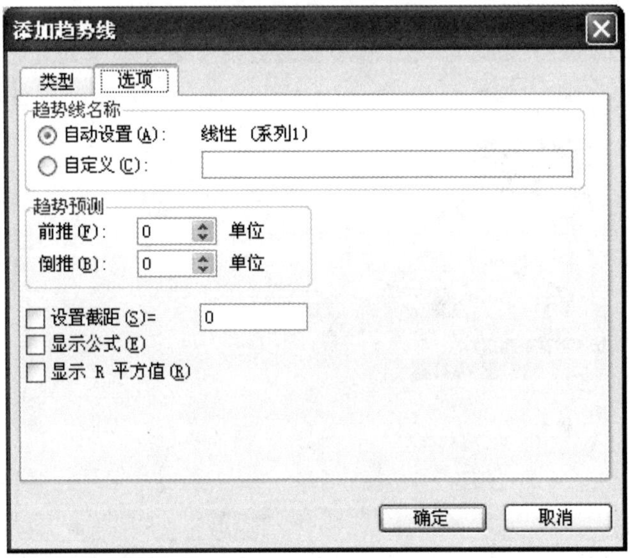

12．在上图选项中的“倒推”中输入 70(视具体情况输入不同值)，可同时选中“设置截距、显示公式、显示 R 平方”值，单击“确定”按钮，出现下图。

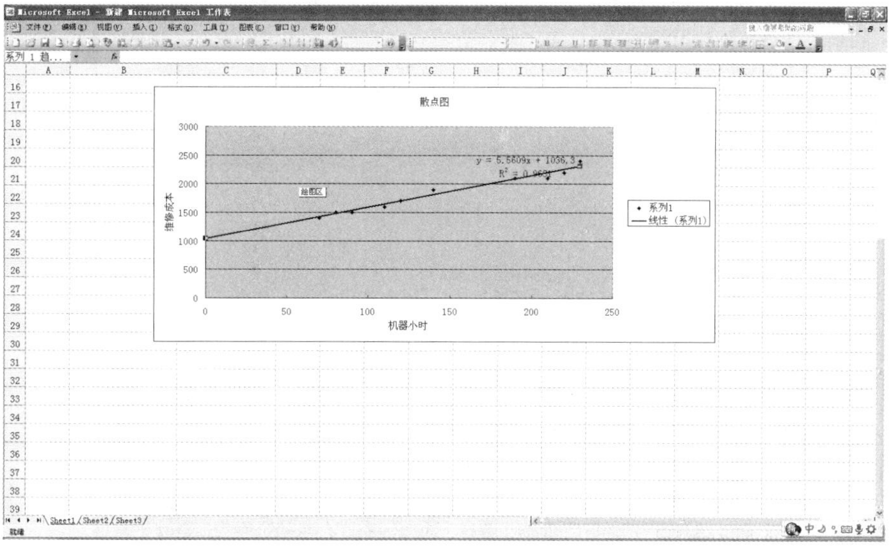

经过以上步骤，维修成本被分解为 y=1036.3+5.5609x。

附录三　回归直线法的 Excel 应用

一、截距 a(固定成本)的操作步骤

1．将实验数据输入 Excel 表中，如下图所示。

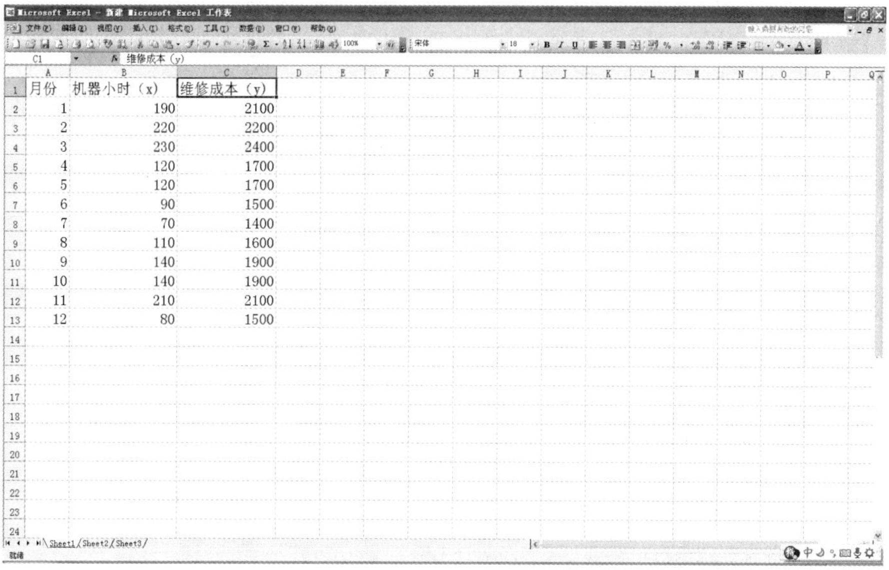

月份	机器小时（x）	维修成本（y）
1	190	2100
2	220	2200
3	230	2400
4	120	1700
5	120	1700
6	90	1500
7	70	1400
8	110	1600
9	140	1900
10	140	1900
11	210	2100
12	80	1500

2. 在上图中选中一个空白单元格，单击函数——统计函数，选中 INTERCEPT 命令，出现下图。

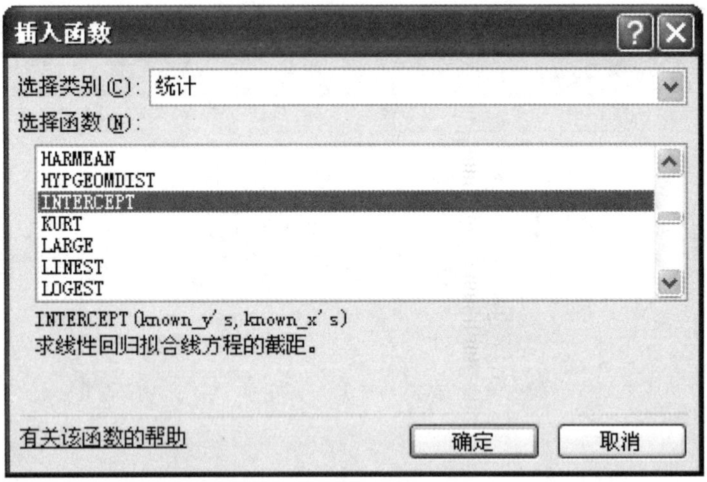

3. 单击上图“确定”按钮，出现下图。

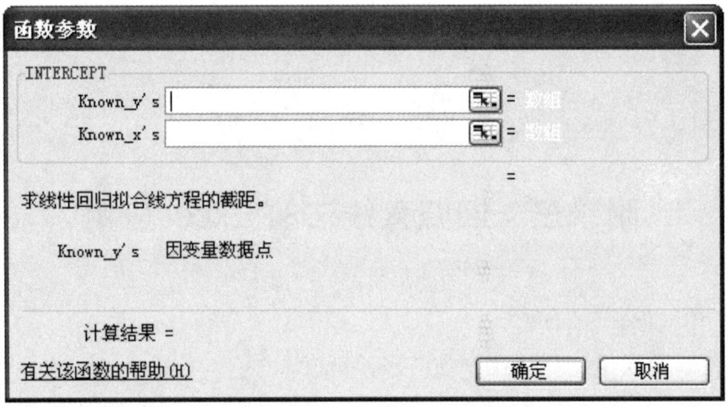

4. 将鼠标放在上图的第一个框中，选中 Excel 表中 y 值；鼠标放在第二个框中，选中 x 值，单击“确定”按钮后，出现下图。

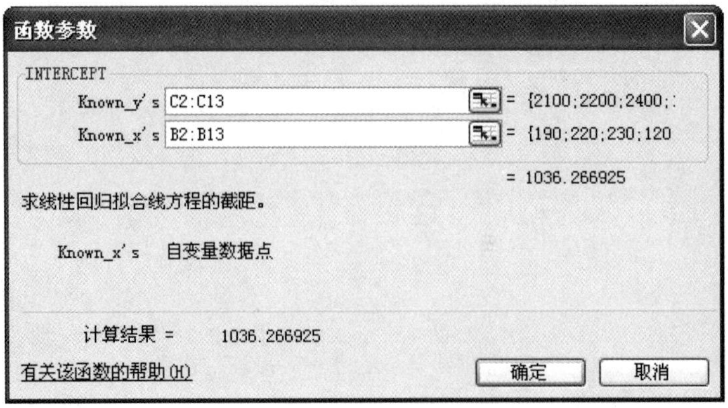

5. 在上图中单击“确定”按钮，则 a=1036.266925。

二、斜率 *b*(单位变动成本)的操作步骤

1．回到将实验数据输入 Excel 表中，如下图所示。

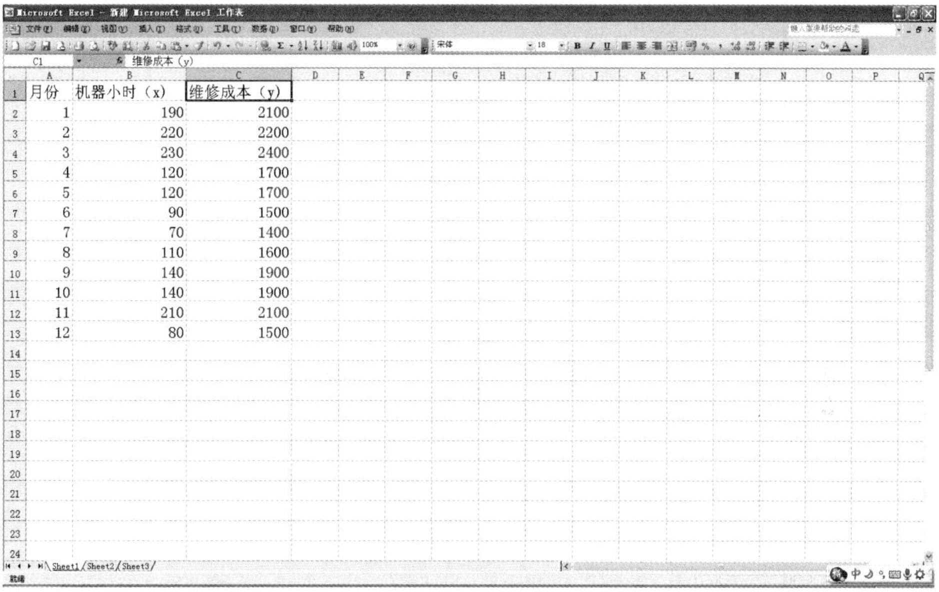

2．在上图中选中一个空白单元格后，单击函数——统计函数，选中 SLOPE 命令，出现下图。

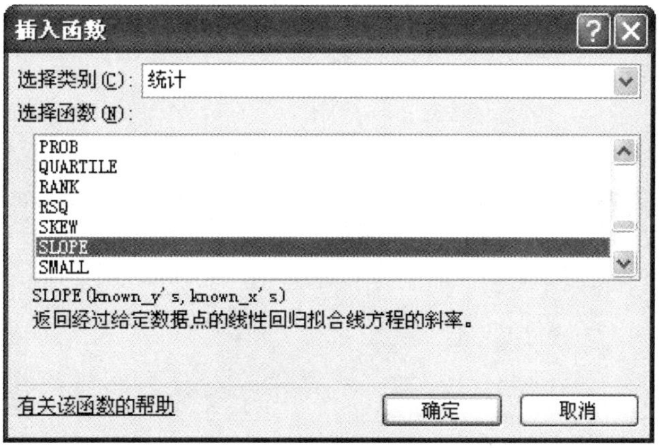

3．在上图中单击“确定”按钮，出现下图。

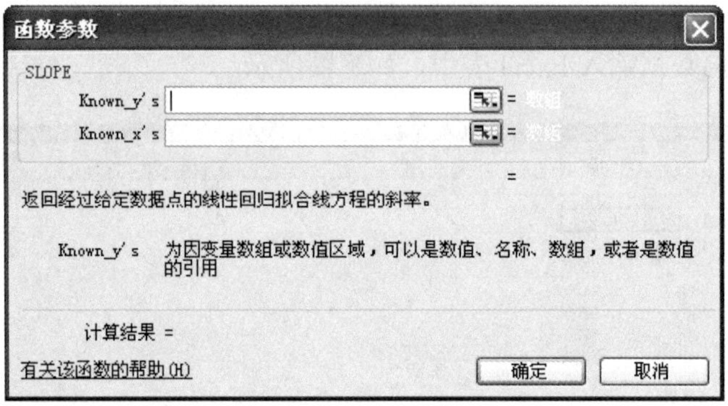

4．鼠标放在上图的第一个框中，选中 Excel 表中 y 值；鼠标放在第二个框中，选中 x 值，单击“确定”按钮后出现下图。

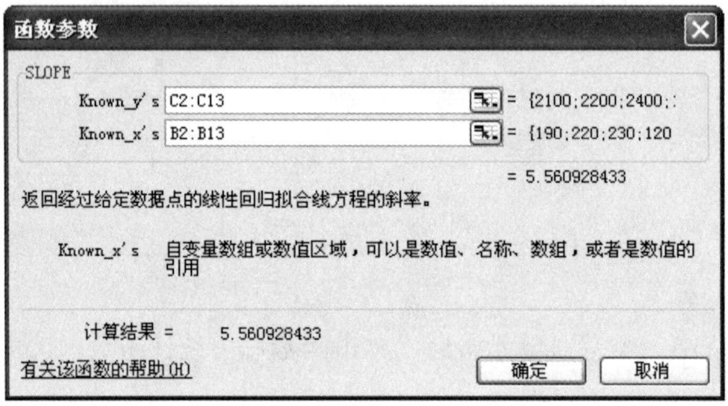

5．在上图中单击“确定”按钮，则 b=5.560928433。

三、相关系数 r^2 的确定

1．回到将实验数据输入 Excel 表中，见下图所示。

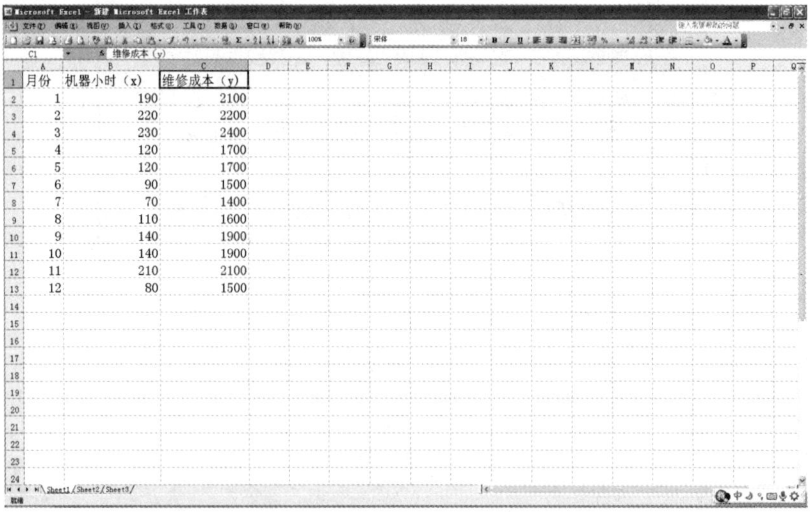

月份	机器小时（x）	维修成本（y）
1	190	2100
2	220	2200
3	230	2400
4	120	1700
5	120	1700
6	90	1500
7	70	1400
8	110	1600
9	140	1900
10	140	1900
11	210	2100
12	80	1500

2. 在上图中选中一个空白单元格后，单击函数——统计函数，选中 CORREL 命令，出现下图。

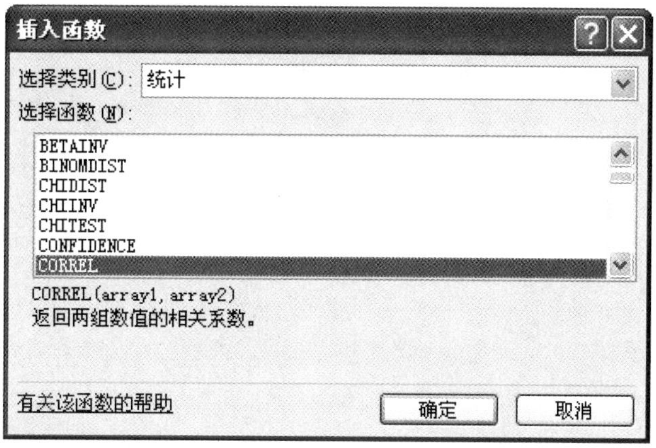

3. 在上图中单击“确定”按钮，出现下图。

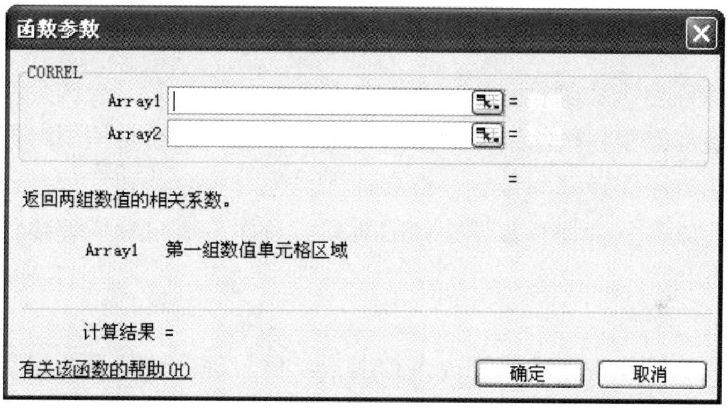

4. 将鼠标放在上图的第一个框中，选中 Excel 表中 y 值；将鼠标放在第二个框中，选中 x 值，单击“确定”按钮后出现下图。

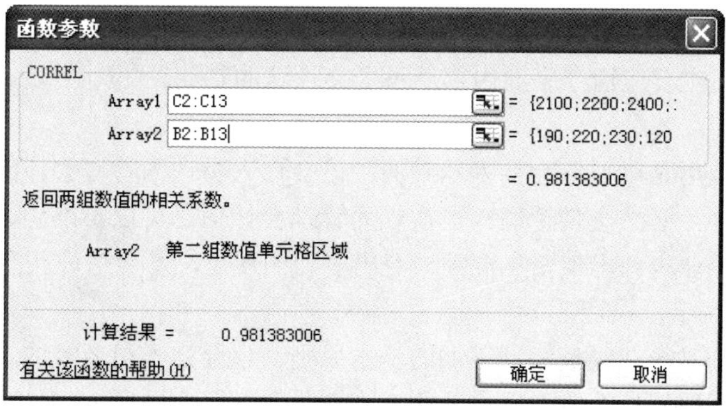

5. 在上图中单击“确定”按钮，则 r^2=0.981383006。

经过以上步骤确定的回归直线方程为 y=1036.27+5.56x。

附录四　各章习题参考答案

第一章　管理会计概论

一、选择题

1. A　2. D　3. B　4. A　5. BDE　6. ABCD

二、简答题

(略)

三、讨论题

(1) 错误。

管理会计的职能与财务会计不同，它不在于对数据的核算和监督，而着重于管理方面。该会计人员混淆了财务会计和管理会计的职能，核算和监督是财务会计的主要职能。

(2) 错误。

管理会计和财务会计是现代会计的两大分支，财务会计先于管理会计而存在，对管理会计的产生和发展都起到积极的铺垫和推进作用。管理会计通常使用财务会计的资料来进行管理和经济效益方面的计算和分析。该会计人员把财务会计和管理会计完全割裂开来，容易在企业内部造成财务会计和管理会计的对立，从而造成企业内部核计和管理方法之间的矛盾，对企业不利。

(3) 错误。

财务会计报表必须在规定的日期内进行上报，但管理会计信息的提供有其独特的时间特征，即不必拘泥于时间的限制。

(4) 正确。

经济学、管理学和数学是管理会计的相关学科，这些相关学科丰富了管理会计方法。

(5) 错误。

管理会计信息主要应用于企业内部，不受会计法的制约。

(6) 错误。

管理会计的应用是以财务会计为基础的。该会计人员认为管理会计的信息质量特征与财务会计完全不同，必然会使管理人员误以为管理会计信息可以不准确、可以不及时，这样就有可能导致企业内部出现信息混乱、令出多门的现象，甚至造成相互推诿。

(7) 错误。

成本效益原则是企业经营活动遵循的基本原则，该会计人员忽视成本效益原则，必然会在工作中出现获取信息的成本浪费现象，给企业带来经济损失。

(8) 错误。

职业管理会计师的职业道德规范主要有胜任、严守秘密、诚信、客观。该会计人员“可以将信息资料随意提供他人”的观点同时违反了严守秘密和诚信的原则。对管理会计信息资料不慎重的提供和使用，会给企业带来重大损失。

(9) 错误。

在美国，管理会计同注册会计师一样，已发展成为专业化的职业队伍。英国、加拿大、澳大利亚和日本都有类似于美国的注册管理会计师资格考试和职业组织。中国也引入了CMA 考试。管理会计在企业经营管理中的作用以及它自身的发展，促进了管理会计职业化的发展。

四、案例分析题

事后控制不如事中控制，事中控制不如事前预防，但有些经营者不能认识到这一点，等到错误的决策造成了重大的损失后才寻求弥补，常常是亡羊补牢，为时已晚；财务会计反映过去，管理会计反映现在与未来。

第二章　变动成本法

一、单选题

1. D　2. A　3. B　4. D　5. B

二、多选题

1. AD　2. ACD　3. ABCD　4. AC　5. ABCD

三、计算题

1. (1) 设高点成本形态为：$26\,000 = a + b \times 150$

低点成本形态为：$20\,000 = a + b \times 100$

$b = \dfrac{26\,000 - 20\,000}{150 - 100} = 120$ (元)

$a = 26\,000 - 120 \times 150 = 80\,000$ (元)

以上计算表明：该企业的固定成本为 8 000 元，单位变动成本为 120 元，以数学模型表述该项混合成本为：$y = 8\,000 + 120x$

(2) 假定下年计划产量为 500 件，即 $x = 500$ (件)

$y = 8\,000 + 120 \times 500 = 68\,000$ (元)

2. 完全成本法下的三年的税前利润分别为 6 000 元、3 000 元、9 000 元；变动成本法下的三年税前利润分别为 6000 元、0 元、12 000 元。

3. 完全成本法下的三年的税前利润分别为 18 000 元、24 000 元、12 000 元；变动成本法下的三年税前利润都是 18 000 元。

四、案例分析题

(1) $10\,000 \times (12-9) - 50\,000 - 2\,000 = -22\,000$(元)

$10\,000 \times (12-9) - 50\,000 - 3\,000 = -23\,000$(元)

(2) 完全成本法下，积压的存货承担了固定制造费用，故计算结果不同。

(3) 变动成本法是一种内部管理方法。可以在本量利分析、短期经营决策、全面预算、成本控制、绩效评价等中应用。

五、实验题

略。

第三章 经营决策

一、选择题

1. B 2. B 3. C 4. B 5. C 6. B 7. D 8. BCD 9. ABC

二、计算题

1. (1) 盈亏临界点的销售量 $=\dfrac{60\,000}{80-50}=2\,000$(件)

(2) 安全边际=预计销量-盈亏临界点的销售量 $=4\,000-2\,000=2\,000$(件)

安全边际率 $=\dfrac{2\,000}{4\,000}=50\%$

2. 加权平均边际贡献率 $=40\%\times40\%+40\%\times50\%+20\%\times40\%=44\%$

企业的保本销售额=$\dfrac{100\,000}{44\%}=227\,272.73$(元)

甲电器的保本销售额 $=227\,272.73\times40\%=90\,909.90$(元)

甲电器的保本销售量 $=\dfrac{90\,909.09}{500}=181.818=182$(只)

乙电器的保本销售额 $=227\,272.73\times40\%=90\,909.90$(元)

乙电器的保本销售量 $=\dfrac{90\,909.09}{400}=228$(只)

丙电器的保本销售额 $=227\,272.73\times20\%=45\,454.55$(元)

丙电器的保本销售量 $\dfrac{45\,454.55}{250}=182$(只)

3. 自然权数加权平均法

$$y_7=\frac{1\times276+2\times272+3\times284+4\times268+5\times292+6\times288}{1+2+3+4+5+6}=\frac{5\,932}{21}=282$$

指数平滑法

$$y_7=296\times0.7+288\times(1-0.7)=294$$

4.

序号	销售价格(元/件)	销售数量(件)	变动成本(元)	固动成本(元)	单位边际贡献(元/件)	利润(元)
1	23.25	800	9 000	3 600	12	6 000
2	50	1 750	52 500	25 000	20	10 000
3	80	1 000	12 000	20 000	68	48 000

5. 设需用零部件为 x 件，则

$30x=2\,000+25x$

$\therefore\ x=400$(件)

当零部件需用量大于 400 件时，自制；小于 400 件时，外购。

三、案例分析题

1. (1) 利润=总收入-变动成本-固定成本，则总收入=变动成本+固定成本+利润=9 184×26+4 256×35+713 000+300 000=1 400 744(元)

设单人房每天收费为 M，则双人房每天收费为 $1.5M$，则由 $9\,184\times M+4\,256\times1.5\times M=1\,400\,744$ 得

单人房每天收费 M=90 元，双人房每天收费 $1.5M$=135 元。

(2) 保本收入＝变动成本＋固定成本=9 184×26+4 256×35+713 000=387 744+713 000=1 100 744(元)

则 9 184×M+4 256×1.5M=1 100 744，单人房每天最低收费 M=71 元，双人房每天最低收费为 $1.5M$=107 元。

(3) 客房利润　300 000 元

健身房利润

住客收入：4×17 696=70 784(元)；散客收入：10×7 000=70 000(元)；收入合计：140 784(元)；固定成本：54 000(元)；利润：140 784−54 000=86 784(元)。

餐厅利润

贡献边际总额：(17 696+7 000)×3=74 088(元)；固定成本：25 000(元)；利润：49 088(元)；

商务中心利润： 40 000(元)。

总利润：300 000+86 784+49 088+40 000=475 872(元)。

2. (1) 边际贡献=250×30×10−250×30×6=30 000(元)

固定成本=4 000+900+2 000×2+350×50=26 400(元)

税前利润=30 000−26 400=3 600(元)

(2) 盈亏临界销售量=26 400/(10−6)=6 600(小时)

安全边际率=(250×30−6 600)/(250×30)=12%

(3) 假设最低销售量最少为 X 小时，有等式：$X[10\times(1-10\%)-6]=30\,000$ 成立，得到最低销售量为 10 000 小时。

安全边际=[10 000−26 400/(9−6)]×9=10 800(元)

(4) 进行本量利分析；做好财务预算；加强成本控制；做好绩效评价与内部激励。

四、实验题

略

第四章　资本决策

一、单项选择题

1. B　2. C　3. A　4. C　5. D　6. C　7. D　8. B

二、多项选择题

1. ABD　2. BCD　3. ADE　4. ABD　5. DE

三、计算题

1. 解：

(1) 继续使用旧设备。

设备重置成本=12 000(元)

年折旧额节税=12 000/6×25%=500(元)

年折旧额节税现值=500×(P/A，10%，6)=500×4.355 3=2 177.65(元)

总运行成本现值=[8 000×(1−25%)] ×(P/A，10%，6)

=6 000×4.355 3

=26 131.8(元)

年平均成本=(12 000−2 177.65+26 131.8)/6=5 992.36(元)

(2) 改用新设备。

新设备采购成本=40 000(元)

残值收回现值=2 000×(P/S，10%，8)

=2 000×0.466 5=933(元)

年折旧额节税=(40 000−2 000)/8×25%=1 187.5(元)

年折旧额节税现值=1 187.5×(P/A，10%，8)

=1 187.5×5.334 9=6 335.19(元)

总运行成本现值=6 000×(1−25%)×(P/A，10%，8)

=6 000×(1−25%)×5.334 9

=24 007.05(元)

年平均成本=(40 000−933−6 335.19+24 007.05)/8=7 092.36(元)

由上述结果可知，更新设备的年平均成本高于继续使用旧设备，因此不应当更新。

(3) 解：

NPV_4=每年现金流入现值+残值现值+清理净损失抵税−原始投资

=[50×(1−25%)+300×(1−10%)/5] ×3.170+300×10%×0.683+300×(1−10%)/5×25%×0.683−300

=19.77(万元)

NPV_3=[50×(1−25%)+300×(1−10%)/5]×2.487+30×0.751+300×(1−10%)/5×2×25%×0.751−300

=−29.63(万元)

利用内插法计算该设备的最短使用寿命为

$$n = 3 + \frac{29.63}{29.63 + 19.77} = 3.6(\text{年})$$

四、实验题

1. 模型概要

(1) 问题描述：当企业的某项固定资产使用到一定程度时，往往考虑是否需要对旧固定资产进行更新，这类问题是固定资产更新决策问题，其决策准则是最大净现值准则。

(2) 主要变量：现金流量；折旧；固定资产的使用年限；折现率。

(3) 决策方法：最大净现值法。

(4) 关键技术：现金流量的估算；三种折旧函数的使用；组合框的应用；净现值函数；INDEX 函数的使用。

2. 参考结论：

结论区：	净现值		
使用旧设备	60 652.59	最大净现值	66 508.03
使用新设备	66 508.03	最优方案为	使用新设备

第五章　预算管理与责任会计

一、单项选择题

1. B　2. A　3. A　4. B　5. C　6. B
7. D　8. D　9. C　10. A　11. C　12. C

二、多项选择题

1. BCD　2. AB　3. BCD　4. AD　5. BC　6. ABD　7. ABCE

三、计算题

1. (1) 40 000 元、45 000 元
   (2) 分月销售预算以及第二季度的预计现金收入预算表如下。

销售预算表

月　份	4	5	6	第二季度合计
预计销售量(件)	1 000	1 200	1 500	3 700
预计单价(元/件)	50	50	50	50
销售收入(元)	50 000	60 000	75 000	185 000

现金收入预算表

月　份	4	5	6
销售收入	50 000	60 000	75 000
期初应收账款	22 000		
4 月份经营现金收入	30 000	15 000	5 000
5 月份经营现金收入		36 000	18 000
6 月份经营现金收入			45 000
经营现金收入合计	52 000	51 000	68 000

2.

生产预算表

月　份	1	2	3	第一季度合计
预计销售量	4 000	4 500	6 000	14 500
加：预计期末存货量	1 800	2 400	2 200	
减：期初存货量	800	1 800	2 400	
预计生产量	5 000	5 100	5 800	15 900

直接人工预算表

月　　份	1	2	3	第一季度合计
预计生产量	5 000	5 100	5 800	15 900
单位产品工时	4	4	4	4
需要总工时数	20 000	20 400	23 200	63 600
单位工时工资率	5	5	5	5
直接人工成本	100 000	102 000	116 000	318 000

3.

直接材料采购预算表

季　　度	1	2	3	4	全　　年
材料采购单价	6	6	6	6	6
丙产品生产量	300	420	620	770	2 110
材料总耗用量	3 000	4 200	6 200	7 700	21 100
加：期末材料存量	840	1 240	1 540	900	900
减：期初材料存量	500	840	1 240	1 540	500
本期采购量	3 340	4 600	6 500	7 060	21 500
材料采购成本	20 040	27 600	39 000	42 360	129 000

材料采购现金支出预算表

季　　度	1	2	3	4	全　　年
预计采购金额合计	20 040	27 600	39 000	42 360	129 000
期初应付账款	4 000				4 000
第 1 季度采购现金支出	12 024	8 016			20 040
第 2 季度采购现金支出		16 560	11 040		27 600
第 3 季度采购现金支出			23 400	15 600	39 000
第 4 季度采购现金支出				25 416	42 360
现金支出合计	16 024	24 576	34 440	41 016	116 056

第六章　成 本 控 制

一、单项选择题

1. B　2. C　3. A　4. A　5. D　6. B　7. B　8. D　9. C　10. B

二、多项选择题

1. ABCD　2. BC　3. AB　4. ABD　5. ABCD　6. ABD

三、判断题

1. √　2. ×　3. √　4. √　5. ×　6. √　7. √　8. √　9. √　10. ×

四、计算题

1. (1) 实际产量下的直接材料实际成本=2.5×1 500+8×500=7 750(元)

实际产量下的直接材料标准成本=3×1300+7×450=7 050(元)

直接材料成本差异=7 750−7 050=700(元)

(2) 甲材料价格差异=(2.5−3)×1 500=−750(元)

乙材料价格差异=(8−7)×500=500(元)

直接材料价格差异=−750+500=−250(元)

(3) 甲材料用量差异=(1 500−1 300)×3=600(元)

乙材料用量差异=(500−450)×7=350(元)

直接材料用量差异=600+350=950(元)

2. (1) 固定制造费用标准分配率=5 000/2 000=2.5

固定制造费用实际分配率=5 600/1 400=4

(2) 固定制造费用预算差异=5 600−5 000=600(元)

固定制造费用生产能力利用差异=2.5×(2 000−1 400)=1 500(元)

固定制造费用效率差异=2.5×(1 400−2 100)=−1 750(元)

固定制造费用成本差异=600+1 500−1 750=350(元)

3. (1) 按直接人工小时分配制造费用

预计制造费用的分配率为=500 000 元/50 000 小时=10(元/小时)

制造费用=10×1 000 = 10 000(元)

该投标总成本合计：87 000+40 000+10 000= 137 000(元)

以完全制造成本加成 30%确定的投标价 137 000×(1+30%)=178 100(元)

(2) 采用作业成本法分配制造费用

预计材料处理分配率=100 000/1 000=100(元/次)

预计设备维修保养分配率=200 000/1 000=200(元/小时)

预计质量检验分配率=200 000/5 000=40(元/次)

材料处理制造费用=100×20= 2 000(元)

设备维修制造费用=200×50=10 000(元)

质量检验制造费用=40×10= 400(元)

共 12 400 元

该投标总成本合计=87 000+40 000+12 400=139 400(元)

以完全制造成本加成 30%确定的投标价为 139 400×(1+30%)=181 220(元)

(3) 采用作业成本法分配制造费用所提供的成本数据更适合定价决策。因为作业成本法要详细分析每项作业活动，并为每项成本找到正确的成本动因，然后按照每项成本动因分别分配制造费用给各种产品。这比传统的按一个动因分配制造费用所计算出的产品成本更准确，管理人员用这个更准确的成本信息可以制定出更恰当的产品价格。

4. (1) 采用传统成本计算法，计算每批产品的生产总成本和单位成本表如下。

产品成本计算表

单位：元

项目	J511(每批 500 件)		J512(每批 2 000 件)	
	每批产品总成本	单位成本	每批产品总成本	单位成本
直接材料	9 700	19.40	59 900	29.95
直接人工	750	1.50	11 250	5.63
制造费用	2 875	5.75	43 125	21.56
合　计	13 325	26.65	114 275	57.14

其中 J511 产品分摊制造费用=115×25=2 875(元)。

J512 产品分摊制造费用=115×375=43 125(元)。

(2) 采用作业成本计算法，计算每批产品的生产总成本和单位成本表如下。

制造费用分配表

作业项目	成本动因	分配率 a	J511		J512	
			动因量 b	分配费用 $c=a\times b$	动因量 d	分配费用 $e=a\times d$
材料整理准备	部件数	0.40	500	200	2 000	800
激光处理	转数	0.20	20 000	4 000	60 000	12 000
钻洗	机加工小时	20.00	150	3 000	1 050	21 000
磨光	部件数	0.80	500	400	2 000	1 600
检试	检试件数	15.00	10	150	200	3 000
合　计				7 750		38 400

产品成本计算表

单位：元

项目	J511(每批 500 件)		J512(每批 2 000 件)	
	每批产品总成本	单位成本	每批产品总成本	单位成本
直接材料	9 700	19.40	59 900	29.95
直接人工	750	1.50	11 250	5.63
制造费用	7 750	15.50	38 400	19.20
合　计	18 200	36.40	109 550	54.78

五、案例分析

略

第七章　业绩考核与评价

一、单项选择题

1. B　2. D　3. A　4. D　5. D　6. A　7. A　8. A　9. C　10. A

二、简答题答案

略

三、计算分析题

1. (1) 流动负债年末余额=270/3=90(万元)
(2) 存货年末余额=270−90×1.5=135(万元)
存货平均余额=(135+145)/2=140(万元)
(3) 本年销货成本=140×4=560(万元)
(4) 应收账款年末金额=270−135=135(万元)
应收账款平均余额=(135+125)/2=130(万元)
应收账款周转期=(130×360)/960=48.75(万元)
2. (1) 应收账款周转天数={360×[(200+400)/2]}/2 000=54(天)
(2) 存货周转天数={360×[(200+600)/2]}/1 600=90(天)
(3) 年末速动资产/年末流动负债=1.2
(年末速动资产−400)/年末流动负债=0.7
解得年末流动负债=800(万元)
年末速动资产=960(万元)
(4) 流动比率=(960+600)/800=1.95
3. (1) 2010 年年末的所有者权益总额=1 500×125%=1 875(万元)
(2) 2013 年年初的所有者权益总额=4 000×1.5=6 000(万元)
(3) 2013 年年初的资产负债率 4 000/(4 000+6 000)=40%
(4) 2013 年年末的所有者权益总额和负债总额
资本积累率=(年末所有者权益−6 000)/6 000=150% 年末所有者权益=15 000(万元)
资产负债率=负债总额/(15 000+负债总额)=0.25 负债总额=5 000(万元)
(5) 2013 年年末的产权比率=5 000/15 000=33.33%
(6) 2013 年的所有者权益平均余额和负债平均余额
所有者权益平均余额=(6 000+15 000)/2=10 500(万元)
负债平均余额=(4 000+5 000)/2=4 500(万元)
(7) 2013 年的息税前利润 1 005/(1-33%)+4 500×10%=1 950(万元)
(8) 2013 年总资产报酬率=1 950/(10 500+4 500)=13%
(9) 2013 年已获利息倍数=1 950/4 500×10%=4.33
(10) 2014 年经营杠杆系数、财务杠杆系数和复合杠杆系数
DOL=(1 950+975)/1 950=1.5
DFL=1 950/(1 950-4 500×10%)=1.3
DCL=1.5×1.3=1.95

四、案例分析题

略

第八章　战略管理会计

一、多项选择题

1. ABCD　2. ABCD　3. ABCDE　4. ABC　5. AB

二、简答题

1. 战略管理会计是适合于企业战略管理需要的管理会计信息系统和重要的决策工具，即服务于战略比较、战略选择和战略决策的一种新型管理会计，它是管理会计向战略管理领域的延伸和渗透。具体而言，战略管理会计是会计人员运用的专门方法，为企业提供企业内部和企业外部市场以及竞争者的信息，通过战略分析、比较和选择，帮助企业管理当局制定、实施战略计划以取得竞争优势的手段。

现代企业正面临国内和国际两个市场的竞争挑战，尤其是在信息时代和管理现代化的今天，企业管理者的行为时时刻刻要涉及战略问题。战略管理是企业管理者确定战略目标，在综合考虑企业内外部环境中相关因素的基础上制定并实施达到目标的战略和一系列行动计划的过程。我国在实施现代企业制度和经济可持续发展的过程中，应充分运用战略管理思想。

关系：①战略管理会计提供了超越企业本身的更广泛、更有用的信息，而营造企业竞争优势是战略管理的重要目标之一，而企业的竞争优势取决于它所拥有的相对成本优势，在相同条件下，谁拥有了成本优势谁就拥有了竞争优势。而战略管理会计特别关注企业外部环境的变化，重点搜集有关竞争对手的信息，了解其相对成本，使企业管理者知己知彼，采取相应的进攻与防御措施，通过占优势的相对成本和庞大的市场占有额，使企业保持长久的相对竞争优势。②战略管理会计提供了更多的与战略管理有关的非财务信息。③战略管理会计将战略管理思想贯穿于企业的业绩评价之中，以竞争地位变化带来的报酬取代传统的投资报酬指标。

2. (1) 制定战略管理目标。

(2) 战略管理会计信息系统。

(3) 战略成本管理。

(4) 战略投资决策。

(5) 战略绩效评价。

3. 战略管理会计中的价值链分析着重关注企业提供的产品怎样才能更好地进入顾客的价值链，形成顾客的产品价值链的一个有效组成部分。价值链分析的目的是找出能够创造价值的一系列作业之间的关系，进行优化组合，最终降低成本，提高产品差异。它不仅包括企业内部作业之间的关系，还包括企业与企业、企业与供应商、企业与顾客之间的关系，力图从整个价值链的组成中找出降低成本、提高差异的方法。

三、案例分析题

1. 竞争优势分析。根据题目中所给的背景资料可以对上海汽车股份有限公司的行业竞争强度作简要分析如下，①顾客的讨价还价能力。公司的主要产品为变速器，并且产品主要为桑塔纳轿车配套，这使得公司在与顾客(大众公司)的讨价还价中不占优势。②供应商的讨价还价能力。公司产品所需材料为优质合金钢材，这种钢材的生产厂家较少，产品替代性差，这就导致公司在与供应商即上海第五钢铁(集团)有限公司等的讨价还价中不占优势。③现存企业的竞争。目前公司在同行业中生产规模大，技术先进，占有一定的竞争优势。但从行业特点来看，汽车零部件行业中竞争者较多，转行成本较高，未来的竞争一定会越来越激烈。

从竞争优势分析的角度来看，公司要想在竞争中取胜，应采用低成本战略。由于公司已经具有一定生产规模，而又面对比较强大的供应商和顾客，这样，在原材料价格与产品价格都无法左右的情况下，降低成本、加强管理是获得竞争优势的有效途径。当然，在目前其他企业的生产规模与技术水平都无法达到顾客(大众公司)要求的时候，公司在某种程度上有差异化的特点，但这种差异化必随着其他企业的规模扩大与技术改进而消失。所以，公司还是应采用低成本战略才能应付未来的竞争。

2. 价值链分析。通过对所给的背景资料进行分析，可知公司的价值链。由公司目前的情况看，公司与其顾客和供应商之间的关系较密切，或者说公司依赖价值链的上端和下端。而对于公司来说，把公司的价值链向前或向后扩大也许是优化价值链的一个办法。另外，公司还应该寻找更多的供应商，开发更多的客户，以改变目前对单一顾客与供应商的依赖性。

综上所述，公司在进一步发展中可采取的措施主要包括以下几个方面：

(1) 扩大生产规模，以降低成本。

(2) 提高技术水平，以更好地满足顾客需要。

(3) 利用募股资金进行收购兼并，以改善企业价值链构成。

(4) 积极扩展供货渠道和销售渠道，以改变依赖单一客户和供货商的局面。

第九章　环境管理会计

一、多项选择题

1. ABC　　2. BCD　　3. ABCDE　　4. BD　　5. ABCD

二、简答

1. (1) 在传统的会计领域对环境相关成本和收入进行单独确认，从而削减成本，改进绩效。

(2) 提供财务和非财务信息系统和控制系统，促进对环境有利的管理决策。

(3) 更好地理解环境成本和流程及产品的绩效，借以更准确地进行成本计算和产品的定价。

(4) 拓展和改进投资评价程序，以考虑潜在的环境问题。

2. (1) 企业社会责任可以延伸。

(2) 企业经营方式转变。

(3) 开拓国际市场。

3. (1) 按生产过程的不同阶段分类。

(2) 按环境成本的形成分类。

三、案例分析题

案例研究的结果说明，EMA 可以帮助所有者和经营者自愿采用清洁生产技术。EMA 可以通过确认、收集、分析和使用实物的和环境的信息，支持企业的长期决策。案例对政策制定者也很有用，不仅可以为其他企业提供经验，而且可以为减少温室气体排放政策的制定提供帮助。此外，本研究强调了事后评价的重要性；关注面向未来的、长期的实物性和货币性环境管理投资评价；并初步研究了 EMA 与 CDM 之间的内在联系，即 EMA 怎样使企业的 CDM 项目开发更合理。这些都是值得我国企业和政策制定部门借鉴和学习的。

参考文献

[1] [美]亨格瑞．管理会计[M]．14 版．潘飞，沈红波，译．北京：北京大学出版社，2011．

[2] 温素彬．管理会计理论·模型·案例[M]．北京：机械工业出版社，2014．

[3] 孙茂竹，文光伟，杨万贵．管理会计学[M]．北京：中国人民大学出版社，2012．

[4] 杨鉴松．管理会计学[M]．上海：立信会计出版社，2008．

[5] 蔡维灿．管理会计[M]．北京：北京理工大学出版社，2014．

[6] 潘飞．管理会计[M]．北京：清华大学出版社，2007．

[7] 戚振东．业绩评价方法[M]．大连：东北财经大学出版社，2012．

[8] 胡玉明．管理会计研究[M]．北京：机械工业出版社，2008．

[9] 马元驹，李百．管理会计模拟实验教程[M]．北京：中国人民大学出版社，2011．

[10] 余绪缨，汪一凡．管理会计学[M]．北京：中国人民大学出版社，2012．

[11] 冯巧根．基于环境不确定性的管理会计对策研究[J]．会计研究，2014(9)．

[12] 潘飞，陈世敏，文东华，等．中国企业管理会计研究框架[J]．会计研究，2010(10)．

[13] 楼继伟．加快发展中国特色管理会计 促进我国经济转型升级[J]．财务与会计，2014(10)．

北京大学出版社本科财经管理类实用规划教材(已出版)

财务会计类

序号	书　名	标 准 书 号	主　编	定价
1	基础会计	7-301-24366-4	孟　铁	35.00
2	基础会计(第 2 版)	7-301-17478-4	李秀莲	38.00
3	基础会计实验与习题	7-301-22387-1	左　旭	30.00
4	基础会计学	7-301-19403-4	窦亚芹	33.00
5	基础会计学学习指导与习题集	7-301-16309-2	裴　玉	28.00
6	基础会计	7-301-23109-8	田凤彩	39.00
7	基础会计学	7-301-16308-5	晋晓琴	39.00
8	信息化会计实务	7-301-24730-3	杜天宇	35.00
9	会计学原理习题与实验(第 2 版)	7-301-19449-2	王保忠	30.00
10	会计学原理(第 2 版)	7-301-18515-5	刘爱香	30.00
11	会计学原理	7-301-24872-0	郭松克	38.00
12	会计学原理与实务(第 2 版)	7-301-18653-4	周慧滨	33.00
13	初级财务会计模拟实训教程	7-301-23864-6	王明珠	25.00
14	初级会计学习题集	7-301-25671-8	张兴东	28.00
15	会计规范专题(第 2 版)	7-301-23797-7	谢万健	42.00
16	会计综合实训模拟教程	7-301-20730-7	章洁倩	33.00
17	预算会计	7-301-22203-4	王筱萍	32.00
18	会计电算化	7-301-23565-2	童　伟	49.00
19	政府与非营利组织会计	7-301-21504-3	张　丹	40.00
20	管理会计	7-81117-943-9	齐殿伟	27.00
21	管理会计	7-301-21057-4	彤芳珍	36.00
22	管理会计	7-301-26180-4	韩　鹏	32.00
23	中级财务会计	7-301-23772-4	吴海燕	49.00
24	中级财务会计习题集	7-301-25756-2	吴海燕	39.00
25	高级财务会计	7-81117-545-5	程明娥	46.00
26	高级财务会计	7-5655-0061-9	王奇杰	44.00
27	企业财务会计模拟实习教程	7-5655-0404-4	董晓平	25.00
28	成本会计学	7-301-19400-3	杨尚军	38.00
29	成本会计学	7-5655-0482-2	张红漫	30.00
30	成本会计学	7-301-20473-3	刘建中	38.00
31	税法与税务会计实用教程(第 2 版)	7-301-21422-0	张巧良	45.00
32	初级财务管理	7-301-20019-3	胡淑姣	42.00
33	财务会计学	7-301-23190-6	李柏生	39.00
34	财务管理学实用教程(第 2 版)	7-301-21060-4	骆永菊	42.00
35	财务管理理论与实务(第 2 版)	7-301-20407-8	张思强	42.00
36	财务管理理论与实务	7-301-20042-1	成　兵	40.00
37	财务管理学	7-301-21887-7	陈　玮	44.00
38	公司财务管理	7-301-21423-7	胡振兴	48.00
39	财务分析学	7-301-20275-3	张献英	30.00
40	审计学	7-301-20906-6	赵晓波	38.00
41	审计理论与实务	7-81117-955-2	宋传联	36.00
42	现代审计学	7-301-25365-6	杨　茁	39.00

如您需要更多教学资源如电子课件、电子样章、习题答案等，请登录北京大学出版社第六事业部官网 www.pup6.cn 搜索下载。

如您需要浏览更多专业教材，请扫下面的二维码，关注北京大学出版社第六事业部官方微信(微信号：pup6book)，随时查询专业教材、浏览教材目录、内容简介等信息，并可在线申请纸质样书用于教学。

感谢您使用我们的教材，欢迎您随时与我们联系，我们将及时做好全方位的服务。联系方式：010-62750667，wangxc02@163.com，pup_6@163.com，lihu80@163.com，欢迎来电来信。客户服务 QQ 号：1292552107，欢迎随时咨询。